Tom Slee

DEINS IST MEINS

Die unbequemen Wahrheiten der Sharing Economy

Aus dem Englischen
von Ursel Schäfer

Verlag Antje Kunstmann

Für meine Mutter Audrey Slee

Bei den Hochgestellten
gilt das Reden vom Essen als niedrig.
Das kommt: sie haben schon gegessen.
BERTOLT BRECHT, *Deutsche Kriegsfibel*

Deins ist meins,
meins gehört mir.
Sprichwort aus Yorkshire

INHALT

1 DIE SHARING ECONOMY

D ie Sharing Economy ist eine Flut neuer Unternehmen, die mithilfe des Internets Kunden und Anbieter von Dienstleistungen zusammenbringen, um Geschäfte in der realen Welt zu tätigen, wie etwa die Kurzzeitvermietung von Wohnungen, Autofahrten oder Arbeiten im Haushalt. Mit atemberaubenden Wachstumsraten untermauern die Pioniere Uber und Airbnb ihren Anspruch, die traditionelle Fahrdienst- und Tourismusbranche zu revolutionieren. Ihnen folgen viele weitere Unternehmen, die darauf aus sind, ebenfalls einen Platz an der Spitze der Sharing Economy zu erobern.

Anhänger beschreiben die Sharing Economy teils als eine neue Unternehmensform, teils als soziale Bewegung – eine in der digitalen Welt vertraute Mischung von Kommerz und ethischem Anliegen. Zwar leben im Silicon Valley einige der reichsten Menschen der Welt; dennoch hat es sich immer so gesehen und präsentiert, als gehe es in ihren Geschäften um mehr als nur um Geld, nämlich um eine bessere Zukunft: Das Internet macht die Welt besser, nicht nur, indem es uns bessere Geräte und mehr Informationen schenkt, sondern indem es die Gesellschaft von Grund auf umgestaltet. Wir haben heute die Technologie, um Probleme lösen zu können, unter denen die Menschheit seit Jahrhunderten ächzt, um alte Institutionen und alte Regeln wegzufegen und durch computergestützte neue zu ersetzen.

Der Hype rund um die Sharing Economy hat vor ein paar Jahren begonnen, aber ins allgemeine Bewusstsein trat sie erst 2013 und 2014. Ihre Versprechen klingen in den Ohren vieler Menschen gut, ganz si-

cher klangen sie in meinen gut. Man beginnt mit informellen Tausch-
beziehungen – einem Freund das Auto leihen, die Bohrmaschine aus-
borgen oder ein paar Besorgungen für die Nachbarn erledigen – und
nutzt sodann das Internet, um sie im großen Stil zu organisieren, und
schon können wir als Einzelne stärker aufeinander bauen als auf die
anonymen, fernen Konzerne. Bei jedem Tauschgeschäft kann jemand
ein bisschen Geld verdienen und jemand anderer ein bisschen Zeit sparen, was sollte daran schlecht sein? Wenn wir uns an der Sharing Economy beteiligen, sind wir nicht nur passive, materialistische Konsumenten, sondern stärken unsere Gemeinschaft; wir tragen dazu bei,
dass ein neues Zeitalter der Offenheit anbricht, in dem wir überall offene Arme und helfende Hände finden.

Die Sharing Economy verspricht, einstmals machtlosen Individuen
dabei zu helfen, mehr Kontrolle über ihr Leben zu erlangen, indem sie zu
»Mikro-Unternehmern« werden. Wir können eigenverantwortlich handeln, uns nach Belieben in diese neue, flexible Form des Arbeitens ein-
und wieder ausklinken und auf den Websites der Sharing Economy unsere eigenen Unternehmen gründen; wir können Gastgeber bei Airbnb
werden, Fahrer bei Lyft, Handwerker bei Handy oder ein altruistischer
Investor, der über Lending Club Geld verleiht. Die Bewegung scheint
sich gegen all jene zu wenden, die derzeit den Markt beherrschen, wie
große Hotelketten, Schnellrestaurants und Banken. Es ist eine egalitäre
Vision, die den Austausch von Gleich zu Gleich einer hierarchischen Organisation vorzieht, und sie beruht darauf, dass das Internet Menschen
zusammenführen kann: Die Sharing Economy verspricht, »die Amerikaner [und andere] dazu zu bringen, dass sie einander vertrauen«.[1]

Die Sharing Economy verspricht auch, eine nachhaltige Alternative
zum üblichen kommerziellen Handel zu bieten und uns zu helfen,
brachliegende Ressourcen besser zu nutzen – warum braucht jeder eine
Bohrmaschine, die die meiste Zeit in einem Regal im Keller liegt, wenn
wir teilen können? Wir brauchen weniger zu kaufen und können so unseren ökologischen Fußabdruck auf dem Planeten ein wenig verklei-
nern – warum nicht Uber nutzen, statt ein Auto anzuschaffen? Indem

wir uns für Zugang statt Besitz entscheiden, können wir die Konsumfixierung überwinden, in der viele von uns sich gefangen fühlen. Wir können weniger materialistisch sein und Erlebnissen mehr Bedeutung einräumen als schnödem Besitz.

Was für ein Versprechen.

Nur geschieht leider etwas anderes und weniger Idyllisches: Die Sharing Economy dehnt den harten, deregulierten Markt auf Bereiche unseres Lebens aus, die bisher davor geschützt waren. Ihre führenden Unternehmen sind mittlerweile selbst Giganten und mischen sich immer mehr in die Geschäfte ein, die sie vermitteln, um selbst dabei Geld zu verdienen und sich als Marken zu behaupten. Während die Sharing Economy wächst, verändert sie Städte ohne Rücksicht auf all das, was sie lebenswert macht. Statt eine neue Offenheit und persönliches Vertrauen in unsere Interaktionen einzubringen, beschert sie uns eine neue Form der Überwachung, bei der die Dienstleister ständig damit rechnen müssen, angeschwärzt zu werden. Und während die CEOs der neuen Unternehmen in warmen Worten über die Communities ihrer Nutzer sprechen, herrscht in der Realität zentralistische Kontrolle. Die Marktplätze der Sharing Economy generieren neue und immer anspruchsvollere Formen des Konsums. »Der kleine Zusatzverdienst«, von dem so oft die Rede ist, sieht bei näherer Betrachtung genauso aus wie die Jobs der Frauen vor 40 Jahren, die nicht als »richtige« Arbeit mit einem auskömmlichen Lohn galten und deshalb auch nicht behandelt und bezahlt wurden wie die Arbeit von Männern. Statt den Einzelnen zu befreien und ihm die Kontrolle über sein Leben zurückzugeben, machen viele Unternehmen der Sharing Economy ihre Investoren und Manager reich und setzen eine Menge Software-Ingenieure und Marketingleute ins Brot. Und dabei höhlen sie die Schutzbestimmungen und Absicherungen aus, die Arbeitnehmer in jahrzehntelangen Kämpfen erstritten haben. Stattdessen müssen sich all jene, die in der Sharing Economy arbeiten, mit riskanten, prekären Jobs im Niedriglohnsektor begnügen.

◆

Der Begriff »Sharing Economy«, »Wirtschaft des Teilens«, ist ein Widerspruch in sich. Bei »Teilen« denkt man an unkommerziellen, persönlichen Austausch mit anderen. Das Wort suggeriert, dass dabei kein Geld im Spiel ist oder dass der Austausch zumindest durch Großzügigkeit, durch den Wunsch zu geben und zu helfen, motiviert ist. Bei »Wirtschaft« denkt man an Transaktionen auf einem Markt: den vom Eigennutz motivierten Tausch von Geld gegen Waren oder Dienstleistungen. Es wurde viel darüber debattiert, ob »Sharing Economy« die richtige Bezeichnung für diese neue Flut von Unternehmen ist, und man hat alle möglichen anderen Bezeichnungen ausprobiert: kooperativer Konsum, Mesh Economy, Peer-to-Peer-Plattformen, Gig Economy, Concierge-Dienstleistungen oder, immer häufiger, »On-Demand-Economy«, »Wirtschaft auf Abruf«.

Ohne Zweifel wurde der Begriff »Teilen« über jedes vernünftige Maß hinaus strapaziert, während die Sharing Economy gewachsen ist und sich verändert hat. Aber wir brauchen trotzdem ein Wort, wenn wir über das Phänomen sprechen. Vielleicht hält sich die Bezeichnung »Sharing Economy« nicht mehr lange, doch heute, 2015, ist das nun einmal der gängige Name. Deshalb werde ich ihn verwenden, aus pragmatischen Gründen ohne den dauernden Zusatz »angeblich« oder lästige Anführungszeichen.[2]

Definitionen bringen uns nicht viel weiter, wenn wir über etwas so Fließendes und sich rasch Wandelndes sprechen wie die Sharing Economy; trotzdem müssen wir einige Grenzen um das Thema ziehen, um es schlüssig behandeln zu können. Kapitel 2 gibt einen Überblick über die Landschaft der Sharing Economy: Es erkundet, welche Art von Organisationen dazu zählen, woher sie kommen, was sie machen und wie sie sich finanzieren. Das Kapitel zeigt, dass es mindestens zwei Visionen der Sharing Economy gibt: Zum einen eine auf Gemeinschaftlichkeit und Kooperation gerichtete, die den persönlichen Austausch im kleinen Rahmen in den Mittelpunkt stellt. Und zweitens die weltumspannenden Ambitionen von Unternehmen, die Milliarden von Dollars ausgeben können, um weltweit demokratisch verabschiedete Gesetze auszuhebeln; die dabei Wettbewerber übernehmen, um zu wachsen, und (im Fall von Uber) nach neuen Technologien suchen, die ihre Arbeitskräfte überflüssig machen. Die erstere Vision könnte man mit der Formel bezeichnen: »Meins ist deins«. Die zweite nenne ich: »Deins ist meins«.

Es ist unmöglich, über die Sharing Economy zu sprechen, ohne ihre beiden unbestrittenen Vorreiter zu betrachten: Uber und Airbnb. Für viele Menschen *sind* diese beiden Firmen die Sharing Economy. Nach ihnen traten unzählige Nachahmer auf den Plan, die Wagniskapitalgeber damit umwarben, sie wollten »Uber im Bereich soundso« oder »das Airbnb des sowieso« werden. Uber und Airbnb, die im Abstand eines Jahres in der Region San Francisco gegründet wurden, sind seitdem sprunghaft gewachsen und haben ihr Geschäftsmodell in Städte rund um den Globus getragen. Ubers Marktwerkt übersteigt den der weltgrößten Autoverleihfirmen, Airbnb kann mit den größten Hotelketten der Welt mithalten, und obwohl es sich um scheinbar wenig glanzvolle Branchen handelt (Taxis, Wohnungsvermietungen), sind die jeweiligen Gründer inzwischen Milliardäre.

Die Technologie der beiden Firmen wird oft mit ähnlichen Begriffen beschrieben: Beide arbeiten mit Software-Plattformen, Websites und Apps für Mobilgeräte, um Konsumenten und Anbieter einer Dienstleistung zusammenzubringen, und behalten dafür einen Teil der Erlöse ein. Die Software wickelt auch die Zahlungen ab, und beide Unternehmen haben Bewertungsverfahren, die angeblich die Probleme der nötigen Kontrolle lösen, sodass Fremde einander vertrauen können.

Doch die beiden Unternehmen sind auch sehr unterschiedlich. Airbnb ist das Aushängeschild für Teilen: In ihren öffentlichen Äußerungen und ihrer Werbung malt die Firma das idyllische Bild einer »Stadt des Teilens«, in der »Tante-Emma-Läden wieder florieren …«, die die Gemeinschaft fördert, in der Raum nicht verschwendet, sondern mit anderen geteilt wird«. Uber dagegen interessiert sich, wie der Name schon andeutet, nicht für etwas so Weiches und Wolkiges wie Gemeinschaft: Es agiert mit einem anspruchsvollen Bild von Status (»Jedermanns Privatchauffeur«), und von seinem streitlustigen CEO Travis Kalanick weiß man, dass er ein Fan von Ayn Rand und ihrer Ideologie des rücksichtslosen Individualismus ist.

Über beide Unternehmen gibt es in vielen Städten, in denen sie ihre Dienste anbieten, Kontroversen, weil sie gegen Gesetze und kommunale Vorschriften verstoßen, doch beide haben sich auch entschieden, ihr Wachstum rasant voranzutreiben, um die oft langsamen, unterbesetzten Stadtverwaltungen vor vollendete Tatsachen zu stellen. Beide sind der Ansicht, dass ihre Innovationen die bestehenden Regeln hinfällig machen und ihre Technologien die Probleme lösen können, für die solche kommunalen Vorschriften gedacht waren, nur besser und eleganter.

In Kapitel 3 geht es um Airbnb. Es zeigt, dass sich das wahre Geschäft des Unternehmens sehr von dem Image unterscheidet, das es kultiviert, und dass sein Wachstum die Probleme in den Städten verschärft, in denen das Unternehmen aktiv ist, vor allem in den besonders beliebten Reisezielen. Kapitel 4 handelt von Uber: davon, wie sein Streben nach einer von den Konsumenten gelenkten Gesellschaft zu einer neuen Form prekärer Arbeitsverhältnisse führt, und von der Augenwischerei seiner Behauptungen, es biete zugleich billige Fahrten für Kunden und gut bezahlte Jobs für Fahrer.

Besorgungen erledigen und Putzen sind weitere glanzlose Jobs, für die sich neuerdings Wagniskapitalgeber interessieren. Mit der Lebensweise von Menschen, die in Bereichen arbeiten, die Dienstleistungen »auf Abruf« anbieten, befasst sich Kapitel 5, von frühen Pionieren wie TaskRabbit (»Nachbarn helfen Nachbarn«) bis zu neuen Marktteilnehmern, die jeden Gedanken an Gemeinschaft schon lange aufgegeben haben und nur noch darauf aus sind, wachsende, profitable Unternehmen aufzubauen. Weitere Beispiele für Firmen der Sharing Economy sind über das ganze Buch verstreut.

Vertrauen setzt dem sozialen Engagement von jeher Grenzen. Unser großzügiges Selbst würde sehr gern Tramper mitnehmen, aber wir haben Bedenken, dass es gefährlich sein könnte – ob wir den Trampern trauen können –, und deshalb spielt Trampen als Fortbewegungsmöglichkeit praktisch keine Rolle mehr. In Kapitel 6 schauen wir uns eine der großen Behauptungen der Sharing Economy näher an: dass sie das Internet nutzt, um das Problem des Vertrauens zwischen Fremden zu lösen, indem die Menschen sich gegenseitig bewerten. Die Bewertungsverfahren, Abkömmlinge der Systeme, auf deren Grundlage Amazon und Netflix Empfehlungen abgeben, sind in der digitalen Welt heute Alltag und werden als geradezu magische Instrumente gefeiert, um uns zu dem zu leiten, was wir wollen. Aber magisch sind sie ganz sicher nicht; ein Blick darauf, wie sie in der Praxis funktionieren, zeigt, dass sie ihre behaupteten Ziele verfehlen und zunehmend dazu dienen, unter den Bewerteten für permanente Überwachung und sogar Furcht zu sorgen.

Vielleicht sind Sie schon einmal Gastgeber oder Gast bei Airbnb gewesen; vielleicht haben Sie schon einmal jemanden für Uber gefahren oder sind gefahren worden; vielleicht haben Sie schon einmal ein Essen über Postmates bestellt oder ausgeliefert. Dieses Buch geht kritisch mit den Firmen und mit der gesamten Sharing Economy ins Gericht, aber es ist nicht meine Absicht, dass Sie sich schuldig fühlen oder meinen, sich dafür rechtfertigen zu müssen, an der Sharing Economy teilgenommen zu haben. Das Problem bei der Sharing Economy ist nicht die individuelle Inanspruchnahme der Dienste, um auf neuartige Weise Urlaub zu machen oder schnell von einem Ende der Stadt ans andere zu gelangen, genauso wenig wie die grundsätzlichen Probleme der Konsumgesellschaft darin liegen, dass jemand sein Auto volltankt oder ein Paar neue Schuhe kauft. Die Probleme liegen bei den Unternehmen und bei den Investoren, die solche Unternehmen nutzen, um in ihrem Streben nach privatem Reichtum eine umfassende Agenda der Deregulierung durchzusetzen.

◆

Die Sharing Economy mag neu sein, aber sie hat eine Geschichte und einen Kontext, und beides müssen wir erforschen, wenn wir ihre Strategie und ihre Entwicklung verstehen wollen. In den Kapiteln 7 und 8 gehen wir zu den Anfängen der Sharing Economy in der Internetkultur zurück: den Werten und Praktiken, die für die Unternehmen im Silicon Valley und für die größere Welt der Technikbegeisterten typisch sind, von Open-Source-Programmierern über Bitcoin-Anhänger bis zur »Maker«-Bewegung und darüber hinaus.

Jede Zusammenfassung ist unvermeidlich eine grobe Vereinfachung, und natürlich gibt es unter den Anhängern Meinungsverschiedenheiten und Unstimmigkeiten, doch ganz eindeutig gründen sie auf einer gemeinsamen Internetkultur. Zu ihr gehören die Werte der Rebellion, die sich aus einem Set von Einstellungen ableiten, das manchmal als Hackerethik bezeichnet wird. Das Hauptquartier von Facebook hat die Adresse »Hacker 1«, und das Wort HACK prangt in zwölf Meter großen Lettern auf der Fassade. Bis letztes Jahr lautete das Mantra des Unternehmens, »schnell sein und Dinge zerstören«. Mark Zuckerberg sagte kürzlich vor potenziellen Investoren: »Hacker glauben, dass alles immer besser werden kann und nichts jemals vollkommen ist. Sie müssen es einfach verbessern – oft unter den Augen von Menschen, die behaupten, dass das unmöglich ist, oder die mit dem Status quo zufrieden sind.«

Zur Internetkultur gehört auch die Überzeugung, dass das Internet selbst ein Schlüssel zu einer besseren Welt ist. Die Erfindung des Internets markiert einen Bruch mit der Vergangenheit und eine Gelegenheit, viele alte politische und gesellschaftliche Debatten neu zu führen. Die Unternehmen sehen sich bei diesen Debatten als aufgeklärte Teilnehmer mit einem gesellschaftlichen und unternehmerischen Mandat. Googles Mantra »Don't be evil« (»Sei nicht böse«) fasst die Überzeugung zusammen, dass das Unternehmen neben einer technologischen auch eine moralische Mission hat.

Diese Internetkultur ist ebenso ambioniert wie selbstsicher. Ihre Selbstsicherheit kommt in der Formulierung des Wagniskapitalgebers Marc Andreessen zum Ausdruck, »Software frisst die Welt auf«. Im weiteren Sinn ist sie ein Traum, der sich in Ideen wie Seasteading manifestiert (einer Bewegung, die von dem PayPal-Gründer Peter Thiel ins Leben gerufen wurde, um autonome, im Meer schwimmende Städte zu

errichten) sowie im Transhumanismus (dem Glauben an »den An-
bruch einer neuen Zivilisation, die es uns ermöglichen wird, unsere bio-
logischen Grenzen zu überwinden und unsere Kreativität auszuweiten«,
der seinen Ursprung in den Ideen des Erfinders und heutigen Google-
Mitarbeiters Ray Kurzweil hat).

Genau wie Hollywood beides ist, ein physischer Ort und eine globale Industrie mit bestimmten Traditionen, Überzeugungen und Gepflogenheiten, ist auch das Silicon Valley mehr als eine Region – es ist das
Kürzel für die Welt der digitalen Technologie, speziell der Internettech-
nologie. Zum Silicon Valley gehören große Konzerne wie Apple, Google, Facebook, Amazon und Microsoft und ebenso ein nicht abreißen-
der Strom ehrgeiziger Start-ups, die nicht alle direkt im Silicon Valley
beheimatet sind, aber Produkte der Internetkultur sind und von ihr angetrieben werden.

Die Sharing Economy ist aus der Internetkultur hervorgegangen, doch
ihre Inspiration bezieht sie aus einem ganz bestimmten Grundsatz der
Internetkultur: dem Glauben an die Vorzüge der Offenheit. Offenheit und
Teilen gehen Hand in Hand: Wenn etwas offen ist, ist es keine Ware mehr,
es wird aus dem Bereich des Privatbesitzes herausgenommen und allen
Angehörigen einer Gemeinschaft zugänglich gemacht. So ist Open-Source-Software, deren Computercode von einem Netzwerk Gleichgesinnter
entwickelt und kostenlos zur Verfügung gestellt wird, eine Anregung, auch
physischen Besitz und Arbeit zu teilen. Wikipedia hat gezeigt, dass Software-Plattformen die Bemühungen von Millionen Mitarbeitern zusammenführen können, um etwas zu schaffen, das neu, weltumspannend
und anders ist; es hat auch den Aufbau von Websites wie Airbnb und anderen angeregt. Angefangen mit Napster haben Filesharing-Websites Branchen herausgefordert, deren Geschäftsmodell auf Urheberrecht und Privatbesitz beruhte, wie Musik, Film und professionelle Fotografie. Die sozialen Netzwerke gibt es nur, weil Menschen bereit sind, offen zu sein und
Informationen über sich mit anderen zu teilen. Die Open-Data-Bewegung
will Verwaltungen offener machen, indem sie mit digitaler Technologie
für mehr Transparenz und Innovation sorgt.

Kapitel 7 beschäftigt sich mit der Politik der Offenheit, aber seine Botschaft ist nicht so strahlend, wie die Anhänger der Sharing Economy es gerne hätten. Wirtschaftlich betrachtet hat Offenheit zwei Rollen: Sie ist eine Alternative zum Handel (Musik zu teilen ist eine Alternative zu Plattenläden), aber sie lässt auch neue Formen des Handels entstehen (durch Musik-Sharing ist YouTube entstanden), die wieder eigene Probleme mit sich bringen. Branchen, die auf Offenheit gründen, haben einige bemerkenswerte Dinge in die Welt gebracht, aber sie sind wiederholt daran gescheitert, ihre Versprechen von mehr Demokratie und Gleichheit zu erfüllen. Die Sharing Economy folgt eifrig dem Pfad, den ihre Vorgänger gebahnt haben.

Während das Silicon Valley immer reicher und mächtiger wurde, ist die Überzeugung, dass es sich finanziell lohnt, Gutes zu tun, und dass Märkte tatsächlich dazu genutzt werden können, gesellschaftlichen Wandel im großen Stil voranzutreiben, innerhalb der Internetkultur zur herrschenden Lehre geworden. Diese Sichtweise wird manchmal auch als die »kalifornische Ideologie«[3] bezeichnet. Der Internetkultur gilt von weltweiter Armut über staatsbürgerliche Freiheiten bis hin zu Bildung und Gesundheitswesen die Verbindung von Technologie und Unternehmertum als Schlüssel zur Lösung unserer größten Probleme. Doch Märkte, Teilen und Gemeinwohl passen schlecht zusammen; um ihre Beziehungen geht es in Kapitel 8. Das Internet ist kein so vollständiger Bruch mit der Vergangenheit, wie manche gerne glauben wollen, und ein Blick auf unser Leben als Staatsbürger und darauf, wie unsere Städte funktionieren, zeigt, wie oft kommerzielle Interessen die nicht kommerziellen Formen des Teilens verdrängen. Es mag vorkommen, dass rund um Teilen und Offenheit neue Geschäftsideen entstehen, doch letztlich wird der Geschäftssinn die Oberhand über altruistisches Verhalten gewinnen, und der großzügige Impuls, der der Sharing Economy zugrunde lag, wird unter monetären Anreizen erstickt werden.

◆

Die Sharing Economy ist jung und verändert sich rasch. Sie wird durch unser Verhalten als Konsumenten geprägt, aber auch durch unser Verhalten als Bürger und als Arbeitnehmer. Unternehmen der Sharing Economy behaupten, wir sollten ihnen und ihren Technologien vertrauen, wenn sie Funktionen übernehmen, die bisher Staaten innehatten: mehr Konsumentenschutz garantieren; dafür sorgen, dass Arbeitsverhältnisse anständig und fair ausgestaltet sind; Städte lebenswert und nachhaltig machen. Wir dürfen ihnen nicht vertrauen.

Ich habe dieses Buch geschrieben, weil die Agenda der Sharing Economy an Ideale appelliert, mit denen ich mich ebenso wie viele andere identifiziere: Ideale wie Gleichheit, Nachhaltigkeit und Gemeinschaftlichkeit. Die Sharing Economy hat weiterhin die Unterstützung und den Rückhalt vieler progressiv gesinnter Menschen, vor allem junger Menschen, die sich stark mit den Technologien identifizieren, die sie verwenden. Ihre Gefühle werden manipuliert, und am Ende werden sie als Betrogene dastehen. Die Sharing Economy beruft sich auf Ideale, um gewaltige Privatvermögen anzuhäufen, um echte Gemeinschaftlichkeit auszuhöhlen, um den Konsum noch mehr anzuregen und eine Zukunft zu schaffen, die prekärer und ungleicher ist als alles, was wir bisher hatten.

Es gibt auch andere, die keinen Widerspruch zwischen einer sozialen Bewegung und privaten, gewinnorientierten Firmen sehen: Sie glauben an »Benefit Corporations«, Sozialunternehmen, die gleichzeitig Gemeinwohl und Profit anstreben, und andere Formen des aufgeklärten Kapitalismus, von denen es rund um San Francisco, wo die Sharing Economy zu Hause ist, viele gibt. Ich hoffe, dass ich einige Menschen überzeugen kann, dass die Sharing Economy ihre Hoffnungen nicht erfüllen wird.

Und dann gibt es noch die vielen, die nichts dabei finden, die Vision von Ungleichheit und Deregulierung um ihrer selbst willen zu propagieren, in der das Geld die Aufgabe demokratischer Institutionen übernimmt. Ihnen hat dieses Buch nicht viel zu sagen.

Ich arbeite in der Technologiebranche und verbringe im Alltag viel

Zeit mit Computern. Ich bezweifle nicht, dass neue Technologien einen wichtigen Beitrag zum Aufbau einer besseren Zukunft leisten können, aber sie sind keine Abkürzung auf dem Weg zur Lösung komplexer gesellschaftlicher Probleme oder zur Überwindung lange schwelender gesellschaftlicher Konflikte. Wenn die Verfechter der Sharing Economy etwas Nützliches schaffen wollen, müssen sie sich von der Hybris der Internetkultur verabschieden und von den Menschen lernen, die auf anderen Gebieten seit Jahren das Teilen praktizieren. Genau wie es keine Abkürzung zur Lösung komplexer gesellschaftlicher Probleme gibt, gibt es keine einfache Große Idee, wie man den schlimmen Seiten der Sharing Economy begegnen könnte. Ein erster Schritt ist, dass wir ihr wahres Gesicht erkennen.

2 DIE LANDSCHAFT DER SHARING ECONOMY

Einen ersten Eindruck von der Struktur der Sharing Economy bekommt man, wenn man sich eine Organisation namens Peers anschaut. Peers wurde 2013 gegründet und bezeichnete sich selbst als eine »mitgliedergesteuerte Basisorganisation, die die Bewegung der Sharing Economy unterstützt«. Als Airbnb in Grand Rapids im Bundesstaat Michigan Probleme mit den örtlichen Vorschriften für Vermietungen bekam oder als in Silver Lake in Kalifornien ein Nachbarschaftsbeirat damit drohte, ein Verbot zu erwirken, drängte Peers die Gastgeber von Airbnb, sich bei den Beiräten für das Unternehmen einzusetzen. Als der Stadtrat von Seattle entschied, dass Lyft und Uber gegen Bestimmungen für Taxis verstießen, mobilisierte Peers Unterstützer, Petitionen zu unterzeichnen. Und diese Bemühungen waren nicht vergebens: Die Stadtverwaltungen gaben nach. In Kalifornien errang die Organisation einen ihrer größten Siege: Der Bundesstaat erkannte eine neue Kategorie von Verkehrsteilnehmern an, die sogenannten »Transportation Network Companies«, und schuf damit einen rechtlichen Rahmen, in dem Lyft, Uber, Sidecar und andere legal operieren können. Seither sind mehrere andere Bundesstaaten diesem Beispiel gefolgt.

Im Sommer 2014 standen 75 Partnerorganisationen auf der Website von Peers. Die Liste vermittelt einen Eindruck, wie die Landschaft der Sharing Economy aussieht. Das spanische Unternehmen Gudog ist »eine Plattform, die Hundebesitzer und vertrauenswürdige Hundesitter zusammenbringt«. Bei BoatBound »findest du das perfekte Boot mit oder ohne Kapitän«. Wer lieber isst, als mit einem Boot zu fahren, kann

Cookening aufsuchen, eine Website, wo »dein Gastgeber kocht und mit dir isst, in seiner oder ihrer Wohnung«. Ein ähnliches Angebot wie Cookening hat EatWith, dessen »Gastgeber das Talent teilen, großartige Mahlzeiten zuzubereiten, und es lieben, andere Menschen in ihrer Wohnung zu begrüßen«. In diese Kategorie fällt auch Cookisto, eine Website, auf der »Nachbarn köstliche, selbst gekochte Mahlzeiten teilen«. Wenn Sie Arbeiten rund ums Haus erledigen lassen wollen, aber nicht das nötige Werkzeug haben, können Sie zu NeighborGoods gehen (»Dinge mit Nachbarn und Freunden teilen«) oder zu 1000 Tools (»ein Marktplatz für die Vermietung von Werkzeugen«) oder in Australien zu Open Shed (»warum kaufen, wenn du teilen kannst?«). Wenn Ihnen das Talent zum Heimwerker fehlt, können Sie TaskRabbit anrufen und sich Helfer schicken lassen; wenn Sie einen Büroraum zum Arbeiten brauchen, versuchen Sie es bei PivotDesk; wenn Sie Geld brauchen, gehen Sie zu crowdtilt; wenn Ihr Haus dringend geputzt werden sollte, hilft die Website von Homejoy weiter; wenn Sie einen Stellplatz für Ihr Auto suchen, probieren Sie es bei ParkAtMyHouse; wenn Sie ein Fahrrad oder ein Surfboard mieten wollen, finden Sie bei Spinlister das Passende. In der Sharing Economy gibt es für alle etwas.

Die meisten Angebote haben mit Fortbewegung zu tun: Unternehmen vermitteln Mitfahrgelegenheiten (Lyft, Sidecar), Carsharing (RelayRides), Leihfahrräder (Spinlister, Divvy) und anderes. Mahlzeiten und Haushaltsgeräte sind ebenfalls ein beliebtes Thema, ebenso Haushaltsdienstleistungen wie Putzen (Homejoy, proprly) und Besorgungen (TaskRabbit, PiggyBee). Fast alle Firmen wurden in den letzten Jahren gegründet.

Die Partner von Peers kommen von überall auf der Welt: sehr viele aus Kalifornien und New York, aber auch aus verschiedenen europäischen Ländern (PiggyBee ist ein belgisches Unternehmen, Blablacar ein französisches, Carpooling ein deutsches, Swapsee ein spanisches, ParkAtMyHouse ein britisches), aus Australien (Zookal, Airtasker) und auch aus Israel (EatWith, CasaVersa), Südafrika und der Türkei.

Diese Verschiedenheit, die große Bandbreite von kleinen, auf die

Nachbarschaft fokussierten Unternehmen spricht umweltbewusste Menschen an und all jene, die Handwerkliches schätzen. Deshalb kann Rachel Botsman die Sharing Economy bei einer TED-Konferenz so beschreiben:

> Im Kern geht es um Befähigung. Es geht darum, Menschen zu befähigen, dass sie wichtige Verbindungen knüpfen – Verbindungen, die uns erlauben, eine Menschlichkeit wiederzuentdecken, die wir irgendwo unterwegs verloren haben –, indem wir uns auf Marktplätzen wie Airbnb, Kickstarter oder Etsy engagieren, die statt auf leere Transaktionen auf persönliche Beziehungen setzen.[1]

Deshalb beginnen die Berichte in den Massenmedien auch oft mit Anekdoten und persönlichen Geschichten. Hier ein Beispiel aus dem *Wall Street Journal:*

> Der heißeste Technologie-Trend sind Apps, mit denen alle alles teilen können. Dank einer solchen App hatte Grace Lichaa kürzlich eine Gruppe fremder Menschen bei sich, die ihre selbst gekochten Makkaroni aßen.
>
> Etwa ein Dutzend Menschen, die sie über das Internet kennengelernt hatte, trafen, überwiegend pünktlich, im November in ihrem Haus in Washington D. C. ein, wo sie drei Sorten Makkaroni mit Käse servierte: mit Knoblauch überbacken, mit Ziegenkäse und Tomaten oder scharf gewürzt. Die 32-jährige Ms. Lichaa hatte auf der Website EatFeastly.com Plätze für ihre »Mac Attack« zum Preis von 19,80 Dollar angeboten.[2]

Im gleichen Tonfall berichtete *Wired:*

> In etwa 40 Minuten wird Cindy Manit einen Menschen, den sie noch nie gesehen hat, in ihrem Auto mitnehmen. Eine App auf ihrem an der Windschutzscheibe befestigten iPhone wird sie zu einer Straßenecke im Viertel South of Market in San Francisco führen, wo eine rothaarige Frau in einem orangeroten Regenmantel und kaffeebraunen Stiefeln auf den Beifahrersitz

ihres makellosen Mazda3 mit Fließheck, Baujahr 2006, schlüpfen und darum bitten wird, zum Flughafen gebracht zu werden.[3]

Peers ist nur einer der Blickwinkel, aus dem man die Struktur der Sharing Economy betrachten kann. 2013 legte Rachel Botsman eine Klassifikation von Dienstleistungen der Sharing Economy vor[4], und 2015 veröffentlichte der Unternehmensberater Jeremiah Owyang ein eigenes Profil[5]. Neben den zitierten Beispielen führen sowohl Botsman wie Owyang Sektoren an, die bei den Mitgliedern von Peers unterrepräsentiert sind.

Ein prominenter Sektor ist Geld. Unternehmen, die wie Lending Club und Prosper Peer-to-Peer-Kredite vermitteln, nehmen für sich in Anspruch, Kreditkarten und Banken durch zinsgünstigere Darlehen unter Privatpersonen zu ersetzen. Lending Club ging im Dezember 2014 an die Börse, und das Volumen der Peer-to-Peer-Kredite wächst rasch: Mit Stand Mai 2015 haben die fünf größten Unternehmen fast eine Million Kredite vermittelt und generieren jährlich weitere Kredite mit einem Volumen von mehr als 10 Milliarden Dollar.[6]

Ein weiterer boomender Sektor ist das Teilen von Arbeitsräumen nach dem Motto »Zugang statt Besitz« für Start-ups und Freiberufler. WeWork, der Marktführer in diesem Bereich, hat für seine Expansion über 500 Millionen Dollar eingesammelt. *Wired* verglich WeWork explizit mit Uber und Airbnb, als das Unternehmen nach der letzten Finanzierungsrunde mit 5 Milliarden Dollar bewertet wurde:

Das ist ein stolzer Preis für eine Firma, die im Wesentlichen Büroräume vermietet. Aber das Geschäftsmodell von WeWork, das Immobilien mit Technologie kombiniert, fügt sich in den Trend der »Sharing Economy« ein, der die Investoren in den letzten Jahren dank Erfolgsgeschichten wie Uber und Airbnb fasziniert. Beide Unternehmen haben etablierte Branchen (Fahrdienste und Ferienwohnungen) mit Hightech aufgepeppt, und in der Folge haben beide Bewertungen erhalten, die weit über denen ihrer etablierten Vorläufer (Taxi- und Mietwagendienste und Hotels) liegen. Genauso funktioniert es jetzt bei WeWork.[7]

Botsman und Owyang dehnen beide die Definition der Sharing Economy stark aus und schließen auch Unternehmen mit ein, die weit außerhalb der Thematik dieses Buches liegen. Coursera und andere fordern die Universitäten heraus, indem sie in großem Umfang Online-Kurse anbieten (MOOCs, Massive Open Online Courses); Online-Marktplätze für Produkte – wie eBay und Etsy – hat es schon vor der Sharing Economy mit ihrem Fokus auf Tausch in der »realen Welt« gegeben; und Plattformen für Crowdfunding wie Kickstarter können als eine Erweiterung der Plattformen für Peer-to-Peer-Finanzierung gesehen werden.

◆

Doch die Landschaft der Sharing Economy wird nicht nur durch das definiert, was dazugehört, sondern auch durch das, was nicht dazugehört. Die Soziologin Juliet Schor fasst die Situation folgendermaßen zusammen:

> [Die Sharing Economy] umfasst nicht nur die unterschiedlichsten Aktivitäten, auch die Grenzen, die die Teilnehmer ziehen, sind verwirrend. TaskRabbit, eine Website für »Besorgungen«, wird oft dazugezählt, Mechanical Turk (der Online-Arbeitsmarkt von Amazon) dagegen nicht. Airbnb ist praktisch ein Synonym für die Sharing Economy, aber traditionelle Bed-and-Breakfast-Angebote bleiben außen vor. Lyft, ein Vermittler von Mitfahrgelegenheiten, zählt sich dazu, Uber, ein weiterer Vermittler von Fahrdienstleistungen, dagegen nicht. Sollten nicht auch öffentliche Bibliotheken und Parks einbezogen werden? Als ich diese Fragen einigen Innovatoren der Sharing Economy stellte, antworteten sie eher pragmatisch: Die Plattformen und die Presse entscheiden, wer dazugehört und wer nicht.[8]

(Uber lehnte es anfangs ab, zur Sharing Economy gezählt zu werden, hat aber seit dem Start seines Dienstes UberX immer stärker die Sprache der Sharing Economy übernommen. Für einige Beobachter war

Über kein Unternehmen der Sharing Economy, doch inzwischen ist es eindeutig zu einem solchen geworden – Über hat am meisten von Peers' Bemühungen rund um »Mitfahrgelegenheiten« und besonders von der Einstufung als Transportation Network Company in Kalifornien profitiert.)

Normalerweise stellen Kommunen ihren Einwohnern gemeinsam genutzte Güter zur Verfügung, das gilt für kommunale Schwimmbäder und Fußballplätze ebenso wie für den Nahverkehr, Büchereien und vieles andere. Doch staatliche Einrichtungen fehlen auf der Liste von Peers. Unter den Partnern von Peers finden sich keine Vertreter aus der Welt der Lebensmittelkooperativen, Produktionsgenossenschaften, Leihbüchereien, Kleingartenvereine oder anderer Gruppen, die ohne digitale Unterstützung etwas miteinander teilen. Zipcar gehört dazu (gemeinsamer Zugriff auf ein Fahrzeug), der Jugendherbergsverband (gemeinsamer Zugang zu Unterkünften) dagegen nicht. Wenn man ihre Bezeichnungen wörtlich nimmt, scheinen viele Organisationen zur Sharing Economy zu passen, haben jedoch keine Verbindungen zu Peers, etwa Geschäfte, die Geräte vermieten, Secondhand-Läden, Bootsleihe oder auch große Autovermietungen.

Dennoch sind die Grenzen der Sharing Economy nicht willkürlich gezogen. Fast alle Mitglieder von Peers und alle Gruppen, die Botsman und Owyang nennen, konzentrieren sich auf Technologie, den zentralen Punkt bei der Sharing Economy. Die Namenswahl von Unternehmen der Sharing Economy macht klar, dass das Internet in ihrem Selbstverständnis eine zentrale Rolle spielt.

Unternehmen der Sharing Economy sind die kommerzielle Verkörperung der Idee, die der Autor Steven Johnson als »Peer Progressive« bezeichnet: Problemlösung durch Netzwerke. In seinem jüngsten Buch *Future Perfect* schreibt er: »Wenn in einer Gesellschaft ein Bedürfnis entsteht, das nicht befriedigt wird, sollte unser erster Impuls sein, mit anderen ein Netzwerk zu bilden, um das Problem zu lösen.« Ein »Peer-Netzwerk« bedeutet zuerst und vor allem, eine Software-Plattform im Internet zu errichten: eine Website und/oder mobile Anwendung, auf der Kunden und Dienstleister präsent sind und Güter und Dienstleistungen austauschen können.[9]

Aus anderen Blickwinkeln betrachtet, ist die Sharing Economy gar nicht so anders, wie es zunächst den Anschein haben mag. Wenn man bedenkt, wie viel im Zusammenhang mit der Sharing Economy von Altruismus und Großzügigkeit die Rede ist, überrascht, dass in der überwältigenden Mehrheit kommerzielle Organisationen und nicht Non-Profit-Unternehmen dazu zählen. Von den 70 Namen bei Peers sind mehr als 60 gewinnorientierte Unternehmen, und mehr als 85 Prozent der Finanzmittel für Partner von Peers gingen an Firmen in Kalifornien. Die Partner sind zwar über den ganzen Globus verteilt, aber der Geldfluss zeigt, dass die Sharing Economy in erster Linie ein Phänomen des Silicon Valley ist (das ist ein Grund, warum sich dieses Buch auf amerikanische Ereignisse und Debatten konzentriert, obwohl ich Kanadier und Brite bin).

Drei Arten von Dienstleistungen dominieren: Beherbergung (43 Prozent), Beförderung (28 Prozent) und Bildung (17 Prozent). Im Beherbergungsbereich ist das meiste Geld an ein Unternehmen geflossen: Airbnb, das von 2009 bis zum Sommer 2014 insgesamt 800 Millionen Dollar eingesammelt hat, den Großteil davon in den letzten zwölf Monaten. Im Beförderungsbereich ist das meiste Geld an Lyft gegangen, insgesamt knapp über 300 Millionen Dollar, der Großteil im April 2014. Trotz all der Geschichten über Nachbarn, die sich Bohrmaschinen leihen, sind das die Unternehmen, die den Ton angeben und die Sharing Economy anführen.

Seit Sommer 2014 ist das Bild noch extremer geworden. Mit Stand August 2015 ist Airbnb 2,3 Milliarden Dollar schwer, Lyft eine Milliarde und sein Konkurrent Uber (kein Peers-Partner) sage und schreibe 7 Milliarden Dollar.[10]

Die Sharing Economy wird zwar oft als eine bunte Mischung von kommerziellen und nicht kommerziellen Initiativen weltweit dargestellt (vom Tausch von Werkzeugen bis zum Hüten von Haustieren), aber dieses Bild führt in die Irre. Die Sharing Economy besteht fast vollständig aus einer kleinen Zahl von Technologiefirmen, die auf einem gewaltigen Berg Beteiligungskapital sitzen.

◆

Die Geschichte von Peers spiegelt die Spannung zwischen den vielfältigen, geografisch weit verstreuten Organisationen auf der Partnerliste und der Realität einiger weniger, finanziell gut ausgestatteter Firmen im Silicon Valley wider. Nach der Gründung wurde Peers zuerst von Natalie Foster geleitet, die zuvor als »Community Organizer« (Sozialarbeiterin) für die Regierung Obama und den Sierra Club gearbeitet hatte; weitere führende Mitglieder von Peers hatten einen ähnlichen Hintergrund. Peers beschrieb sich als eine von den Mitgliedern getragene Basisorganisation, die die Bewegung der Sharing Economy unterstützt, und es gab durchaus Menschen, die das glaubten.

Doch das Bild ist vielschichtiger. Bei der Gründung von Peers meldete sich ein weiterer Mitbegründer zu Wort, Douglas Atkin. Auch was er auf der Le-Web-Konferenz 2013 sagte, klingt nach Gemeinschaftlichkeit:

Ich würde gern über eine Bewegung für die Sharing Economy sprechen. Mit »eine Bewegung« meine ich genau das. Ich meine eine große Anzahl von Menschen, die an die gleichen Dinge glauben und aktiv werden, um zweierlei zu tun: die Sharing Economy groß machen und für ihre gemeinsamen Interessen gegen unfaire und unsinnige Hindernisse kämpfen.[11]

Douglas Atkin war jedoch nicht nur Verwaltungsratschef bei Peers, sondern ist auch Leiter der Abteilung Gemeinschaft und Mobilisierung bei Airbnb. Airbnb ist nicht als einziges Unternehmen mit Peers verwoben: Ein großer Teil der Finanzierung der Organisation kam von »sympathisierenden unabhängigen Spendern« und Stiftungen, wobei zu den unabhängigen Spendern auch Investoren und Manager von Start-ups der Sharing Economy gehörten. Die Chefin Natalie Foster führte die

Idee für die Organisation auf eine finanzielle Starthilfe von Airbnb zurück, das »als Investorengespräch« bei Purpose begonnen hatte, einer Organisation, die »Bewegungen für das 21. Jahrhundert« initiierte[12]. Douglas Atkin zählte zu den Mitbegründern von Purpose.

Somit spiegelte sich diese Mischung von Gemeinschaftlichkeit und unternehmerischem Eigeninteresse auch in Peers wider. Atkin weiß selbst sehr genau, wie bedeutsam es ist, wenn ein Unternehmen mit einer Bewegung identifiziert wird. Er hat seine Gedanken 2004 in einem Buch mit dem Titel *The Culting of Brands. Turn Your Customers into True Believers* (Marken pflegen. Wie man aus Kunden überzeugte Anhänger macht) dargelegt. Darin rät er, erst zu definieren und zu erklären, was an einer Marke besonders ist – was sie vom Rest der Welt unterscheidet –, dann dafür zu sorgen, dass Mitglieder sich mit dem »Kult« identifizieren, und gleichzeitig Gegner auszumachen, die man dämonisieren kann.[13] Bei seinem Auftritt auf der Le-Web-Konferenz wechselte Atkin ständig zwischen Businesssprache und Bewegungsjargon hin und her. In einer Passage seiner Ausführungen fordert er die Teilnehmer dazu auf, politisch aktiv zu werden:

Bei dem, worüber wir hier sprechen, geht es nicht nur darum, dass die Menschen Fähigkeiten miteinander teilen oder ihre Wohnung oder ihr Auto, sondern auch ihre kollektive Macht, die Sharing Economy gemeinsam zu erweitern und sich gegen etablierte Interessen zu wehren, die sich ihnen unfair entgegenstellen. Es geht um »die Macht der Menschen« oder genauer »die Macht der Peers«.

Aber schon im nächsten Augenblick steht der Businessgedanke im Zentrum seines Interesses:

Ich war bei einer Konferenz von Mitgliedern der Sharing Economy ... Sie entwickelten Ideen – brillante Ideen –, um über verschiedene Geschäftsfelder hinweg Kunden zu teilen. Jemand schlug für die Peer-Economy sogar eine eigene Währung vor – vielleicht Bitcoin. Oder Punkte, um die Menschen zu motivieren, die Grenzen von Geschäftsfeldern zu überschreiten und neue Leute in diese neue Branche zu holen.

Insofern ist es nicht überraschend, dass sich fast alle Kampagnen von Peers auf die finanziell gut ausgestatteten Sektoren der Sharing Economy richteten, wie sie Airbnb und Lyft repräsentieren. Bei besonders aufsehenerregenden Kampagnen wie der Initiative für Fahrgemeinschaften 2014 in Seattle arbeitete Peers Seite an Seite mit den bestens finanzierten Initiativen von Lyft und Uber. Welche Absichten die stärker auf die Gemeinschaft konzentrierten Aktivisten von Peers auch haben mögen, die Gruppe funktionierte zumindest teilweise als Fassade für die Lobbyanstrengungen von Firmen im Silicon Valley.

◆

Die Finanzierung größerer Unternehmen der Sharing Economy wirft ein Schlaglicht auf ihre widersprüchlichen Triebkräfte. Der Amazon-Chef und Milliardär Jeff Bezos hat sowohl in Airbnb wie auch in Uber investiert; die große Wagniskapitalfirma Andreessen Horowitz hat in Airbnb, Lyft und den Lieferdienst Instacart investiert; Founders Fund, ein Unternehmen, das der PayPal-Gründer und Milliardär Peter Thiel geschaffen hat und leitet, hat Airbnb, Lyft und TaskRabbit Geld gegeben. Goldman Sachs ist Investor bei Uber und bei WeWork, das auch Geld von JP Morgan bekommen hat. Lending Club schreibt in seinen E-Mails, »statt Zinsen an eine Kreditkartenfirma oder für einen herkömmlichen Bankkredit zu bezahlen, bekommst du ein Darlehen von normalen Menschen wie DU, die in DEINEN Erfolg investieren wollen«[14], aber im Verwaltungsrat sitzen John Mack (ehemals Morgan Stanley) und Larry Summers (ehemals amerikanischer Finanzminister). Diese Art von Reichtum und in manchen Fällen explizit marktwirtschaftlicher Politik ist weit von dem Bild einer Basisbewegung entfernt, wie es Douglas Atkin beschworen hat.

Die Sharing Economy ist durchaus eine Bewegung: eine Bewegung für Deregulierung. Große Finanzinstitute und einflussreiche Wagniskapitalfonds ergreifen die Gelegenheit, die Regeln zu attackieren, die demokratisch gewählte Stadtverwaltungen überall auf der Welt aufgestellt haben, um die Städte nach ihren eigenen Interessen umzugestalten. Es geht nicht um eine Alternative zu einer von Konzernen geprägten Marktwirtschaft, sondern darum, die Prinzipien deregulierter freier Märkte auf immer neue Bereiche unseres Lebens auszudehnen. Die Begeisterung für »das Ende des Besitzdenkens«, wie ein Posting auf dem Blog von Andreessen Horowitz zur Sharing Economy lautet, kann man nur schwer ernst nehmen, wenn sie von den Inhabern der Firmen kommt, die in der Sharing Economy engagiert sind. Und wenn Atkin davon träumt, dass »Bürger sich zusammenschließen, um in der Sharing Economy ihre Interessen zu pflegen und gegen mächtige Unternehmen zu schützen«, muss man sich fragen, wo sein eigenes Unternehmen steht.

Gegen Ende seiner Rede bat Atkin um Hilfe:

Und so bin ich hier, um Ihnen von Plänen zu berichten, die die Menschen in die Lage versetzen werden, eine von den Mitgliedern getragene Bewegung für die Sharing Economy [Peers] ins Leben zu rufen. Wenn Sie so wollen, eine neue Art von Gewerkschaft für eine neue Art von Wirtschaft. Und ich bin auch hier, um Sie um Unterstützung zu bitten. Wenn Sie eine Plattform sind: Helfen Sie unseren Nutzern, diese Organisation zu schaffen und ihr beizutreten. Wenn Sie ein Meinungsführer sind, ein Blogger oder Redner bei einer Tagung: Setzen Sie sich dafür ein. Und wenn Sie ein bisschen Geld übrig haben, helfen Sie uns bitte bei der Finanzierung.

Die Chuzpe, die Zuhörer zu bitten, in ihre Taschen zu greifen und einer Organisation Geld zu geben, die von milliardenschweren Unternehmen gegründet wurde, ist bemerkenswert. Ein Grund, warum ich dieses Buch geschrieben habe, ist, Leuten wie Douglas Atkin entgegenzutreten, die die Rhetorik des kollektiven Handelns und der progressiven Politik usurpiert haben, um private Profitabsichten zu verfolgen.

◆

Vielleicht haben Sie bemerkt, dass ich bei den Ausführungen über Peers die Vergangenheitsform verwendet habe. Das hat damit zu tun, dass Peers im Oktober 2014 seine Führungsriege und seine Mission geändert hat. Natalie Foster wurde von Shelby Clark abgelöst, Gründerin des Sharing-Economy-Unternehmens RelayRides. Im Dezember 2014 kündigte Clark die Aufspaltung von Peers in zwei Organisationen an: das Unternehmen Peers und die Stiftung Peers.[15]

Die Peers Foundation ist immer noch dabei, »die Zukunft zu definieren«. Aber das Unternehmen Peers, das weiter das Domainkürzel .org nutzt, das üblicherweise nicht gewinnorientierten Einrichtungen vorbehalten ist, präsentiert sich nicht länger als Basisorganisation von Aktivisten. Es ist inzwischen zum Dienstleistungsunternehmen für Menschen mutiert, die in der Sharing Economy arbeiten, das ihnen mit Rat bei Versicherungs- und Steuerfragen hilft und mit seinen Aktivitäten Geld verdienen will. Die Spannung zwischen einer aktivistischen, kommunitaristischen sozialen Bewegung und einem Unternehmen ist damit aufgelöst, und die kommerzielle Basis der Sharing Economy ist klarer erkennbar als je zuvor.

3 EIN PLATZ ZUM SCHLAFEN DANK AIRBNB

Wenn es ein Unternehmen gibt, das exemplarisch für die Sharing Economy steht, dann ist es ganz sicher Airbnb. Wie wir bereits gesehen haben, hat es durch seinen Manager Douglas Atkin an der Gründung von Peers mitgewirkt. Das Buch von Rachel Botsman und Roo Rogers, *What's Mine Is Yours*[1], war ein wichtiges Werk für die Sharing Economy, weil es eine Vision formulierte, die die Bewegung zu definieren half. Dieses Buch beginnt mit der Geschichte der Anfänge von Airbnb, und auch bei ihrem Vortrag auf der TED-Konferenz zur Sharing Economy bezog sich Botsman auf Airbnb. Wenn führende politische Kommentatoren wie David Brooks und Thomas Friedman, beide Kolumnisten der *New York Times,* über die Sharing Economy schreiben, zitieren sie gern Airbnb-Chef Brian Chesky. Und Chesky spricht viel über die Werte des Teilens. Im März 2014 verfasste er einen reich bebilderten Essay im Stil eines Manifests mit dem Titel »Shared City«, der mit den Worten beginnt:

Stell dir vor, du könntest eine Stadt bauen, die geteilt wird. Wo die Menschen Mikro-Unternehmer werden und Tante-Emma-Läden florieren. Stell dir eine Stadt vor, die den Zusammenhalt fördert, wo Raum nicht verschwendet, sondern mit anderen geteilt wird. Eine Stadt, die mehr produziert, aber nicht mehr Abfall verursacht. Das mag vielleicht radikal klingen, aber es ist keine neue Idee. Städte sind ursprünglich Plattformen für das Teilen.[2]

Airbnb beruft sich auf diese Wurzeln. »Wenn du Airbnb verstehen willst, musst du unsere Anfänge verstehen«, heißt es im Unternehmensblog.[3] Viele Unternehmen der Sharing Economy haben offenbar ähnlich begonnen: Ein paar talentierte junge Leute stießen auf ein Problem in ihrem Leben, richteten für die Suche nach einer Lösung eine Website ein und schauten dann, wie sie ein Unternehmen daraus machen konnten. Mithilfe von Geldgebern aus dem Silicon Valley bauten sie erfolgreiche, florierende Firmen auf.

Am Anfang von Airbnb standen ein paar junge ehemalige Designstudenten, die Probleme hatten, die astronomischen Mieten in San Francisco zu bezahlen. 2007 suchten Brian Chesky und Joe Gebbia nach Möglichkeiten, Geld aufzutreiben, als in San Francisco eine Konferenz der Design-Branche stattfand. Sie kauften ein paar aufblasbare Luftbetten und boten Schlafplätze für Konferenzbesucher an, die an billigen Übernachtungsmöglichkeiten interessiert waren. Daraufhin wurden sie mit Anfragen überschwemmt und erkannten, dass es für so etwas offenbar einen Markt gab. »Airbed & Breakfast« war geboren.

Seitdem ist die Entwicklung von Airbnb eine Geschichte von viel Arbeit und rasantem Wachstum. Nachdem die Gründer ihre Kreditkarten bis ans Limit strapaziert hatten, um die Anfänge zu finanzieren, erhielten sie ein frühes Investment von Paul Grahams Y-Combinator-Fonds. Um ihre Website bekannt zu machen, gingen sie in die größte Stadt, in der sie Gastgeber hatten (New York), und ließen ihre Gastgeber möglichst professionelle Fotos von ihren Zimmern herstellen. Die Buchungszahlen stiegen; bis heute sind professionelle Fotos der effektivste Weg, wie ein Gastgeber Gäste anlocken kann. Weitere Marketingmaßnahmen waren Werbung auf der Verpackung von Frühstücksflocken am Rand des Parteikongresses der Demokraten in Chicago und eine heftig kritisierte E-Mail-Kampagne über Craigslist.

Nach den Mühen des Anfangs erlebte das heutige Trio Chesky, Gebbia und Nathan Blecharczyk eine atemberaubende Story. 2011 hatte Airbnb 50.000 Unterkünfte im Angebot, 2012 hatte sich die Zahl auf 120.000 mehr als verdoppelt, Ende 2013 waren es 550.000, Mitte 2015 nach Angaben von Airbnb 1,2 Millionen. Zum Vergleich: Der nach der Zahl der Zimmer größte Hotelkonzern der Welt ist die InterContinental-Gruppe mit 700.000 Zimmern.

Die Zahl der Besuche, die über die Website gebucht wurden, hat sich ähnlich spektakulär entwickelt: Bis 2013 gab es insgesamt 4 Millionen Besuche, Ende 2013 waren es 10 Millionen, Anfang 2015 laut Airbnb 25 Millionen, und die Branchenanalystin Vicki Stern schätzt, dass Airbnb mittlerweile 37 Millionen Übernachtungen pro Jahr verzeichnet.[4] Das sind rund 20 Prozent der Gästezahlen, die die größten Hotelunternehmen für sich in Anspruch nehmen, und Airbnb wächst unvermindert weiter.

Auch finanziell ist Airbnb zu einem großen Player geworden: Das Unternehmen ist immer noch in Privatbesitz, zieht aber immer mehr Investoren an. Die Zuflüsse von 2,3 Milliarden Dollar entsprechen einem geschätzten Marktwert von 24 Milliarden. Damit spielt Airbnb in einer Liga mit Giganten der Branche wie Marriott International (23 Milliarden Dollar) und Hilton (29 Milliarden Dollar). Die drei Gründer haben keine Probleme mehr, das Geld für die Miete zusammenzubekommen: Sie sind inzwischen alle Milliardäre.

Wenn Sie dieses Buch lesen, werden all diese Zahlen noch viel größer sein.

Für Anhänger der Sharing Economy ist die Geschichte von Airbnb eine Inspiration, und der Grund dafür ist leicht zu erkennen. Es ist eine Website für »normale Einheimische, die ein bisschen Geld dazuverdienen wollen, indem sie ihre Wohnungen mit respektvollen Gästen aus aller Welt teilen«[5]. Und diese Website ist so gewachsen, dass sie eine Herausforderung für die größten Hotelketten der Welt darstellt. Airbnb hat gezeigt, dass ein persönlicher Besuch – Kontakt auf menschlicher Ebene – eine funktionierende Alternative zu der unpersönlichen, uniformierten, massenhaften Anonymität der kommerziellen Beherbergungsbetriebe sein kann. Bei Airbnb können Sie ein Baumhaus mieten, ein Schloss, ein Zimmer in einem Uhrenturm oder ein Hausboot. Wem würde das nicht besser gefallen als ein Hotelzimmer, das aussieht wie alle anderen? In einem Interview sagte Brian Chesky: »Uns ist wirklich sehr daran gelegen, die Welt zusammenzubringen.«[6] Airbnb betont gern, dass viele Gastgeber künstlerisch tätig und nicht reich sind: In Barcelona »verdienen 75 Prozent der Gastgeber höchstens so viel, wie das durchschnittliche Haushaltseinkommen in Katalonien beträgt«[7]. Im Mittelpunkt der Website von Airbnb und seiner Werbung stehen Geschichten über persönliche Kontakte: von herzlichen Gastgebern über gemeinsame Mahlzeiten bis zu Freundschaften, die geknüpft wurden. Man meint beinahe, nur ein sehr zynischer, abgestumpfter Mensch könnte im Erfolg von Airbnb etwas anderes als eine gute Sache sehen.

Aber das Wachstum von Airbnb hat zwei Seiten, wie aus den Geschichten deutlich wird, die über das Unternehmen kursieren. Airbnb setzt in seiner Werbung sehr auf bewegende, persönliche Geschichten. Ich weiß nicht, ob diejenigen, die solche Geschichte erzählen, ehrlich oder zynisch sind – woher sollte ich das wissen? –, und bis zu einem gewissen Grad spielt es keine Rolle. Vielleicht weiß Brian Chesky, dass die Geschichte von der kranken Gastgeberin, die ihm einen Brief schrieb und Airbnb dafür dankte, ihr Leben gerettet zu haben, gut ankommt, und erzählt sie deshalb immer wieder. Oder vielleicht bedeutet sie ihm tatsächlich etwas, und er glaubt wirklich, dass es seine Mission mit Airbnb ist, Tausenden – Millionen – von Menschen in einer solchen Situation zu ermöglichen, dass sie in dieser schwierigen Welt ein bisschen Unabhängigkeit finden.

Aber ich glaube, dass es möglich – und sogar wichtig – ist, solchen inspirierenden Technikerzählungen mit Skepsis zu begegnen. Wenn sie mit einer Agenda verbunden sind, hinter der eine Menge Geld steht, sind wir es uns selbst schuldig zu fragen, was uns da verkauft werden soll. In der Präsentation von Airbnb – seiner Selbstdarstellung als Unternehmen – spielen solche persönlichen Geschichten eine große Rolle, und überall in New York City hat es Bilder der »normalen Menschen« plakatieren lassen, die ihm dabei helfen sollen, auf seinem zweitgrößten Markt Legitimität zu erlangen.

Deshalb habe ich es mir zur Angewohnheit gemacht, innezuhalten, wenn ich auf eine inspirierende Technikerzählung stoße, und mich zu fragen, ob nicht noch eine andere Geschichte erzählt werden sollte, eine Geschichte mit einer anderen Botschaft. Und unweigerlich ist es so. Hier eine Geschichte von der Website von Airbnb:

Als die Wirtschaftskrise zuschlug, war Tamas Lebensunterhalt als Künstlerin und Immobilienmaklerin bedroht. Ein schweres gesundheitliches Problem verursachte hohe Kosten, die Ausgaben für Medikamente beliefen sich zeitweilig auf 1000 Dollar pro Monat. Gäste zu beherbergen brachte ihr nicht nur neue Freunde – es erlaubte ihr auch, sich satt zu essen, ihre Rechnungen zu bezahlen und in ihrer Wohnung zu bleiben.[8]

Airbnb war eindeutig gut für Tama. Aber hier noch eine andere Geschichte aus dem *San Francisco Chronicle*:

Chris verlor sein Zuhause, weil sein Vermieter mehr Geld damit verdienen konnte, Wohnungen über Airbnb zu vermieten. Chris sagt: »Sie haben mich aus einem Zuhause vertrieben, das ich geliebt habe. Es war unglaublich schwierig, eine Wohnung zu finden, vor allem weil ich einen sehr alten Hund habe. Schließlich habe ich doppelt so viel bezahlt wie dort.« Chris hat inzwischen Klage gegen seinen Vermieter erhoben. Sein Anwalt sagt: »Airbnb trägt dazu bei, dass in San Francisco langjährige Mieter vertrieben werden … Es hat Kurzzeitvermietungen so leicht gemacht; es ist allgegenwärtig.«[9]

Wenn wir über Airbnb nachdenken, müssen wir die Geschichte von Chris also ebenso im Hinterkopf behalten wie die von Tama. Und hier noch eine Geschichte, die nicht auf der Website von Airbnb auftaucht:

Ken besitzt ein paar Häuser in Nolita [in New York City]. Er leitet ein Non-Profit-Unternehmen, das Menschen das Fahrradfahren beibringt. Jetzt hat er Privatdetektive angeheuert, die herausfinden sollen, was seine Mieter machen. Ken tut das nicht gern: »So bin ich nicht. Ich frage mich, wie ich so geworden bin.« Aber Apartment 3 ist zu einer Art Hotel geworden, es kostet 250 Dollar pro Nacht, und Ken mutmaßt, dass die Mieterin eine halbe Million Dollar verdient hat, bevor er sie rausgesetzt hat. Er sagt über Airbnb: »Sie sehen, wie lukrativ ihr Geschäft war … Und sie wollen sich nicht mit weniger zufriedengeben. Sie sind keine Guten.«[10]

Airbnb erwähnt weder Ken noch seine Mieterin, zählt aber die Gastgeberin Shell in New York zu seiner Community:

Als New York City von einem der schlimmsten Tropenstürme in der Geschichte getroffen wurde, erkannte Shell, seit Langem Gastgeberin bei Airbnb, dass manche Menschen schwere Verluste erlitten hatten. Das Wasser stieg, viele mussten ihre Wohnungen verlassen und konnten tagelang nicht zurückkehren. Shell beschloss, im Internet Menschen in Not umsonst eine Unterkunft anzubieten.[11]

Die Geschichte von Shell wurde schwieriger, als sich herausstellte, dass sie mehrere gemietete Wohnungen »unter Verletzung ihres Mietvertrags« weitervermietete. Ihr Vermieter sagt: »Freunde [übernachten zu lassen] ist eine Sache. Gruppen von Fremden aus sozialen Netzwerken dagegen sind ein anderes Kaliber.« Airbnb wusch seine Hände in Unschuld und betonte: »Airbnb ist eine Online-Plattform, die Unterkünfte weder besitzt noch betreibt, noch verwaltet und kontrolliert, und wir überprüfen weder die Bedingungen privater Verträge, noch entscheiden wir über Beschwerden dritter Personen.«[12]

Die Geschichten, die Airbnb nicht erzählt, ergeben also ein anderes Bild, das neben den Geschichten existiert, mit denen das Unternehmen wirbt: ein Bild von Nachbarn, Vermietern und Mietern, die über die Geschäfte von Airbnb frustriert und verärgert sind.

Die ganze Debatte über Airbnb kommt auch als eine Erzählung daher. Rachel Botsmans Geschichte über Airbnb ist die Geschichte eines Zusammenpralls zwischen der unpersönlichen Unternehmenswelt der globalen Hotelketten und der persönlichen, ein bisschen schrulligen Welt von Menschen, die ihr Zuhause mit anderen teilen.

Wieder habe ich mir angewöht, innezuhalten und darüber nachzudenken, wie diese Erzählung zu meiner eigenen Erfahrung passt und zu dem, was ich über die Welt weiß. Und im Fall von Airbnb ist das Ergebnis, dass sie nicht sehr gut dazu passt.

Ich bin in den 1960er- und 1970er-Jahren in Großbritannien aufgewachsen, als eines von vier Kindern, deren Eltern beide Lehrer waren. Wir sind jedes Jahr in die Ferien gefahren. Die ersten Ferien, an die ich mich erinnere, waren die von 1963, die wir zusammen mit einer anderen Familie in Aberdovey in Wales verbrachten. Dort wohnten wir eine Woche in Eisenbahnwaggons, die man zu Übernachtungsmöglichkeiten umgebaut hatte – so ähnlich wie fest stehende Wohnwagen, aber für Kinder viel interessanter. Ich war damals noch sehr klein und erinnere mich an nicht viel, abgesehen von der mit Ekel vermischten Faszination angesichts der langen Reihen von Quallen, die immer am Strand angeschwemmt wurden. (Tot oder lebendig? Ich weiß es nicht.) Diese Unterkunft war jedenfalls weder ein Airbnb noch ein Hotel.

Die restlichen Ferien meiner Kindheit buchten wir meistens anhand eines Verzeichnisses von Bauernhöfen, die Unterkünfte anboten. Wir wohnten in Ferienwohnungen, in denen wir uns ganz selbst versorgten, oder in Gästezimmern mit Frühstück, oft auf einem Bauernhof. Unsere Gastgeber verdienten damit ein bisschen Geld zusätzlich, und wir hatten tolle Ferien. Regelmäßig fuhren wir zu Miss Whitaker: Sie leitete die Schulkantine in dem Dorf Ulpha im malerischen Lake District und öffnete während der Schulferien ihr Haus für Gäste. Hinter ihrem Garten plätscherte der Duddon, und sie hatte einen Hund namens Jan, mit dem wir immer spielten – der erste Hund, vor dem ich keine Angst hatte. An den Regentagen, von denen es viele gab, entdeckte ich in ihren Bücherregalen Hercule Poirot und Miss Marple.

Als Jugendlicher verbrachte ich die Ferien mit Freunden an anderen Orten, die es schon lange gibt: in Hostels und Jugendherbergen, Wohnwagenparks und auf Campingplätzen.

Wir waren eine normale Familie, die normale Ferien machte: Was wir erlebten, erlebten millionenfach andere Menschen. In Nordamerika sind die Gebräuche ein bisschen anders, aber Ferienhäuser und Ferienwohnungen kennen auch dort Millionen Menschen. Die größten Städte von Airbnb sind allesamt beliebte Touristenziele, und mittlerweile gibt es mehr Buchungen bei Airbnb in Europa als in den Vereinigten Staaten. Vielleicht hat das Phänomen Airbnb weniger mit einer Explosion des Teilens zu tun, sondern eine vertraute Art, Urlaub zu machen, ist von Millionen Anschlagtafeln und Broschüren auf eine einzige Website gewandert.

Airbnb hat auch Vorläufer in der digitalen Welt. Couchsurfing begann als nicht gewinnorientierte Website (couchsurfing.org, nicht couchsurfing.com) einer sehr aktiven, engagierten Community. Es gab Treffen in vielen Ländern, Mitglieder von Couchsurfing halfen sogar beim Aufbau der Website. Couchsurfing hatte viel mit Airbnb gemeinsam, aber vieles war auch anders: Die Mitglieder konnten einander als Gäste besuchen, oft verbrachten sie viel Zeit miteinander, aber anders als bei Airbnb galt die Regel, dass kein Geld im Spiel war. Die Geschichte von Couchsurfing ist faszinierend, wir kommen später darauf zurück.

Die anderen digitalen Vorläufer von Airbnb waren die kommerziellen Websites, auf denen Ferienwohnungen vermietet werden; einige existieren und florieren bis heute. HomeAway, VRBO und andere sind in vielerlei Hinsicht immer noch genauso groß wie Airbnb, aber inzwischen weniger bekannt, und das rasante Wachstum von Airbnb stellt für sie eine Bedrohung dar. Die Menschen, die über HomeAway Übernachtungsmöglichkeiten anbieten, sind in der Regel professionelle Immobilienverwalter, die sich um viele Ferien- und Mietwohnungen kümmern. Im Gegensatz zu Airbnb existieren diese Websites bereits seit vielen Jahren, ohne dass es Konflikte mit den Behörden gegeben hätte.

Wahrscheinlich lässt sich der Marktwert dieser unterschiedlichen Unterkunftsarten nicht genau beziffern, aber klar ist, dass die Geschichte »Airbnb gegen die Hotels« ziemlich weit von der Wahrheit entfernt ist. Die Erzählung von jungen, idealistischen Start-ups, die gegen die großen Mega-Hotelketten angetreten sind, erweist sich als eine Karikatur der Realität. Der Markt für Kurzzeitvermietungen und Ferienwohnungen ist wesentlich komplexer.

SPARSAMER UMGANG MIT DER WAHRHEIT

Airbnb ist weltweit umstritten. Die heftigste Kontroverse entbrannte in New York City, aber auf allen wichtigen Märkten gibt es Probleme, von Amsterdam über Los Angeles, Berlin und Barcelona bis Paris. Das Unternehmen behauptet, der Widerstand sei die Reaktion schwerfälliger Verwaltungen, die mit den etablierten Interessen der Hotelbranche unter einer Decke steckten. Doch da so viele Städte Probleme mit Airbnb hatten, ist zu vermuten, dass die Gründe andere sind.

Um zu verstehen, welche Art von Geschäft Airbnb wirklich macht, müssen wir über das hinausgehen, was der Politikwissenschaftler Henry Farrell ein »Duell mit Anekdoten« nennt, und uns die Zahlen anschauen. Schon 2013, als Airbnb gerade erste öffentliche Aufmerksamkeit erregte, frustrierte mich, dass die Debatte so wenig mit soliden Zahlen unterfüttert war. Deshalb schrieb ich ein Programm, mit dem ich auf der Website von Airbnb so viele Informationen wie möglich über alle Angebote in einer Stadt sammeln konnte. Mein Programm ist beileibe nicht perfekt, und viele Fragen können anhand der Daten von der Website nicht genau beantwortet werden, aber es hat sich für mich als ein nützliches Werkzeug erwiesen, um zu verstehen, wie das Geschäft von Airbnb tatsächlich funktioniert.

Überraschend geriet Airbnb, kurz nachdem ich mit meiner Datensammlung begonnen hatte, in eine Kontroverse mit dem Generalstaatsanwalt von New York, Eric Schneiderman. Die Zahl der Airbnb-Angebote in New York wuchs stetig, und Schneidermans Behörde mutmaßte, dass viele Gastgeber gegen ein New Yorker Gesetz verstießen, das verbietet, Wohnungen in Wohnanlagen für weniger als 30 Tage zu vermieten. Schneiderman wollte die Namen und Adressen aller 15.000 Gastgeber von Airbnb in der Stadt haben. Airbnb weigerte sich, die Gespräche brachen ab, und Airbnb warf Schneiderman vor, er habe »ins Blaue ermittelt«[13]. Kurz nach den Enthüllungen von Edward Snowden erschienen die Fragen des Generalstaatsanwalts als ein weiteres Beispiel für die Datensammelwut der Behörden. Sowohl die Electronic Frontier Foundation als auch die Internet Association (»die Vertretung der führenden Internetfirmen«) machten sich für Airbnb stark und erklärten sich bereit, »mit Klauen und Zähnen zu kämpfen«.[14] In der Zwischenzeit sammelte Peers über 200.000 Unterschriften für eine Petition, um »das Teilen in New York zu retten«, und Airbnb veröffentlichte eine Studie, die die wirtschaftlichen Vorteile für die Städte pries, und verbreitete Videos, die seine Position stützten. Die Wogen schlugen hoch.

Anhänger der Sharing Economy präsentierten den Konflikt als Auseinandersetzung zwischen finanzkräftigen Etablierten und durchschnittlichen New Yorker Bürgern, die sich ein bisschen Geld dazuverdienen wollen, um in einer harten Welt zurechtzukommen. Sie argumentierten, die Gesetze stammten aus einer Zeit, in der es das Internet noch nicht gegeben habe, und müssten aktualisiert werden, damit sich neue Branchen entwickeln könnten. Airbnb behauptet: »Wir stimmen alle darin überein, dass illegale Hotels schlecht für New York sind, aber das betrifft unsere Gastgeber nicht. Unsere Community besteht aus Tausenden toller Menschen mit großen Herzen.«[15] Das Unternehmen veröffentlichte einen Bericht, in dem es hieß, die Gastgeber seien fast alle »normale New Yorker, die ab und zu die Wohnung vermieten, in der sie leben«;[16] viele von ihnen bräuchten das Geld, um in ihren Wohnungen bleiben zu können. Airbnb erzählte Geschichten, die den persönlichen Aspekt betonten: Menschen, die sich Wohnraum teilen.

Auf der anderen Seite haben sich an der Auseinandersetzung außer der Hotelbranche in einer seltenen Allianz auch Mieter- und Vermieterverbände beteiligt sowie Gruppen, die für bezahlbaren Wohnraum kämpfen, und Nachbarschaftsvereinigungen.[17] Generalstaatsanwalt Schneiderman sagt, illegale Hotels würden die Website von Airbnb missbrauchen, und Liz Krueger, die Senatorin des Bundesstaats New York, beklagt, Airbnb »wirbt aktiv dafür, dass Mieter ihre Wohnungen auf der Website anmelden, obwohl Airbnb genau weiß, dass die Mieter damit ihre Kündigung riskieren«, weil sie gegen Mietverträge oder genossenschaftliche Nutzungsvereinbarungen und das Gesetz verstoßen, das Vermietungen für weniger als 30 Tage verbietet. Einige »Online-Unternehmen haben viel Geld damit verdient, dass sie bundesstaatliche Gesetze und kommunale Vorschriften ignorieren und sich nicht darum scheren, wie viel Schaden ihr Geschäftsmodell in den Gemeinden angerichtet hat«.[18]

Und was sagen die Daten zu dieser Auseinandersetzung? Mein Programm hat 15.000 Angebote registriert, was der Zahl der Gastgeber entspricht, die Airbnb nach eigenen Angaben in New York City hatte (inzwischen sind es doppelt so viele). Die Daten zeigen, dass Airbnb zwar nicht gerade gelogen hat, aber sparsam mit der Wahrheit umgegangen ist.

Die Behauptung von Airbnb, »87 Prozent unserer Gastgeber vermieten die Wohnung, in der sie leben«, ist wichtig für das Unternehmen, weil es ständig damit argumentiert, bestehende Regelungen für professionelle Beherbergungsbetriebe würden für ihren neuen Markt nicht zutreffen, auf dem durchschnittliche Menschen auf eher informeller Basis Übernachtungsmöglichkeiten anbieten. Auf den ersten Blick bestätigen meine Daten tatsächlich die Angaben von Airbnb: 87 Prozent der Gastgeber haben wirklich nur einen Eintrag, das entspricht genau der von Airbnb genannten Zahl. Doch man kann die Zahlen unter verschiedenen Blickwinkeln betrachten, und es ist nicht verwunderlich, dass Airbnb den Blickwinkel gewählt hat, der am besten zu dem Image passt, das man sich gerne geben möchte. Auf die 13 Prozent der Gastgeber mit mehr als einem Angebot entfällt nämlich ein erheblicher Teil des Geschäfts von Airbnb: Sie vermieten nicht weniger als 40 Prozent aller Unterkünfte und wickeln über 43 Prozent der Besuche in New York City ab. Fast die Hälfte des Umsatzes von Airbnb stammt von Gastgebern mit mehreren Angeboten. Airbnb ist in der Tat sparsam mit der Wahrheit. Das Unternehmen präsentiert sein Geschäftsmodell als informellen, persönlichen Austausch und verdient gleichzeitig viel Geld mit Gastgebern, die mehrere Angebote auf der Website haben, Menschen, die die Website nutzen, um ein eigenes Geschäft aufzubauen, bei dem sie die für Pensionen und Kurzzeitvermietungen geltenden Regeln umgehen.

Jedes Inserat bei Airbnb wird einer von drei Kategorien zugeordnet. Eine Kategorie ist »gemeinsames Zimmer«; das entspricht den Anfängen von »Airbed & Breakfast«, als die Gründer Luftbetten vermieteten. Dann gibt es »Privatzimmer«; daran denken die meisten von uns, wenn wir hören, es gehe darum, »die Wohnung, in der wir leben«, mit einem Gast zu teilen. Und schließlich gibt es noch »ganze Unterkunft«, was bedeutet, dass der Gastgeber nicht zu Hause ist, wenn die Gäste kommen. Die Daten zeigten, dass die meisten Inserate in New York (60 Prozent) ganze Unterkünfte betrafen und nur 3 Prozent ein gemeinsames Zimmer, die ursprüngliche Idee von Airbnb. Beim Umsatz sind die Zahlen sogar noch eindeutiger, weil ganze Wohnungen und Häuser üblicherweise teurer vermietet werden als Privatzimmer, die wiederum teurer sind als gemeinsame Zimmer. Drei von vier Dollar verdient Airbnb mit ganzen Unterkünften, nur ein Prozent mit gemeinsamen Zimmern. Da die meisten Angebote aus Manhattan und Brooklyn kommen, wo größere Wohnanlagen dominieren, scheint es, dass die Mehrheit der Inserate bei Airbnb und über zwei Drittel der Erlöse die Vermietung ganzer Unterkünfte betrafen und somit klar gegen das New Yorker Gesetz zu Kurzzeitvermietungen verstießen.

Airbnb hat in seinem Hauptquartier das Wohnzimmer der ersten Wohnung nachgebaut (außerdem den War Room im Pentagon aus dem Film *Dr. Seltsam oder: Wie ich lernte, die Bombe zu lieben*[19]), aber dieses Wohnzimmer repräsentiert das Geschäftsmodell von Airbnb längst nicht mehr. Die Vermietung von Privatzimmern, die auf der Website mit Bildern von Gastgebern illustriert wird, die ihre Gäste am Esstisch begrüßen, betrifft ebenfalls nur eine Minderheit. Der Großteil der Einnahmen von Airbnb stammt aus Vermietungen, bei denen Gastgeber und Gast außer für die Schlüsselübergabe keinen Kontakt zueinander haben müssen. Und wenn der Gastgeber einen der zahlreichen Verwaltungsdienste in Anspruch nimmt, die gerade rund um das Angebot von Airbnb entstehen, müssen sich Gastgeber und Gast gar nicht mehr begegnen.

◆

Der Konflikt zwischen Generalstaatsanwalt Schneiderman und Airbnb wurde 2014 beigelegt. Airbnb behauptete, es habe eine kleine Anzahl »fauler Äpfel« von seiner Plattform entfernt, und übergab dem Generalstaatsanwalt ausgewählte Daten. Während ich und andere noch mühsam auf der öffentlichen Website Daten sammelten, hatte die Behörde des Generalstaatsanwalts Zugang zu den internen Daten von Airbnb: Sie betrafen fast eine halbe Million Transaktionen für Aufenthalte zwischen Januar 2010 und Juni 2014.

In einem Bericht vom Oktober 2014 bestätigte die Behörde des Generalstaatsanwalts die großen Linien der Geschäftstätigkeit von Airbnb, die auch meine Untersuchung ergeben hatte, und fügte noch einiges hinzu.[20] Aus dem Bericht ging hervor, dass deutlich mehr als die Hälfte der Inserate auf der Website gegen das Gesetz verstießen, das Kurzzeitvermietungen in Wohnanlagen verbietet, und dass Gastgeber mit vielen Inseraten sogar noch mehr Gewicht haben, als die Website vermuten ließ: Nach dem Bericht erbrachten 6 Prozent der Gastgeber mit mehr als zwei Angeboten 36 Prozent der Einnahmen von Airbnb.

Airbnb pflegt weiter seine Erzählung vom sanften Tourismus und betont, die *Inserate* seien über alle Stadtviertel von New York verteilt; »82 Prozent der Wohnungen liegen außerhalb von Mid-Manhattan gegenüber 30 bis 40 Prozent bei den Hotels«, und »Besucher von Airbnb wohnen überall in New York, in allen fünf Stadtbezirken«[21]. Aber auch das ist wieder eine sehr selektive Art, die Zahlen zu betrachten: Im Bericht des Generalstaatsanwalts ist nachzulesen, dass die *Besuche* sich nicht so gleichmäßig über die Stadt verteilen, wie die sorgfältig formulierten Statements suggerieren wollen: Nicht weniger als 97 Prozent der Einnahmen von Airbnb stammten aus Vermietungen in Manhattan und Brooklyn.

Airbnb betont, dass viele Gastgeber nur hin und wieder vermieten. Aber auch da gibt es eine andere Seite der Geschichte. Im Bericht des Generalstaatsanwalts heißt es, »der Anteil der Einnahmen, die Gastgeber mit Einheiten erzielten, die länger als die Hälfte des Jahres gebucht waren, ist von 18 Prozent der Einnahmen aus Kurzzeitvermietungen in New York City im Jahr 2010 auf 38 Prozent in 2013 gestiegen. Einheiten, die bei Airbnb als private Kurzzeitvermietungen für ein halbes Jahr und länger gebucht wurden – und damit weitgehend für langfristige Vermietungen nicht zur Verfügung standen –, brachten 2013 38 Prozent der Gebühren ein, die Airbnb bekam.«

Seit 2014 hat sich dieser Trend fortgesetzt. Ein erheblicher Teil des Geschäfts von Airbnb ist professionalisiert – entweder Inserate von Wohnungen, die jemand nur besitzt, um sie zu vermieten, oder Gastgeber, die mehrere Wohnungen besitzen – und konzentriert sich auf die bei Touristen besonders beliebten Teile der Stadt. Die Reaktion von Airbnb auf jeden Bericht, der mit echten Zahlen operiert, besteht darin zu behaupten, die Zahlen seien veraltet oder falsch, aber das Unternehmen legt im Gegenzug keine eigenen realen Zahlen vor. Hin und wieder veröffentlicht Airbnb Berichte zu einzelnen Städten, die, wie das Unternehmen behauptet, seine Story mit Zahlen unterfüttern, aber diesen Berichten fehlt jegliche Substanz: Der Bericht über Airbnb in New York City bestand gerade einmal aus 300 Wörtern – weniger, als auf dieser Seite stehen – und enthielt keinerlei Aussagen zur Methodik, die die Behauptungen von Airbnb gestützt hätten.

So wie in New York sehen die Geschäfte von Airbnb mit einigen Variationen überall aus. Ich habe die Inserate von Airbnb in sämtlichen großen Städten untersucht, und die Zahlen zeigen, dass die größten und deutlichsten Abweichungen von der Selbstdarstellung von Airbnb, die in New York zu erkennen waren, auch in anderen Städten auftreten. Obwohl Airbnb immer wieder seinen Gründungsmythos beschwört, spielt das gemeinsame Zimmer in den weltweiten Geschäften des Unternehmens nur eine verschwindend geringe Rolle. Selbst die Vermietung von Privatzimmern – das, was unserer Vorstellung von Teilen noch am nächsten kommt – macht nur einen kleinen Teil des Geschäfts aus. Überall auf der Welt ist die Vermietung ganzer Unterkünfte die Haupteinnahmequelle. In Paris, der größten Stadt von Airbnb, waren fast 90 Prozent der Angebote ganze Unterkünfte, in anderen großen Städten wie Berlin, Amsterdam und Lissabon waren es über 70 Prozent. Trotz der Betonung, die Gastgeber seien durchschnittliche Menschen, die ihre Wohnungen mit anderen teilen, macht das Unternehmen einen erheblichen Teil seines Geschäfts mit Gastgebern, die mehrere Wohnungen inserieren. Die Verteilung ist von Stadt zu Stadt unterschiedlich. In Paris ist die Zahl der Übernachtungen bei Gastgebern mit vielen Angeboten relativ klein (27 Prozent). In San Francisco und Berlin übernachten über 40 Prozent bei Gastgebern, die mehrere Angebote haben, in London und Los Angeles gilt das für die Hälfte der Besucher. In Barcelona, Lissabon und Rom entfällt die Mehrzahl der Besuche auf Gastgeber mit mehreren Angeboten, und in Istanbul, wo es über 7000 Inserate auf Airbnb gibt, trifft das für ganze 80 Prozent zu.

AIRBNB UND DIE STÄDTE

Ob die Geschäfte von Airbnb in New York City legal sind, ist wichtig, aber nicht mein zentrales Thema: Ich möchte mich auf das größere Bild konzentrieren, wie Airbnb die Städte verändert, die besonders beliebt sind und seine lukrativsten Märkte darstellen.

Die Sharing Economy will informelle, direkte Tauschgeschäfte fördern, die aus bestimmten Gründen nicht unter die für kommerzielle Geschäfte geltenden Regeln fallen. Wenn ich meinem Nachbarn eine Packung Zucker gebe, kommt die Lebensmittelkontrolle nicht ins Spiel. Das Geschäft von Airbnb fällt im Wesentlichen unter kommunale Vorschriften, und in vielen Städten wachen nur wenige Personen über die Einhaltung dieser Verordnungen, die zudem nur bei Beschwerden aktiv werden. Die Vorschriften haben eine Grauzone der Toleranz; viele Städte sehen die zwangsweise Durchsetzung als letztes Mittel und hoffen, dass sich kleinere Auseinandersetzungen zwischen Nachbarn direkt regeln lassen, ohne dass die Behörden eingreifen müssen. Dies und die Tatsache, dass die Grenzen zwischen kommerziellen und nicht kommerziellen Aktivitäten unscharf bleiben, führt zu einer »Grauzone« des informellen Handels, die in den meisten Städten fest zum Alltag gehört. Airbnb und viele andere Unternehmen der Sharing Economy wollen die Grauzone vergrößern. Aber dadurch ändert sich alles: Die informelle Konfliktlösung wird unmöglich, und Aktivitäten, die vorher harmlos waren, werden auf einmal problematisch. Die meisten von uns, die an einer Straße mit vielen Einfahrten wohnen, haben kein Problem, wenn ab und zu ein Garagenflohmarkt stattfindet. Wenn ein Nachbar auf einmal jedes Wochenende einen Flohmarkt veranstaltet, ärgern wir uns vielleicht über die vielen Autos, die in unserer Straße parken. Aber wenn ein halbes Dutzend Nachbarn dauernd Flohmärkte abhält, dann stört das die Gemeinschaft, und die Stadt sollte langsam anfangen, ihre Vorschriften zu Wohn- und Gewerbegebieten durchzusetzen.

Das gleiche Problem mit der Größe betrifft auch die Besucher von Städten. Die meisten von uns stört es nicht, wenn ein Nachbar ab und zu Übernachtungsgäste hat. Aber wenn bei allen unseren Nachbarn dauernd andere Leute ein und aus gehen, wird es ein Problem.

Die Größenordnung spielt die zentrale Rolle in den Konflikten rund um Airbnb. Das Unternehmen betont seine Verantwortung gegenüber den Städten und der Gemeinschaft, versteht aber offenbar nicht, wie echte Gemeinschaften funktionieren, insbesondere dass dabei unterschiedliche Interessen ausbalanciert werden müssen.

Es ist verlockend zu glauben, Airbnb habe lediglich strikte Regeln durch Formlosigkeit und Vertrauen ersetzt, doch so ist es ganz und gar nicht. Es ist leicht, eine Wohnung auf der Website anzubieten, aber wenn Sie sich als Gastgeber oder Gast bei Airbnb anmelden, müssen Sie vier verschiedenen Geschäftsbedingungen zustimmen, die zusammen 30.000 Wörter umfassen: fast die halbe Länge dieses Buchs. Das Unternehmen kennt durchaus Regeln, vorausgesetzt, sie sind ihm genehm.

Unsere Häuser und Wohnungen sind in ein Regelwerk eingebettet, weil wir Teil einer Gemeinschaft sind und miteinander auskommen müssen. Nicht alle Regeln sind gut, dennoch setzen Wohnungsgenossenschaften der Handlungsfreiheit ihrer Mitglieder Grenzen; setzen Mietverträge der Handlungsfreiheit der Mieter Grenzen; setzen die Städte der Handlungsfreiheit der Vermieter Schranken, und auch für die Inanspruchnahme einer Sozialwohnung gilt eine Reihe von Bedingungen.

Airbnb interessieren solche Regeln nicht. Während das Unternehmen permanent von Gemeinschaft redet, scheint es tatsächlich nur eine Logik zu kennen, und das ist die des freien Marktes: das Recht des Wohnungsbesitzers, mit der Wohnung zu tun und zu lassen, was er oder sie will. Mieter in Wohnanlagen mögen es nicht, wenn alle ihre Nachbarn auf einmal untervermieten und jedes Wochenende scharenweise Fremde auftauchen, aber dafür ist Airbnb nicht verantwortlich. Manche Mieter sagen, sie seien aus ihren Wohnungen vertrieben worden, weil ihr Vermieter mehr Geld damit verdienen könne, wenn er sie kurzfristig zu einem höheren Preis vermiete, aber Airbnb hat darauf keine hilfreiche Antwort außer der Behauptung, das seien Einzelfälle.

Viele Presseberichte rund um Airbnb stellen die Kontroverse als Konflikt zwischen einem innovativen Start-up-Unternehmen aus der Technologiebranche und der älteren, etablierten Hotelbranche dar. Doch die großen Hotelketten sind von dem Phänomen Airbnb am wenigsten betroffen; man muss erst einmal abwarten, wie sich ihr Verhältnis entwickeln wird. Chip Conley, Leiter der Global Hospitality bei Airbnb, kommt aus der Hotelbranche. Kürzlich hat er gesagt:

> Zu meinen wichtigsten Aufgaben bei Airbnb gehört es, die Beziehungen zur weltweiten Hotelindustrie zu verbessern. Ich bin stolz darauf, dass einige CEOs der großen weltweiten Hotelketten sich mittlerweile neutraler oder sogar positiv äußern, wenn sie nach Airbnb gefragt werden. Es gab zwei Untersuchungen – eine haben wir in New York City in Auftrag gegeben, eine weitere hat ein Professor der Universität Boston unabhängig davon in Texas durchgeführt –, die gezeigt haben, dass die Auswirkungen von Airbnb auf die Hotelbranche praktisch zu vernachlässigen sind.[22]

In den Kontroversen um Airbnb ist der angebliche Konflikt mit den großen Hotels eine falsche Fährte. Mitte 2015 hat die Hotelkette Hyatt in einen kleinen Konkurrenten von Airbnb namens OneFineStay investiert,
und wir können erwarten, dass es noch mehr Kooperationen zwischen
den Hotelketten und Airbnb geben wird: etwa wenn Airbnb versucht, in
das Segment der Geschäftsreisen zu expandieren, oder wenn die Hotels
eine Chance sehen, mit Touristen mehr Geld zu verdienen.

Betroffen sind stattdessen kleinere, unabhängige Hotels und Pensionen, die darüber klagen, dass sie sich bei ihrer Stadt anmelden und
für Brandschutz-, Gesundheits- und Sicherheitsüberprüfungen bezahlen müssen, dass sie Beherbergungsabgaben (»Bettensteuer«) entrichten müssen und deshalb mit dem nicht kontrollierten Apartment in der-
selben Straße nicht konkurrieren können, das all diese Ausgaben nicht
hat. Ironischerweise schädigt Airbnb also ausgerechnet den Teil des
Tourismusgewerbes, der noch ein »menschliches Maß« hat.

Stadtverwaltungen machen sich Sorgen um ihre Steuereinnahmen,
Flächennutzungspläne und den Verbraucherschutz (wer bezahlt, wenn
etwas schiefgeht?). Engagierte Bürger machen sich Sorgen, welche Auswirkungen das Geschäft mit Kurzzeitvermietungen auf den Preis für
Wohnungen und den Bestand an bezahlbarem Wohnraum haben wird.
Wird es die Mieten in die Höhe treiben? Werden ärmere Bevölkerungs-
gruppen aus beliebten, noch erschwinglichen Stadtvierteln abwandern
und wohlhabende nachrücken? Diese Debatten werden besonders erbittert in Touristenorten geführt, in denen Airbnb die meisten Angebote hat; die Entwicklung von Airbnb muss deshalb vor dem Hintergrund
der stetig und rasch wachsenden Tourismusbranche betrachtet werden.
Weltweit hat sich die Zahl der internationalen Touristen allein in den
letzten 20 Jahren verdoppelt,[23] in den führenden Destinationen liegen
die Zuwächse noch darüber, und die Touristenflut führt unweigerlich
zu Spannungen. So hat beispielsweise Barcelona einen massiven An-
stieg des Tourismus erlebt:

Die Zahl der Touristenübernachtungen ist in den letzten Jahren steil angestiegen, von 1,7 Millionen im Jahr 1990 auf über 7,4 Millionen in 2012. Während die 1,6 Millionen Einwohner versuchen, in einer Stadt, in der die Touristen sie an Zahl weit übertreffen, ihrem Alltag nachzugehen, haben Klagen über Lärm, Nackte und Betrunkene auf der Straße sowie Vermüllung sprunghaft zugenommen.[24]

Angesichts dieser Veränderungen müssen die Städte die Interessen der Touristen mit den sonstigen Interessen der Stadt ausbalancieren und die Lebensqualität für die Bewohner erhalten. Jede Stadt braucht etwas anderes, weil die Belastungen und Probleme jeder Stadt anders sind.

In den Städten, in denen Airbnb viele Wohnungen anbietet, hat das den Tourismus weiter angetrieben. Das Unternehmen brüstet sich nur zu gern mit dem wirtschaftlichen Beitrag, den sein Geschäft für Städte weltweit leistet – weniger gern diskutiert es dagegen über die Folgen für die Einwohner. Wiederholt hat sich Airbnb als ein unzuverlässiger Partner erwiesen, wenn es darum ging, lebenswerte Städte zu schaffen.

Das Beispiel Amsterdam zeigt das gut. Im Jahr 2012 stand Airbnb in Amsterdam vor einem großen juristischen Problem: Wenn Einwohner von Amsterdam Wohnungen an Touristen vermieten wollten, mussten sie sich bei der Stadt anmelden und Geschäftsbücher führen, durften nur maximal vier Gäste beherbergen und nicht mehr als 40 Prozent der Wohnfläche vermieten.[25] Zu der Zeit wurden rund 4000 Übernachtungsmöglichkeiten auf Airbnb angeboten, und die Stadt ging von rund 2000 illegalen Vermietungsangeboten aus.

Wie in vielen anderen Städten werden auch in Amsterdam Verstöße gegen Satzungen nur auf Antrag verfolgt, und die entsprechenden Stellen sind personell unterbesetzt. Die Stadt konnte die 4000 Inserate auf Airbnb also nicht überprüfen, selbst wenn sie die Adressen kannte. So entschied man im Juni 2013, Kurzzeitvermietungen an Touristen zu dulden, solange es keine Beschwerden gab, keine Probleme mit dem Brandschutz und solange der Wohnungsinhaber selbst in der Wohnung lebte.[26] Airbnb begrüßte die Entscheidung, sie zeige, dass »in der

Tat eine Grenze gezogen werden kann zwischen unerwünschten illegalen Hotels auf der einen Seite und dem großartigen wirtschaftlichen Nutzen, der entsteht, wenn reguläre Bewohner die Freiheit haben, ab und zu ihre eigene Wohnung zu vermieten«[27].

Die Entscheidung wurde im Januar 2014 festgeschrieben, als der Stadtrat von Amsterdam beschloss, Kurzzeitvermietungen für maximal 60 Tage im Jahr zu erlauben, solange sie »sicher und anständig« vonstattengehen und »keine Belästigung verursachen«[28]. Wieder begrüßte Airbnb die Entscheidung, weil sie es »Bewohnern leicht[macht], die Wohnung, in der sie leben, zu teilen, und gleichzeitig Härte gegenüber illegalen Hotels zeigt, die das System missbrauchen«[29]. Es schien so, als wären alle glücklich.

Aber damit endete die Geschichte noch nicht. Im August 2014 war klar, dass viele Gastgeber von Airbnb sich nicht um die Regeln des Stadtrats scherten. Nachforschungen der Behörden ergaben, dass von 7000 Wohnungen, die in Amsterdam auf Airbnb angeboten wurden, 900 an mehr Personen als zulässig vermietet wurden und über 500 für längere Zeit als erlaubt; es gab »eine große Zahl professioneller Vermieter mit mehreren Wohnungen, die den Dienst in Anspruch nehmen«, und »private Investoren kaufen attraktive Wohnungen auf, um sie zu vermieten«[30].

Im Oktober hatten die 22 Vollzeitkontrolleure der Stadt bergeweise Klagen von Nachbarn auf dem Tisch, doch Airbnb kooperierte nicht. »Sie haben die Details über die Vermietungen und könnten uns helfen, aber sie tun es nicht«, sagte Laurens Ivens vom Stadtrat. Obwohl Airbnb behauptet hatte, es begrüße eine klare Grenzziehung zwischen illegalen Hotels und regulären Übernachtungen, dachte das Unternehmen nicht daran, tatkräftig bei ihrer Durchsetzung zu helfen oder gar seine Einnahmen in Amsterdam dadurch zu schmälern, dass es seiner »Community« strengere Zügel anlegte.

Es war auch klar, dass viele Gastgeber keine Beherbergungsabgabe zahlten und viele die Regeln gar nicht kannten, an die sie sich halten sollten. Im Dezember erzielte die Stadt eine Übereinkunft mit Airbnb, dass Airbnb die Abgabe im Namen seiner Gastgeber einzieht. Das *Wall Street*

Journal berichtete: »Zu der Vereinbarung gehört auch, dass Airbnb aktiv auf Regeln und Vorschriften hinweisen wird, die für Personen gelten, die in Amsterdam ihre Wohnungen an Touristen vermieten.«[31]

Leider erstreckte sich die Vereinbarung mit Airbnb nicht auch darauf, dem Stadtrat bei der Durchsetzung der Regeln zu helfen, die Airbnb doch begrüßt hatte. Die städtischen Behörden hatten keine Möglichkeit, zu überprüfen, ob Airbnb die Abgaben durchgehend und in korrekter Höhe einzog. Airbnb wies jede Verantwortung von sich. Der Manager Patrick Robinson sagte einer holländischen Zeitung, es sei Aufgabe der Gastgeber, die Regeln einzuhalten: »Dafür sind wir nicht verantwortlich.«[32]

◆

Andere Städte beobachten frustriert, wie Airbnb vom Tourismus profitiert, aber jegliche Verantwortung für das Geschäft ablehnt, mit dem es Geld verdient, und den Städten die Informationen verweigert, die sie bräuchten, um ihre Regeln durchzusetzen.

Nachdem sich die Zahl der Wohnungen, die an Touristen vermietet wurden, sprunghaft vermehrt hatte und immer mehr Klagen von Einwohnern kamen, hob Barcelona im April 2014 für den Stadtteil Eixample die Genehmigung auf, an Touristen zu vermieten. Wie Amsterdam hat auch Barcelona nur begrenzte Ressourcen, um Gastgeber aufzuspüren und dingfest zu machen, die unerlaubt vermieten. Wie in Amsterdam könnte Airbnb dabei helfen, tut es aber nicht, sondern stellt seine Rolle lieber in rosigen Farben dar und redet vom »Teilen«: »77 Prozent der Gastgeber von Airbnb in Katalonien haben nur ein Angebot, und 53 Prozent sagen, das Vermieten helfe ihnen, in ihrer Wohnung bleiben zu können.«[33] Die Gastgeber von Airbnb seien »Einheimische, die sich ein bisschen Geld dazuverdienen wollen, indem sie ihre Wohnungen mit respektvollen Gästen aus aller Welt teilen«[34]. Daten, die ich auf der Website von Airbnb gesammelt habe, bestätigten diese Aussagen (sie zeigten zum Beispiel, dass 74 Prozent der Gastgeber nur ein Angebot eingestellt hatten), aber wie üblich sagt Airbnb nicht die ganze Wahrheit. Das Geschäft des Unternehmens konzentriert sich auf die Touristenzentren: Zwei Drittel der Übernachtungen entfallen auf zwei der zehn Bezirke von Barcelona. Inserate von professionellen Gastgebern machen mehr als die Hälfte aller Angebote in der Stadt aus. Über die Hälfte der Einnahmen von Airbnb in Barcelona kommt von professionellen Gastgebern.

Die Auswirkungen von Airbnb auf Barcelona sind vielschichtig, aber zumindest ein Teil davon ist zerstörerisch: Airbnb höhlt die Lebensqualität der Menschen aus, die in den Stadtvierteln mit viel Tourismus leben; es verhindert, dass die Stadt für eine Balance zwischen Tourismus und anderen Aspekten des Lebens in der Stadt sorgen kann; und es sabotiert die Bestrebungen der Stadtverwaltung, Sicherheits- und andere Standards durchzusetzen.

In Paris zeigt sich das gleiche Muster wie in Amsterdam und Barcelona. Die Stadt ist mit über 50.000 Angeboten der größte Markt von Airbnb – was dazu führte, dass sich im Sommer 2014 in dem beliebten Stadtviertel Marais 66.320 Gäste von Airbnb tummelten, etwas mehr als die 64.795 Einwohner, die dort leben.[35]

Für die Stadt hat das erhebliche Folgen. Ian Brossat, der für das Wohnen zuständige Bürgermeisterstellvertreter, sagt:»Es herrscht bereits erheblicher Wohnungsmangel in Paris, vor allem bei Ein- und Zweizimmerwohnungen, in denen Paare zusammenziehen könnten. Jetzt haben wir noch das wachsende Problem mit Vermietungen an Feriengäste. Investoren drängen herein und kaufen so viel Wohnraum wie möglich. Es ist ein Geschäft geworden mit der Folge, dass für durchschnittliche Pariser weniger Wohnungen zur Verfügung stehen und die Preise für diese Wohnungen steigen.«[36]

In Paris kann man seinen Hauptwohnsitz kurzzeitig an Feriengäste vermieten, aber die Stadtverwaltung glaubt, dass zwei Drittel der Wohnungen, die sehr kurzzeitig vermietet werden, gar keine Hauptwohnsitze sind. Wie üblich kontert Airbnb den Vorwurf mit Plattitüden statt mit Fakten. Im Februar 2015 schloss Airbnb mit der Stadt eine Vereinbarung, das Gesetz durchzusetzen, aber im Mai 2015 schien sich das Verhältnis wieder verschlechtert zu haben, und die Stadt führte Stichproben bei 2000 Angeboten im Marais durch. Der leitende Kontrolleur François Plottin sagte:»Das Zentrum unserer Stadt verwaist. Zunehmend sind nur noch Touristen unterwegs.«[37]

Airbnbs größter Markt in Deutschland ist Berlin, und das Unternehmen ist dort atemberaubend gewachsen. Im November 2013 gab es weniger als 5000 Angebote in Berlin, bis Juli 2015 ist diese Zahl auf 13.000 gestiegen.[38] Obwohl das Marketing von Airbnb in den Vordergrund stellt, dass Gastgeber ihre Wohnungen mit einem Gast teilen, sind zwei Drittel der Angebote »ganze Unterkünfte«, und obwohl Airbnb betont, dass die meisten Gastgeber nur eine Unterkunft anbieten, stammen rund 40 Prozent des Umsatzes von Airbnb in Berlin aus Aufenthalten bei Gastgebern, die mehrere Unterkünfte inserieren, also wohl eher professionell vermieten.

Wie in anderen Städten gab es auch in Berlin eine Debatte, wie sich das auf den Wohnungsmarkt auswirkt. Im Dezember 2014 hat Airbnb einen Bericht veröffentlicht, wonach die Inserate bei Airbnb lediglich 0,5 Prozent aller Wohnungen in der Stadt beträfen und nur ein kleiner Bruchteil davon auf professionelle Gastgeber entfalle.[39] Das Bild mag bezogen auf die Stadt insgesamt zutreffend sein, aber es ist nur ein Teil der Wahrheit. Andere Analysen heben hervor, wie stark sich die Angebote von Airbnb in den Stadtvierteln konzentrieren, die sowieso schon unter den vielen Touristen leiden. Designstudenten der Fachhochschule Potsdam haben gezeigt, dass es drei solche Gebiete gibt (den Reuterkiez in Neukölln, die Gegend um den Helmholtzplatz im Viertel Prenzlauer Berg und den Graefekiez in Kreuzberg), dort werden in wenigen Blöcken mehrere Hundert Unterkünfte angeboten. An solchen Orten treten die Konflikte zwischen Airbnb und den alteingesessenen Bewohnern am deutlichsten zutage.

Wie andere Großstädte erlebt auch Berlin die Spannung zwischen willkommenen Einnahmen aus dem Tourismus einerseits und der Gefahr andererseits, dass der Tourismus genau die Qualitäten aushöhlt, die Touristen nach Berlin locken (Berlin ist heute die am dritthäufigsten besuchte Stadt in Europa). In Berlin trägt zu der Spannung noch bei, dass die Stadt nicht nur Sehenswürdigkeiten bietet, sondern auch ein Lebensgefühl verkörpert, an dem viele teilhaben möchten. Das Phänomen, dass Menschen reisen, um Teil der Kultur oder Subkultur einer Stadt zu werden, hat einen eigenen Namen bekommen: Post-Tourismus.[40] Der Stadtplaner Johannes Novy sagt, dass diese Besucher die Grenzen zwischen Touristen und Einheimischen verwischen, »in manchen Vierteln (Kreuzkölln beispielsweise) gehen Tourismus und Gentrifizierung … Hand in Hand. Wir beobachten den kumulierten Effekt dessen, was manche Kollegen die ›kosmopolitische Konsumentenklasse‹ nennen … die jetzt die Umwandlung bestimmter innenstädtischer Viertel vorantreibt«.[41]

Die Spannung zwischen Tourismus und anderen Facetten des städtischen Lebens auszubalancieren ist Aufgabe der Stadtverwaltungen. Der Berliner Senat hat es versucht: Im Jahr 2013 erließ er eine Vorschrift, dass alle Ferienwohnungen bis Sommer 2014 bei der Stadt gemeldet werden müssten; mittlerweile wurde die Frist bis 2016 verlängert.[42] München und Hamburg haben ähnliche Schritte unternommen. Aber wie in anderen Städten gibt es auch in Berlin viel zu wenig Kontrolleure, um die Einhaltung der Vorschriften zu überprüfen, wenn Airbnb seine Daten nicht gegenüber der Stadtverwaltung offenlegt, was es bisher regelmäßig verweigert.

Die Behauptung von Airbnb, die Gäste könnten »leben wie die Einheimischen«, wird sinnlos, wenn es keine Einheimischen mehr gibt; der Anspruch, das Teilen in der Stadt zu fördern, wird immer mehr zu einem Deckmantel für ein amerikanisches Unternehmen, das nicht daran interessiert ist zu verstehen, dass fremde Länder und fremde Städte anders sind und das Recht haben, aus ihren eigenen guten Gründen auch ihre eigenen Regeln festzusetzen.

◆

Wenn es eine Stadt gibt, in der sich Airbnb zu Hause fühlen sollte, dann ist es Portland in Oregon. Im März 2014 hat Airbnb hier seine Initiative »Shared City« (»Geteilte Stadt«) verkündet. Portland war die erste Stadt, die bei einer Reihe von Initiativen eine Partnerschaft mit Airbnb einging, um dem Unternehmen zu helfen, sich in die städtische Struktur einzufügen; außerdem teilte Airbnb mit, dass es sein erstes Büro außerhalb von San Francisco in Portland errichten werde. Portland erteilte Airbnb den juristischen Segen für sein Geschäft: Gastgeber bekamen die Auflage, eine Sicherheitsüberprüfung durchführen zu lassen, die Nachbarn zu informieren und für 180 Dollar eine Genehmigung einzuholen; Airbnb verpflichtete sich, die Beherbergungsabgabe für die Gastgeber zu bezahlen. »Wir müssen einen Weg finden, wie wir Unternehmen, auch solche neuen, und unsere großartigen Stadtviertel unter einen Hut bekommen«, sagte Bürgermeister Charlie Hales. Und fügte hinzu: »Ich denke, diesmal haben wir es richtig gemacht.«[43]

Aber wieder verschlechterte sich das Verhältnis rasch. Bis zu dem Termin, an dem die Genehmigungen vorliegen mussten, hatten nur 166 von 1600 Gastgebern eine solche bekommen.[44] Die Stadt forderte die Adressen und Genehmigungen der Gastgeber bei Airbnb an; der Verantwortliche für Öffentlichkeitsarbeit, David Owen, lehnte die Herausgabe mit der Begründung ab, die Daten seien privat. City Commissioner Nick Fish widersprach Owen und sagte, Airbnb verlange, »von allen Gesetzen und Regeln der Gesellschaft ausgenommen zu werden, weil es ›etwas mit Internet‹ macht. Wir haben Sie in Portland willkommen geheißen, wir freuen uns, dass Sie das Internet nutzen. Aber wir müssen dafür sorgen, dass die Gäste in den Wohnungen Ihrer Gastgeber sicher sind. Sie kontrollieren die Wohnungen nicht, also müssen wir uns darum kümmern.«[45]

Zu der Zeit, als diese Zeilen geschrieben wurden, war die Frist abgelaufen, ohne dass Portland Maßnahmen gegen Airbnb oder die Gastgeber ergriffen hätte.

◆

Dass sich das Wachstum von Airbnb in Touristenzentren überall gleich vollzieht, ist besonders traurig, weil neue Formen von informellem, sanftem Tourismus mit kurzen Übernachtungen eindeutig Potenzial haben, ähnlich den traditionellen Angeboten wie Hostels und digitalen Initiativen wie Couchsurfing. Aber die Investoren von Airbnb haben viel Geld in das Unternehmen gesteckt und erwarten Rendite, folglich muss Airbnb wachsen. Um seine Investoren zufriedenzustellen, muss sich Airbnb bemühen, ein globales Unternehmen zu werden und in möglichst vielen Städten groß einzusteigen. Diese Zielsetzung drängt die Vorteile des informellen Teilens in den Hintergrund. Das Unternehmen spricht immer noch vom Teilen, präsentiert immer noch seine herzerwärmenden Geschichten, aber indem es seine Gastgeber zu professionellen Vermietern macht und konsequent als Marke auftritt, spielt es eine zunehmend destruktive Rolle in der Reisebranche und verhindert, dass die Städte eine gesunde Balance zwischen Tourismus und den Bedürfnissen der Einheimischen herstellen können. Es gäbe so viele Möglichkeiten, um dem städtefreundlichen Bild näherzukommen, das Airbnb so gerne für sich in Anspruch nimmt – man könnte die Zahl der Angebote eines Gastgebers auf der Website begrenzen, ebenso die Zahl der Tage, an denen eine Wohnung vermietet wird, oder eine Obergrenze für die Anzahl der Angebote in einem bestimmten Stadtviertel festsetzen, um nur einige Beispiele zu nennen –, aber nichts davon passiert.

◆

Zum Abschluss dieses Kapitels möchte ich noch die Geschichte von Airbnb in Rom erzählen.

Ich lebe in Kanada, aber ursprünglich stammt meine Familie aus Großbritannien. Als ich sie letztes Jahr besuchte, fuhren meine Schwester und ich für ein paar Tage nach Rom. Es war eine tolle Reise (wir hatten eine Ferienwohnung gemietet, falls Sie sich das fragen sollten, aber nicht über Airbnb), und die Nachmittage verbrachten wir am liebsten in Trastevere. Dort gibt es keine großartigen Sehenswürdigkeiten, aber viele Straßen mit Kopfsteinpflaster, charmante Restaurants, einen wunderschönen Platz und eine der ältesten Kirchen der Stadt. Trastevere ist ein Viertel der Handwerker und Künstler, und diese Atmosphäre macht es so reizvoll.

Wie vielen anderen Besuchern gefiel auch uns Trastevere ganz besonders, und wie viele andere Touristen hatten wir Geld dabei und gaben einen Teil davon aus; insofern war unser Besuch gut für die Stadt. Aber natürlich ist der Tourismus ein zweischneidiges Schwert: Zu viele Touristen können genau das zerstören, was Trastevere so stimmungsvoll und einzigartig macht – besonders wenn es das »authentische« Leben der Einheimischen ist –, und die Lebenshaltungskosten sowie die Immobilienpreise in die Höhe treiben. Letzten Endes müssen die Touristen hoffen, dass die Stadt Rom und die einzelnen Stadtviertel selbst Wege finden, den Druck von unterschiedlichen Seiten auf den Ort, an dem sie leben, auszubalancieren.

Es ist nicht verwunderlich, dass es in Trastevere Konflikte über Gentrifizierung und die Auswirkungen des Tourismus gibt. Hier eine Geschichte aus dem September 2014.[46] 1956 eröffnete in Trastevere ein Kino namens Cinema America. Es war eine Institution, bis es irgendwann um das Jahr 2000 geschlossen wurde. 2004 kauften neue Besitzer das Kino. Sie planten, es abzureißen und Wohnungen sowie einen großen Parkplatz zu errichten. Die Anwohner wehrten sich dagegen, und es passierte nichts, bis im November 2012 eine Gruppe junger Leute das Kino besetzte. Offenbar verwandelten sie es in einen Treffpunkt in ihrem Viertel und zogen sogar ein paar große Namen des italienischen Kinos und der Kunstszene an. Im September 2014 wurden die Besetzer von der Polizei vertrieben, aber sie haben anscheinend ein anderes Gebäude in der Gegend gefunden und machen weiter.

Was hat all das mit Airbnb zu tun? Nun …

Abbildung 1 zeigt eine Karte aller 8000 Airbnb-Angebote in Rom im Mai 2014. Wie deutlich zu erkennen ist, liegen die meisten und teuersten Unterkünfte in der Stadtmitte.

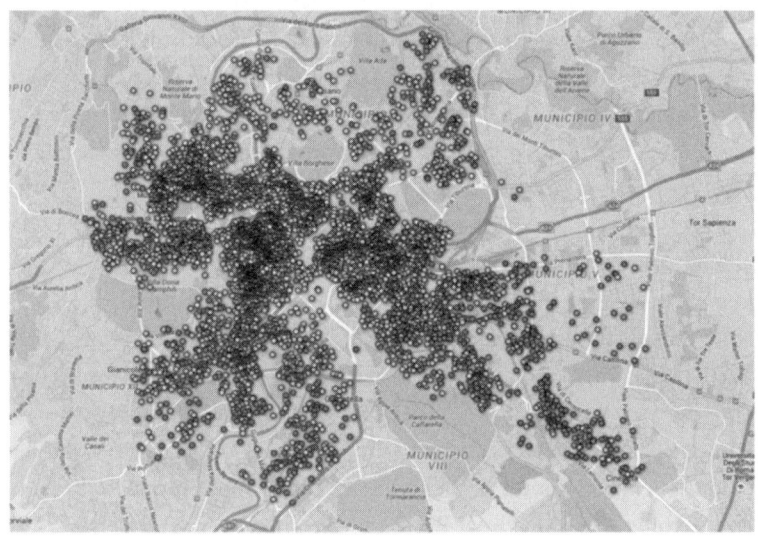

Abbildung 1: Angebote von Airbnb in Rom; Kartendaten © 2014 Google

Wenn man die Anzahl der Bewertungen stellvertretend für die relative Anzahl der Besuche nimmt, ist eine Schätzung möglich, welche Unterkünfte für Airbnb besonders lukrativ sind. Abbildung 2 zeigt das (nach dieser Schätzung) lukrativste Übernachtungsangebot in Rom – die Wohnung, die von allen Angeboten in der Stadt mutmaßlich die höchsten Einnahmen aus ihrer Vermietung bringt. Es ist der Punkt an der Piazza de' Renzi.

Ein Stück südlich davon liegt die »Basilica di Santa Maria in Trastevere«. Die Wohnung befindet sich, das wird Sie nicht überraschen, mitten in Trastevere. Sie sieht herrlich aus – und ist mit 600 Dollar (oder 475 Euro) pro Nacht auch nicht gerade billig. Im Text dazu heißt es: »Ausgewählt von den Mitarbeitern von Airbnb, die hier das Video über Rom gedreht haben, das demnächst herauskommt«. Auch die Angestellten des Unternehmens haben also den Reiz der Wohnung registriert.

Airbnb sagt natürlich, dass die Vermieter »ganz normale Leute sind, die hin und wieder ihre Wohnung vermieten und die Einnahmen dafür

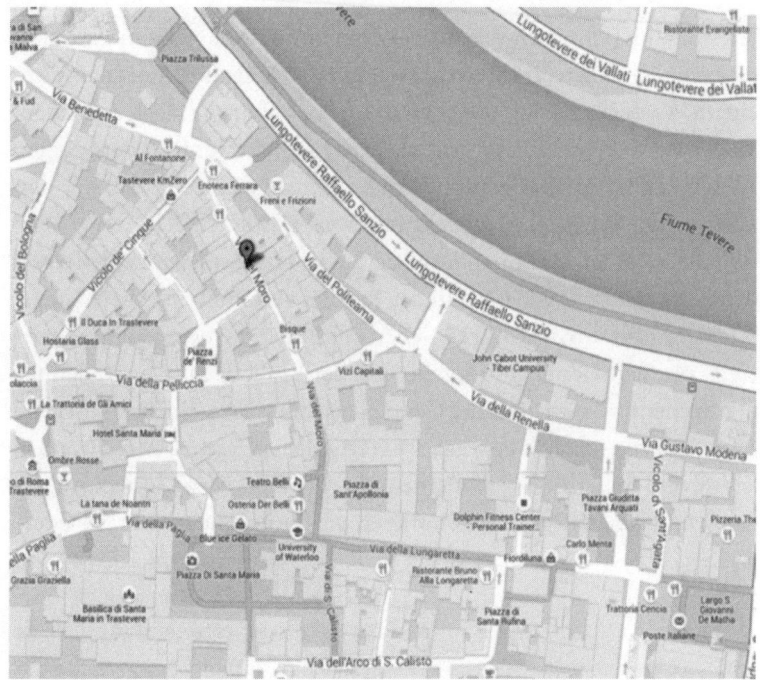

Abbildung 2: Die lukrativste Unterkunft in Rom; Kartendaten © 2014 Google

verwenden, ihre Rechnungen zu bezahlen«. Wer ist nun der Gastgeber dieses besonders beliebten Angebots?

Wie sich herausstellt, ist Martin alles andere als ein normaler Einwohner von Trastevere. Seine Familie stammt aus Rom, aber er hat in Harvard studiert, war Inhaber eines Technologieunternehmens und lebt im texanischen Austin. Er vermietet »die Wohnungen, die ich mit den Einnahmen aus dem Verkauf meiner letzten Software-Firma erworben habe«. Heute ist er CEO von Vreasy, einer »neuartigen Software-Plattform«, die eine »wachsende Größe auf dem Tourismus- und Reisemarkt darstellt«.

Bei Airbnb wird Martin als »Superhost« geführt. Außer der Wohnung in dem Haus, die einmal einem römischen Adligen gehört hatte, standen auf seiner Seite (im April 2015) noch fünf Angebote – ein weiteres in Rom (»römisches Penthouse mit ultimativem Panoramablick«), eines in der Nähe von Monaco, zwei in Barcelona und eine »Kabine in einem Wasserflugzeug«, das er an jeden See in Europa fliegt, auf dem er landen darf, damit es dann dort als Hotel genutzt werden kann.

Ich kenne Martin nicht und habe nicht versucht, Kontakt mit ihm aufzunehmen, weil es hier nicht um Martin geht: Es geht um Airbnb und die Kluft zwischen den idealisierten »ganz normalen Leuten«, von denen immer die Rede ist, und der Realität von Besitzern vieler Immobilien. Es geht um die Kluft zwischen der Botschaft, dem Unternehmen lägen die Stadtviertel am Herzen, und der Realität, dass durch den unkontrollierten Tourismus die Gentrifizierung vorangetrieben wird und Airbnb dazu erheblich beiträgt. Das eigentliche Geschäft von Airbnb in Trastevere höhlt die Eigenschaften aus, die das Viertel so reizvoll machen, und genau dagegen protestieren die Einwohner von Trastevere.

4 UNTERWEGS MIT UBER

E in Sektor der Sharing Economy ist noch größer als das Geschäft mit Übernachtungen, und zwar der Sektor Transport, insbesondere Mitfahrgelegenheiten. So wie Airbnb auf dem Markt für Übernachtungen dominiert, dominiert Uber bei den Mitfahrgelegenheiten, aber Uber hat seinen Markt anders aufgebaut als Airbnb. Die Geschichte der Mitfahrzentralen handelt von mehreren Unternehmen, die voneinander lernten und miteinander konkurrierten, bis sich ein Sieger durchsetzte.

Vor den Mitfahrgelegenheiten gab es Carsharing. *Carsharing* bedeutet, dass Menschen für begrenzte Zeit Zugang zu einem Auto haben, bei einer *Mitfahrgelegenheit* (oder *Ridesharing)* ist eine Person Passagier in einem Auto, das eine andere Person fährt.

Genau wie »Sharing Economy« keine zutreffende Bezeichnung mehr ist, stimmt auch der Begriff »Ridesharing« nicht; das Stylebook von Associated Press, das für die amerikanischen Medien maßgebliche Handbuch zu Schreibweisen, Begriffen und Stilfragen, empfiehlt sogar, den Begriff im Zusammenhang mit Uber nicht zu verwenden.[1] Im Deutschen ist von »Fahrdienst-Vermittlung« die Rede. Doch so falsch »Mitfahrgelegenheit« auch sein mag, der Begriff ist trotzdem allgemein geläufig, und auch ich benutze ihn hier ohne Anführungszeichen.

Aber fangen wir mit dem Carsharing an.

Carsharing-Organisationen gibt es schon lange; manche sind gewinn-orientiert, andere nicht. Ihre Geschichte begann in den 1970er-Jahren. In Kitchener-Waterloo, wo ich lebe, wurde 1998 Community CarShare gegründet, das bis heute existiert.

Aber als Antje Danielson und Robin Chase im Jahr 2000 Zipcar gründeten, eröffneten sie eine ganz neue Dimension. So wie Rachel Botsman und Roo Rogers in *What's Mine Is Yours* die Geschichte von Airbnb schildern, spielt Zipcar die Hauptrolle in Lisa Ganskys 2010 erschienenem Buch *The Mesh: Why the Future of Business is Sharing*.[2] Zipcar war nie ein Peer-to-Peer-Unternehmen, denn alle Autos gehören der Firma, aber es war eine Form des geteilten oder kooperativen Konsums auf der Grundlage digitaler Technologie: Gansky zitiert die Reaktion von Robin Chase, als Antje Danielson ihm von einem Berliner Carsharing-Dienst erzählte: »In meinem Kopf ging eine Glühbirne an. Ich dachte: *Genau dafür ist das Internet gemacht.*« Zipcar ist vielleicht noch mehr als Airbnb der Prototyp eines Unternehmens der Sharing Economy.

Und Zipcar ist enorm gewachsen: Von den Anfängen in Boston im Jahr 2001 über New York 2003, San Francisco 2005, Toronto 2006 und im selben Jahr London bis auf eine Viertelmillion Mitglieder im Jahr 2008. Seither expandierte Zipcar immer weiter. Es stellte seinen Nutzern eine iPhone-App für Buchungen zur Verfügung, bekam Beteiligungskapital von Benchmark Capital und den Commercial Finance Fleet Services von General Electric, fusionierte mit dem Konkurrenten Flexcar, ging eine Partnerschaft mit der spanischen Autovermietung Avancar ein und übernahm den englischen Carsharing-Anbieter Streetcar.

Der Reiz des Unternehmens war ökonomischer, sozialer und ökologischer Natur: Es bot erschwingliche Fahrgelegenheiten (Zugang statt Besitz), es unterstützte eine alternatives, gemeinschaftliches Gefühl (man ist Mitglied statt Kunde) und es propagierte ein grünes Image (effizienterer Ressourceneinsatz als beim individuellen Autobesitz). Diese Kombination macht die Sharing Economy weiterhin für viele Menschen attraktiv.

Bedauerlicherweise zeigte sich, dass der Aufruf zur Gemeinschaftlichkeit eher Hoffnung als Realität war. 2012 interviewten die Forscherinnen Fleura Bardhi und Giana Eckhardt Zipcar-Nutzer in Boston, fuhren mit ihnen und stellten fest, dass die Zipcar-Nutzer mehr von Eigeninteresse und Nützlichkeitsdenken angetrieben waren als von irgendwelchen altruistischen, gemeinschaftsbezogenen Motiven.[3] Die Forscherinnen hatten erwartet, dass rund um die Marke Zipcar eine Gemeinschaft entstanden sei, erfuhren aber, dass die Nutzer sich gegen Bemühungen des Unternehmens sträubten, über die nüchterne Tatsache des Austauschs auf dem Markt hinaus Gemeinschaftlichkeit herzustellen. Die Nutzer von Zipcar wollten »ihre eigenen Interessen sowohl auf Kosten des Objekts [des Autos] wie auf Kosten der anderen Nutzer verfolgen«, sodass »Überwachung und Kontrolle von oben begrüßt werden«, um andere Nutzer daran zu hindern, dass sie mit den gemeinsam genutzten Autos schlecht umgehen. In einem Interview sagten die beiden Autorinnen, »Zipcar greift hart durch, um dafür zu sorgen, dass die Regeln des Carsharing eingehalten werden, dass Autos nicht zu spät zurückgebracht werden, dass die Tanks voll sind und so weiter. Den Kunden gefällt die Überwachung, und sie wollen sogar mehr davon, weil sie glauben, dass das System nur so richtig funktionieren kann, denn sie trauen einander nicht, die Regeln einzuhalten, wenn Zipcar sie nicht mit Sanktionen durchsetzt.«[4]

Bardhi und Eckhardt erwarteten außerdem, dass Nutzer von Zipcar als politisch wache, umweltbewusste Verbraucher handelten, die Autos kritisch gegenüberstehen, aber auch das bewahrheitete sich nicht.

Die Entscheidung für Zipcar war eindeutig viel mehr eine normale, übliche Konsumentenentscheidung, als die Anhänger des Modells behaupteten, und so hätte es vielleicht keine Überraschung sein dürfen, als Zipcar 2013 von der Autovermietung Avis übernommen wurde.[5] Damit ist klar, dass das Verhältnis zwischen den Nutzern von Zipcar und dem Unternehmen nichts anderes ist als ein normales kommerzielles Geschäft (mit dem üblichen Einsatz der Marke Zipcar zu Werbezwecken); von einer wie auch immer gearteten Beziehung der Zipcar-Nutzer untereinander kann keine Rede sein.

Die Marke Zipcar wirbt weiter mit ihrer ökologischen Botschaft. Auf einer Seite für Universitäten heißt es: »Jeden Tag arbeiten wir dafür, dass wir weniger von eigenen Fahrzeugen abhängig sind. Warum? Weil es wichtig ist ... Jedes einzelne Auto von Zipcar macht 15 Privatfahrzeuge überflüssig.«[6] Aber diese Behauptung ist kaum haltbar, wie der Soziologe Jathan Sadowski aus einem Bericht des Transportation Research Board aus dem Jahr 2005 (in den Anfängen von Zipcar) folgert, der alle Arten von Carsharing abdeckte (gewinnorientiertes und nicht gewinnorientiertes). Der Hauptgrund ist, dass Familien auf den Kauf eines Autos verzichten und stattdessen Carsharing wählen.[7] Das Transportation Research Board hat daraus keinen besonderen ökologischen Nutzen abgeleitet (nichts spricht dafür, dass die Gesamtzahl der gefahrenen Kilometer zurückgeht, nur die Zahl der Autobesitzer nimmt ab).

Die Behauptung von Zipcar, es bringe einen ökologischen Vorteil, hängt von der Gesamtbilanz ab. Es ist einleuchtend, dass ein Zipcar die Umwelt weniger belastet als 15 Privatfahrzeuge. Es ist ebenso einleuchtend, dass ein Zipcar mehr Auswirkungen auf die Umwelt hat als eine stärkere Nutzung öffentlicher Verkehrsmittel. Deshalb ist es dreist, um es vorsichtig zu formulieren, dass Zipcar mit »15 Autos« argumentiert, um Studenten für das Carsharing zu gewinnen: Das wird eher dazu beitragen, die Zahl der Autos auf der Straße zu erhöhen, statt sie zu reduzieren. Die Seite von Zipcar für Universitäten verspricht »einen anderen Grad von Freiheit ... die Bequemlichkeit, ein Auto zu besitzen, ohne die Scherereien, die es verursacht, ein Auto auf dem Campus zu haben«; mehr Freiheit und Komfort im Vergleich zur Nutzung öffentlicher Verkehrsmittel.

Von Gemeinschaft ist keine Rede mehr, und auf den Nutzen für die Umwelt wird nur dann verwiesen, wenn es ins Konzept passt. Übrig bleibt ein Unternehmen, das, wie Juliet Schor schreibt, »einst das Gesicht der Sharing Economy [war und] nun eine Submarke von Avis ist«[8]. Weniger ambitionierte Carsharing-Initiativen wie die in meinem Heimatort funktionieren unterdessen immer noch genauso wie vor zehn Jahren.

Die Geschichte von Zipcar ist ähnlich wie die von Airbnb: Am Anfang stand die Idee von Gemeinschaft und Austausch ohne primär ökonomische Motive, dann kamen der Hunger nach Wachstum, die rasche Expansion, die Erosion des ursprünglichen Modells, und am Ende ist da ein riesiges, wirtschaftlich erfolgreiches Unternehmen, das absolut keine Herausforderung für herkömmliche ökonomische Modelle mehr darstellt und seine Versprechen hinsichtlich Nachhaltigkeit und Gemeinschaftsidealen nicht einlöst. Trotz der konsumkritischen Rhetorik ihrer Unterstützer sind diese groß gewordenen Firmen der Sharing Economy genauso konsumorientiert wie die, die sie ausgehebelt haben.

LYFT

Zipcar und Airbnb sind nicht die Einzigen. Auch Lyft wollte Profit aus dem Wohlwollen schlagen, das seine Gründungsideale rund um Gemeinschaftlichkeit und Teilen weckten, bevor das Versprechen von Gemeinschaft und direktem Austausch auf der Jagd nach Wachstum und Profit verloren ging.

2007 gründeten Logan Green und John Zimmer an der Cornell University eine Mitfahrzentrale namens Zimride. Sie übertrugen das Schwarze Brett, auf dem die Studenten traditionell Mitfahrgelegenheiten anboten, ins Internet; Nutzer mussten sich mit ihrem Facebook-Account anmelden. Die Entscheidung für Facebook bedeutete, dass die Nutzer ein gewisses Grundvertrauen in ihre Mitfahrer haben konnten: Zumindest kannten sie ihre Namen und wussten, wo sie zu finden waren.

Zimride wurde an der Cornell ein großer Erfolg, ein Fünftel aller Studenten meldete sich an. Es bekam Wagniskapital, zog in die Bay Area von San Francisco um und expandierte zu weiteren Universitäten.

Aber die Zahl der Fahrten, die Studenten zwischen verschiedenen Städten unternahmen, blieb begrenzt, und Zimride hatte Größeres vor. Deshalb startete Zimride 2012 Lyft, eine App, die Fahrer und Passagiere für Fahrten auf kurzen Strecken zusammenbringt (eher innerhalb einer Stadt als zwischen verschiedenen Städten).[9] Die Idee klingt wie eine Vermittlung von Fahrgemeinschaften, aber Lyft traf noch eine weitere Entscheidung, um das Angebot zu vergrößern: Es ermöglichte den Fahrern, mit einer Fahrt so viel zu verdienen, dass sie Fahrten machten, die sie sonst nicht unternommen hätten. Statt jemanden mitzunehmen, der in die gleiche Richtung will, und die Fahrtkosten zu teilen (wie es bei Fahrgemeinschaften der Fall ist), sollten sich die Fahrer von Lyft danach richten, wohin der Kunde will, und ihn dorthin bringen (gegen Bezahlung).

Am Anfang pflegte Lyft noch sein Community-Image. Erkennungszeichen der Fahrzeuge von Lyft war ein großer, ein bisschen alberner pinkrosa Schnurrbart. Die Passagiere saßen vorn, Fahrer und Fahrgast begrüßten sich per Fistbump: deutlich anders als bei einer traditionellen Taxifahrt in Nordamerika. Die Fahrer berechneten nichts, aber die Kunden konnten (tatsächlich wurde es erwartet) anstelle eines festen Fahrpreises freiwillig etwas geben; Lyft machte einen Vorschlag, wie viel. Die Werbung stellte es so dar, dass die Fahrer ganz normale Leute seien und nicht professionelle Fahrer (»Dein Freund mit einem Auto«), und betonte das gemeinsame Erlebnis.

Lyft konzentrierte sich darauf zu wachsen. Im Juni 2013 sammelte das Unternehmen 60 Millionen Dollar von Wagniskapitalgebern aus dem Silicon Valley ein, allen voran Andreessen Horowitz. Über das Geschäft sagte Scott Weiss von Andreessen Horowitz: »Lyft ist eine echte Gemeinschaft – Fahrer und Fahrgäste sind ausgeprägt sozial –, es schafft echte Freundschaften und spart Geld.« John Zimmer von Lyft hatte eine präzisere Vorstellung, wozu die Investitionen dienen sollten: »Andreessen Horowitz ist ideal für uns, weil sie richtig große Unternehmen mit aufgebaut haben … Sie sind sehr versiert und wissen, wie man ein Unternehmen groß macht.«[10]

Unmittelbar nach dem Deal wussten die Medien noch nicht richtig, womit Lyft eigentlich Geld verdiente. So schrieb beispielsweise *Time:* »Heute fahren Millionen Menschen in Autos mit leeren Plätzen herum, während Millionen andere sich Autofahrten nicht leisten können. Lyft möchte diese Kluft überbrücken.«[11] Lyft hat die Verschmelzung seines Geschäftsmodells mit nicht kommerziellen Aktivitäten wie Fahrgemeinschaften selbst gefördert: Als es 2012 erstmals seine Dienste anbot, fragte die Journalistin Liz Gannes John Zimmer nach Versicherungen und Vorschriften, und er erwiderte: »Nach unserer Auffassung gilt bei Mitfahrgelegenheiten die individuelle Versicherung. Was die Vorschriften anbetrifft, so unterstützen viele Gesetze von Bundesstaaten Mitfahrzentralen und möchten, dass sie funktionieren.«[12]

Aber natürlich nahmen die meisten Fahrer von Lyft nicht einfach Personen mit, die zufällig in dieselbe Richtung wollten, und sie wollten nicht Geld sparen, sondern fuhren, um Geld zu verdienen. Das wurde bald klar: Im Juli 2013 verkaufte Lyft die ursprüngliche Firma Zimride an Enterprise Rent-A-Car, um sich ganz auf Lyft zu konzentrieren.[13] Weil es immer wieder vorkam, dass Fahrgäste den vorgeschlagenen Beitrag nicht entrichten wollten, gab es Ärger und Frustration, und Ende 2013 verabschiedete sich Lyft von diesem Modell und ersetzte es durch ein Tarifsystem.

Im Jahr 2014 gingen diese Entwicklungen weiter: Im April sammelte Lyft noch einmal 250 Millionen Dollar ein, um sein Wachstum voranzutreiben. Im Mai lösten sich alle grünen Botschaften in Luft auf, als Lyft in San Francisco einen SUV-Service anbot, und im Dezember machte Lyft klar, dass der Fistbump, die Regel, dass Fahrgäste vorn sitzen, und der rosafarbene Schnurrbart nur noch optional waren.[14] Im März 2015 bekam das Unternehmen noch einmal 530 Millionen Dollar und im Mai weitere 150 Millionen, sodass sich die gesamte Finanzierung auf eine Milliarde Dollar summierte. Für 2015 plante Lyft ein Wachstum von 2,5 Millionen Fahrten pro Monat auf über 12 Millionen, für 2016 rechnet es mit über 205 Millionen.[15] Wie Zipcar und Airbnb hat auch Lyft alle Sharing-Aspekte seines Geschäfts über Bord geworfen, als immer mehr Geld hereinströmte.

Das französische Unternehmen mit dem seltsamen Namen BlaBla-Car ist näher an der ursprünglichen Idee von Lyft geblieben, das digitale Äquivalent zum Schwarzen Brett auf dem Campus zu sein. Es bietet Vermittlungsdienste für Fahrten über lange Strecken an, eher wie Trampen und weniger wie Taxifahren. Die Fahrer von BlaBlaCar verdienen nichts, wenn sie jemanden mitnehmen: Der empfohlene Preis liegt weit unter dem, was es kostet, von A nach B zu fahren. Die Fahrer können sagen, dass es ein wenig ihre Kosten mindert, wenn sie eine Mitfahrgelegenheit anbieten, aber ein Einkommen haben sie dadurch nicht, und deshalb brauchen sie weder eine gewerbliche Versicherung, noch müssen sie sich mit der Einkommensteuer herumschlagen.

Eine Zeit lang widerstand BlaBlaCar der Versuchung, sich Wagniskapital zu beschaffen. Im Juli 2014 warb es dann doch 100 Millionen Dollar ein, die es dafür verwendete, in andere Länder zu expandieren und Konkurrenten aufzukaufen, allen voran das deutsche Unternehmen Carpooling. 100 Millionen Dollar sind viel Geld, aber nur ein Zehntel der Summe, die Lyft bekommen hat, obwohl beide Unternehmen ähnliche Zahlen von Fahrten pro Monat nennen: Lyft behauptete, Anfang 2015 habe es 2,5 Millionen Fahrten pro Monat abgewickelt, BlaBlaCar sprach im Oktober 2014 von 2 Millionen längeren Fahrten pro Monat.

Das Angebot von BlaBlaCar ist näher bei dem, was man mit dem Begriff »Sharing Economy« verbindet. Das Wachstum des Unternehmens ging nicht ohne Kontroversen vonstatten – es gab Konflikte mit mehreren Transportunternehmen und Gewerkschaften –, aber bisher waren sie, verglichen mit dem Wirbel um Airbnb und Uber, eher gering. Bla-BlaCar hat mittlerweile über 300 Millionen Dollar an Wagniskapital erhalten. Man muss abwarten, ob das Unternehmen bei seinem gegenwärtigen Geschäftsmodell bleiben kann, wenn der Druck der Investoren zunimmt, die Rendite sehen wollen.

Lyft hat mit der Botschaft von Gemeinschaftlichkeit und Teilen begonnen, aber sein größerer und erfolgreicherer Konkurrent Uber hatte keine derartigen Ambitionen. Wie der Name schon vermuten lässt, ging es bei Uber von Anfang an um Status. Sein Werbespruch lautete »Jedermanns Privatchauffeur«; der Gründer und CEO von Uber, Travis Kalanick, sagte 2013 in einem Interview: »Wir wollten einfach Fahrten auf Knopfdruck. Und wir wollten klassische Fahrten ... Nur darum ging es.«[16] Uber war nie auf der Plattform Peers, und obwohl Uber bereits 2009 gegründet wurde, hat es sich bis 2013 nie zur Sharing Economy gezählt. Manche Unternehmen der Sharing Economy akzeptieren Uber bis heute nicht als Teil ihrer Bewegung,[17] aber für viele Menschen ist Uber der Inbegriff der Sharing Economy.

Uber begann als Limousinen-Service.[18] Kunden bestellten mit einer Smartphone-App ein Fahrzeug, und dann kamen Fahrer etablierter Limousinen-Fahrdienste. Bezahlt wurde per Kreditkarte; den Kunden gefiel der Service so gut, dass sie den Aufschlag akzeptierten, den Uber gegenüber anderen Limousinen-Diensten berechnete. Von 2009 bis 2013 breitete sich das Unternehmen rasant aus, aber Lyft und andere Mitfahrdienste boten niedrigere Preise. Mit Verspätung erkannte Uber den Kostenvorteil von Unternehmen, die Mitfahrgelegenheiten vermittelten, und beschloss mitzumachen, da es nicht dagegenhalten konnte:

In den meisten Städten im Land haben die Behörden entschieden, nicht gegen nicht lizenzierte Beförderungsunternehmen vorzugehen, die Fahrten über Apps vermitteln. Diese Entscheidung hatte eine erhebliche regulatorische Grauzone zur Folge, die wiederum zu einer Wettbewerbsverzerrung führte, die Uber durchaus zu seinem eigenen Vorteil ausnutzt.[19]

Und so startete Uber den Dienst UberX, der wie Lyft auf nicht lizenzierte Fahrer und deren Privatwagen setzt, von denen viele keine gewerbliche Versicherung haben. UberX hat mit Lichtgeschwindigkeit expandiert: Die Zahl der Fahrer ist von unter 10.000 im Januar 2013 auf über 150.000 gerade einmal zwei Jahre später angewachsen.[20] Im März 2015 warb Uber damit, in rund 300 Städten in 55 Ländern präsent zu sein (anders als Lyft, das nur in den Vereinigten Staaten operiert); im August waren es schon eher 450 Städte in 60 Ländern.

Die Expansion von Uber wurde durch eine einmalige Abfolge von Finanzierungsrunden mit Wagniskapital vorangetrieben: Bis August 2015 hat das Unternehmen 7 Milliarden Dollar bekommen, mehr als alle Unternehmen der Sharing Economy in Nordamerika zusammen. Die Namen der Geldgeber lesen sich wie ein Who's who der Wagniskapitalfirmen des Silicon Valley: Google Ventures, Goldman Sachs, die Investitionsbehörde von Qatar, das chinesische Internetunternehmen Baidu und der CEO von Amazon, Jeff Bezos. Zu dem Zeitpunkt, als diese Zeilen geschrieben wurden, war Uber immer noch nicht börsennotiert, aber die gesamten Investitionen entsprechen einem Marktwert von 50 Milliarden Dollar: das ist mehr als der Wert der drei führenden Autovermietungen (Hertz, Avis und Enterprise) zusammen und ungefähr zwei Drittel des Werts von Ford.

Uber hat große Pläne: Es hat mehrere Varianten seines Fahrdienstes ausprobiert, von Mitfahrgelegenheiten bis zu Top-Luxusangeboten, außerdem auch Lieferservice und Logistik, aber bisher entfällt der Löwenanteil seines Geschäfts auf UberX. Es hat seine Berechtigung, Uber und Lyft in einem Atemzug zu nennen, trotz ihrer unterschiedlichen Images, denn letzten Endes bieten sie die gleichen Dienste an. Als nach einer Kampagne von Peers und anderen Kalifornien als erster Staat eigene Regeln für sogenannte Transportation Network Companies (TNCs) schuf, profitierten hauptsächlich Uber und Lyft davon.[21] Inzwischen haben Colorado, Seattle, Minneapolis, Austin, Houston und Washington das Regelwerk für TNCs übernommen, mit Unterschieden im Detail[22], aber übereinstimmenden Grundprinzipien: Die Unternehmen »bieten vereinbarte Transportdienste gegen Entgelt und verwenden eine online-basierte Applikation oder Plattform (etwa eine App für Smartphones), um die Fahrer, die ihre Privatfahrzeuge einsetzen, mit Passagieren zusammenzubringen«[23]. Die Unternehmen konkurrieren miteinander um Fahrer, einige fahren auch für beide Plattformen und haben die Apps beider Firmen in ihren Autos.

◆

In einer Stadt nach der anderen finden Debatten über Fahrdienstanbieter statt, und regelmäßig steht Uber im Mittelpunkt. Bei den Debatten geht es um alles Mögliche: um uns als Konsumenten, aber auch als Staatsbürger und Arbeitnehmer, um die Rolle des Staates und die Verantwortung von Unternehmen. Weil es Uber gelungen ist, eine begeisterte Kundenbasis zu schaffen, wird es in den Medien oft so dargestellt, als sei es die unvermeidliche Zukunft, mit der sich nervöse Stadtverwaltungen arrangieren müssen. Hier als Beispiel ein Kommentar des Journalisten Todd Hirsch:

> Diese Wirtschafts-Story wird wieder und wieder erzählt. Hersteller von Kleinbildfilmen. Videotheken. Die Plattenindustrie. Und vielleicht besonders bekannt, die Maschinenstürmer – die englischen Textilarbeiter im 19. Jahrhundert, die gegen die Einführung mechanischer Webstühle protestierten, indem sie sie zerstörten. Viele haben es nicht geschafft, sich an die neuen Technologien anzupassen, die alles auf den Kopf stellten, und sind untergegangen.
>
> Die Taxibranche könnte als Nächste dran sein …[24]

Uber mit dem allgemeinen technologischen Fortschritt zu identifizieren ist genau das, was das Unternehmen will. Wer kann denn schon ernsthaft gegen die Zukunft sein? Aber es gibt sehr wohl eine Wahl, und Uber ist keineswegs die unvermeidliche Zukunft der Fortbewegung – ganz sicher nicht Uber zu den Bedingungen von Uber. Jedes Jahr gehen Tausende neuer Technologieunternehmen an den Start, und viele scheitern nach einem grandiosen Beginn: Groupon war nicht die Zukunft des Einkaufens, wie sich gezeigt hat; MySpace war nicht die Zukunft der sozialen Vernetzung. 2012 traten Massively Open Online Courses (MOOCs) an und verkündeten das Ende der Universität, wie wir sie kennen, aber drei Jahre später sind sie nicht größer geworden, sondern geschrumpft.[25] Im November 2014 wollte Torontos Bürgermeister John Tory sich »mit Uber, Hailo [einer weiteren Taxi-App] und den anderen aus der Branche«[26] an einen Tisch setzen, aber Hailo hat in Nordamerika bereits seinen Betrieb eingestellt. Paris hat UberPop (das Äquivalent zu UberX in Europa) verboten, aber dort gibt es Autolib', das mit 2500 Fahrzeugen, 155.000 Mitgliedern und insgesamt mehr als 30 Millionen gefahrenen Kilometern das vielleicht erfolgreichste Carsharing-Angebot mit Elektroautos.[27] Viele Straßen führen in die Zukunft – viele *innovative* Straßen –, und auf den besten ist kein Platz für Uber in seiner gegenwärtigen Form.

Uber-Begeisterte führen den Erfolg des Unternehmens auf seine Technologie zurück und auf die Effizienz, mit der es Fahrer und Fahrgäste zusammenbringt. Aber das ist nur ein Teil der Wahrheit. Ubers Erfolg hat auch viel damit zu tun, dass es die Ausgaben für Versicherung, Umsatzsteuer, Inspektionen der Fahrzeuge und Barrierefreiheit vermeidet. Uber kann den Kunden einen billigen, effizienten Dienst anbieten, weil es dank des vielen Geldes, das es bekommen hat, beim Kampf um Wachstum auch Verluste in Kauf nehmen kann.[28] Uber hat Erfolg, weil sich das Unternehmen in den Städten, in denen es aktiv ist, parasitär verhält.

◆

Bevor wir uns Uber genauer anschauen, sollten wir kurz innehalten und über Taxis nachdenken. Ubers CEO Travis Kalanick sagt, sein Unternehmen führe eine Art Wahlkampf, bei dem »Uber der Kandidat ist und [sein Gegner] ein Arschloch namens Taxi. Mir gefällt es nicht, aber wir müssen die Wahrheit auf den Tisch legen, wie übel Taxis sind.«[29] Kalanick verwies auch auf »unseren Gegner – das Große Taxikartell«, als er Obamas ehemaligen Wahlkampfmanager David Plouffe anheuerte, Ubers Lobbyarbeit zu koordinieren.[30] Aber so etwas wie »Big Taxi« gibt es nicht. Taxiunternehmen decken in der Regel eine Stadt ab; zumindest war es so, bis Uber kam.

Uber macht nicht nur gegen Taxiunternehmen Front, sondern auch gegen die bestehenden Vorschriften für Taxis. Der Rechtsprofessor Paul Stephen Dempsey hat in einem Paper aus dem Jahr 1996 dargelegt, warum es diese Vorschriften gibt. Er konzentriert sich auf zwei Ebenen: das Angebot (Begrenzung der Zahl der Taxis und Festlegung der Beförderungskosten) und die Standards (Barrierefreiheit, Sicherheit und Versicherungen).[31] Er hat auch untersucht, was in Städten passiert ist, die es mit Deregulierung versucht haben.

In einigen wenigen Städten brauchen Taxifahrer eine spezielle Qualifikation; das bekannteste Beispiel ist London mit seiner Taxifahrer-Prüfung »The Knowledge«. Bewerber müssen alle 25.000 Straßen der Stadt im Kopf haben und wissen, welche Unternehmen und markanten Gebäude sich dort befinden; all das zu lernen dauert Jahre und wird oft mit einem Jura- oder Medizinstudium verglichen.[32] Aber in den meisten Städten gelten für Taxifahrer keine besonderen Anforderungen, und weil der Zugang nicht beschränkt ist, sind viele leere Fahrzeuge auf den Straßen unterwegs, gibt es lange Schlangen an den Taxiständen und aggressive Konkurrenz um Fahrgäste. Seltsamerweise hat das auch zu höheren Fahrpreisen geführt. So hat beispielsweise Seattle 1979 das Taxigewerbe dereguliert und stellte danach fest, »die Servicequalität ist zurückgegangen und die Preise sind häufig gestiegen«[33]. In einem Bericht aus dem Jahr 2004 heißt es:

[M]ehrere Studien, darunter eine von Price Waterhouse aus dem Jahr 1993, zeigten, dass alles in allem in vielen Städten, in denen dereguliert wurde, das Angebot an Taxis größer geworden ist, die Fahrpreise gestiegen sind, die Servicequalität abgenommen hat und viele Fahrten verweigert wurden; die Qualität der Autos ist schlechter geworden, und der aggressive Wettbewerb um Kunden hat infolge des größeren Angebots an Taxis zugenommen.[34]

Die Kombination von größerem Angebot und gestiegenen Preisen widerspricht dem, was wir intuitiv vermuten würden. Wenn auf einem Markt Wettbewerb herrscht, sollten bei steigendem Angebot die Preise fallen. Aber natürlich vergleichen die Kunden nicht erst die Preise mehrerer Taxis, bevor sie in eines einsteigen, und deshalb kann es leicht passieren, dass sie zu viel zahlen, vor allem an Flughäfen und Bahnhöfen, wo viele Taxis warten. Ökonomische Gesetzmäßigkeiten sind eine Sache, aber oft steckt der Teufel im Detail.

Die höheren Preise führten nicht zu höheren Einkommen der Taxifahrer, weil die Fahrer mehr Zeit damit verbrachten, am Taxistand zu warten oder leer durch die Straßen zu fahren und nach dem nächsten Kunden Ausschau zu halten. In manchen Städten ist die schiere Zahl der Taxis mit schuld an Verkehrsstaus, und das Angebot an Taxis hängt noch mit anderen Herausforderungen zusammen, vor denen die Städte beim Thema Verkehr stehen. Die Städte reagierten oft damit, den Zugang zum Taximarkt zu begrenzen und feste Fahrpreise zu bestimmen; das sollte den Wunsch, Kunden einen zuverlässigen Dienst anzubieten, damit verbinden, vernünftige Bedingungen für die Fahrer sicherzustellen und manchmal auch den Verkehr am Laufen zu halten.

Es ist keineswegs überall gelungen, das Angebot an Taxis zu regulieren. In vielen großen nordamerikanischen Städten sah der Weg so aus, dass Taxis eine Lizenz erwerben mussten, häufig in Form einer Plakette, wobei die Zahl der Lizenzen beschränkt war. Plaketten sind in den letzten Jahren sehr begehrt geworden; manche sagen, die Besitzer einer Plakette seien wie Landbesitzer: Sie tragen nichts zum Angebot bei, knöpfen aber denen, die die Taxis tatsächlich fahren, enorm viel Geld ab. Doch das Bild ist ein bisschen komplexer: In Städten, in denen viele Inhaber eines Taxibetriebs selbst am Steuer sitzen, kann der Erwerb einer Plakette als Investition in die Altersversorgung gesehen werden, ein Zubrot zu niedrigen Löhnen und eine Möglichkeit, aus einer schlecht bezahlten Tätigkeit Gewinn zu ziehen. Taxifahrer sind oft männliche Immigranten mittleren Alters, die für wenig Lohn viele Stunden in einem der gefährlichsten Jobs arbeiten, die es gibt: In Kanada und den

Vereinigten Staaten stehen Taxifahrer ganz oben auf der Liste der Menschen mit einem hohen berufsbedingten Risiko, ermordet zu werden; das Risiko ist doppelt so hoch wie für die Zweitplatzierten auf der Liste (Polizisten).[35]

Die Festlegung von Mindestanforderungen betrifft eine Reihe von Punkten rund um die einzelnen Fahrzeuge und das generelle Angebot in einer Stadt. Die Kunden sind nicht in der Lage, den Zustand der Bremsen zu überprüfen, bevor sie in ein Taxi steigen, und sie wissen auch nicht, wer bei einem Unfall haftet; deshalb verlangen die Vorschriften die regelmäßige Überprüfung von Taxis und eine gewerbliche Versicherung.

Allgemeiner Zugang ist ein Grundsatz der meisten Taxidienste. Die Städte verlangen, dass Taxiunternehmen eine bestimmte Zahl von Fahrzeugen mit Kindersitzen vorhalten, ferner behindertengerechte Fahrzeuge, Fahrzeuge, die auch Begleithunde befördern und für weitere besondere Anforderungen. Die Stadtverwaltung kann beispielsweise wie in Toronto fordern, dass die gesamte Taxiflotte im Lauf der nächsten zehn Jahre rollstuhlgerecht umgerüstet wird.[36] Wenn neue Anliegen auftauchen, können die Städte sie aufgreifen, wie etwa London das Thema Umweltschutz mit der Auflage, dass die Fahrzeuge schadstofffrei sein müssen.

In vielen Städten verändert sich die Taxibranche nur langsam, aber die Tatsache, dass für die Taxis städtische Vorschriften gelten, bedeutet, dass die Dienstleistung den Wünschen und Traditionen einer jeden Stadt angepasst werden kann. Auf diese Weise sind die Taxis für Städte wie New York und London so etwas wie Symbole geworden. Der Taxiservice ist nur ein Teil der allgemeinen Verkehrsprobleme, mit denen viele Städte dauernd zu kämpfen haben. Die Städte haben die Entscheidungsgewalt, Taxis durch andere Formen des städtischen Nahverkehrs wie Busse und U-Bahnen zu ergänzen und weitere Lenkungstechniken einzusetzen wie eine City-Maut oder Staugebühr. Die schiere Zahl der Städte auf der Welt bedeutet auch, dass die Verkehrsinnovationen einer Stadt von anderen nachgeahmt werden, wie etwa die kommunalen Angebote von Carsharing und Mietfahrrädern, die in den letzten zehn Jahren in vielen Städten weltweit aus dem Boden geschossen sind.

Bei der Personenbeförderung geht es um mehr als einfach nur um ein Geschäft nach den Spielregeln des Markts: Die Interessen von Kunden und Fahrern müssen gegeneinander abgewogen werden, die Preisgestaltung muss nachvollziehbar sein, die Fahrzeuge müssen sicher sein, und das System als Ganzes muss sich in das Puzzle des städtischen Verkehrs einfügen.

Und da kommt Uber ins Spiel. Die Investoren, die Uber Geld gegeben haben, glauben eindeutig, dass Uber in Zukunft nicht nur ein Player unter vielen in der Taxibranche sein wird. Sie glauben vielmehr, dass eine mit digitalen Technologien operierende Wirtschaft Uber zum klaren Gewinner nicht nur bei Taxidiensten, sondern auch bei Warenlieferungen und verwandten Bereichen machen wird.

Nicht jeder glaubt, dass das Prinzip der digitalen Technologien, »der Gewinner bekommt alles«, auch bei Uber funktionieren wird, denn Uber hat schließlich nur teilweise mit Technologie zu tun.[37] Zweifellos gibt es weltweit Wettbewerb, vor allem die asiatische Konkurrenz zu Uber ist rasant gewachsen (Didi Kuaidi in China hat 3,4 Milliarden Dollar bekommen, Ola in Indien und GrabTaxi in Singapur und Indonesien über 500 Millionen Dollar). Aber heute sieht es so aus – und viele Investoren wetten darauf –, dass der Markt die Großen begünstigt, vor allem innerhalb einer Stadt. Das ist ein Grund, warum Ubers CEO Travis Kalanick zugegeben hat, dass er die Bemühungen seines Hauptkonkurrenten Lyft, an Geld zu kommen, torpediert.[38] Das Geschäft mit Mitfahrgelegenheiten ist ein »zweiseitiger Markt«, und Uber regelt das Angebot an Fahrgästen wie an Fahrern. Je mehr Fahrgäste sich auf der Plattform tummeln, desto besser ist es für die Fahrer; je mehr Fahrer zur Verfügung stehen, desto besser ist es für die Fahrgäste. Diese Spirale in Gang zu setzen ist eine Herausforderung für jeden Neuling, der Zutritt zu dem Markt sucht. Die technologische Komponente des Geschäfts amortisiert sich über alle Städte hinweg, in denen Uber aktiv ist, sodass Ubers Erfolg in New York Uber in San Diego zugutekommt.

Wenn auf dem Markt für Mitfahrgelegenheiten das Prinzip »der Gewinner bekommt alles« gilt, dann läuft die Umstrukturierung des Beförderungssystems im Sinne von Uber (das heißt, ihnen zu erlauben, dass sie sich den Kosten und Vorschriften entziehen, die für Taxiunternehmen gelten) darauf hinaus, Uber den kompletten Markt für Taxifahrten zu überlassen. In was für einer Stadt würden wir leben, wenn Uber am Steuer säße?

◆

In den Jahren 2014 und 2015 äußerte sich Uber einige Male dazu, wie viel seine Fahrer verdienen. Wie bei Airbnb sind solche Aussagen nicht direkt gelogen, aber es wird ständig übertrieben, ausgewählt und verzerrt, und im letzten Jahr haben sie kontinuierlich an Glaubwürdigkeit verloren.

Die Geschichte beginnt richtig im Mai 2014, als Uber auf seiner Website behauptete, das mittlere Jahreseinkommen für einen Fahrer von UberX liege in New York City bei 90.766 Dollar und in San Francisco bei 74.191 Dollar.[39] Viele Kommentatoren begrüßten diese Zahlen mit argloser Begeisterung. Allen voran formulierte Matt McFarland von der *Washington Post* die Schlagzeile: »Ubers frappierendes Wachstum könnte die Ära schlecht bezahlter Taxifahrer beenden.«[40] McFarland merkte an, das typische Einkommen eines Taxifahrers liege bei rund 30.000 Dollar, der Unterschied zu Uber sei »erstaunlich«.

Immer mehr schlugen den gleichen begeisterten Ton an, als sich die Geschichte verbreitete. CNBC machte mit der Überschrift auf: »Ubers 90.000-Dollar-Gehalt könnte das Taxigeschäft auf den Kopf stellen«[41]. Entrepreneur.com schwärmte: »Mittleres Einkommen eines Uber-Fahrers in New York bei fast 100.000 Dollar.«[42] Aus der Technologiebranche meldete sich der CEO Mike Jones von der Code Conference: »Sie können Auto fahren, machen es aber nicht hauptberuflich. Gratulation, toll, bei Uber verdienen Sie 90.000 Dollar im Jahr.«[43]

Für viele Ökonomen war die Geschichte einfach und der Bösewicht klar: All die Inhaber der Taxiplaketten, die Geld aus dem Taxisystem herausziehen, ohne einen Wert zu erbringen, haben die Regulierungsbehörden unterwandert.[44] Man muss sie nur aus dem Spiel herausnehmen, das System effizienter machen, indem man Fahrgäste und Fahrer schneller zusammenbringt und dadurch die Wartezeit der Fahrer zwischen den Fahrten verkürzt, und schon bricht ein neues Zeitalter der Beförderung in der Stadt an.

Im Lauf der Zeit stellte sich jedoch heraus, dass das, was in Ubers Rechnung fehlte, aufschlussreicher war als das, was es einbezogen hatte.

Die *Washington Post* erwähnte in dem Artikel unter der zitierten Überschrift, die Zahl sei der Mittelwert der Fahrer, »die mehr als 40 Stunden pro Woche arbeiten«. Wenn das die Bezugsgruppe ist, dann liegt, darauf hat der Finanzjournalist Felix Salmon hingewiesen, »der Mittelwert der wöchentlichen Arbeitsstunden für die Fahrer in der Bezugsgruppe deutlich über 40 Stunden«[45]. Seine beharrlichen Versuche, mehr Klarheit zu bekommen, stießen bei Uber auf taube Ohren.

Und dann ist da noch der Punkt, wie McFarland schrieb, dass »Ubers Zahlen nicht die Kosten berücksichtigen, die ein Fahrer aufbringen muss, um ein Auto zu besitzen und zu betreiben«. Wie viele Menschen dachte McFarland, diese Kosten könnten nicht so hoch sein, dass sie an dem Bild etwas änderten.

Die Verdienste und die Beschäftigungsverhältnisse bei Taxis variieren stark von Stadt zu Stadt. Aber wenn man Ubers Schätzungen mit den Zahlen von Taxiunternehmen in Los Angeles, San Diego und Toronto vergleicht, zeigt sich, dass Ubers 20-Prozent-Anteil an den Fahrtkosten plus ein Dollar »Sicherheitsgebühr« ungefähr dem entspricht, was auch die Inhaber der Taxiplaketten bekommen; hier ist also kein Zaubertrick am Werk.[46] Die Kosten für Benzin, Wartung, Wertverlust des Autos und Versicherung zusammen mit zusätzlichen Ausgaben (Maut, Parken) summierten sich auf etwa die Hälfte von jedem Dollar, den der Fahrgast bezahlt. Damit sinken die Einnahmen in die Nähe von 45.000 Dollar in New York und 37.000 Dollar in San Francisco.

Uber hat New York City und San Francisco nicht zufällig für seinen

Bericht ausgewählt: In diesen beiden Städte verdienen die Fahrer am meisten. Aus einem späteren Bericht[47] ging hervor, dass die Einnahmen in New York City um 50 Prozent höher waren als in jeder anderen Stadt mit Ausnahme von San Francisco, das einen guten zweiten Platz behauptete. In vielen Städten dürften sich die Einnahmen demnach auf rund 30.000 Dollar belaufen, was dem Durchschnittseinkommen eines Taxifahrers entspricht. Sobald die zusätzlichen Ausgaben einbezogen werden, löst sich die »erstaunliche« Lücke zwischen den Verdiensten der Uber- und der Taxifahrer auf.

Seit Uber die Zahl von 90.000 Dollar in die Welt gesetzt hat, sind immer mehr Zweifel aufgetaucht. Journalisten, die Fahrer mit Einkommen von 90.000 Dollar interviewen wollten, sagten, das sei wie die Suche nach einem Einhorn, und gaben ergebnislos auf.[48] Uber hat seine Zahlen nie mit vollständigeren Daten untermauert oder Angaben zu den Kosten gemacht. Im Jahr 2014 protestierten Uber-Fahrer wegen geringer Einkommen im April und August in Seattle, im Mai und Oktober in San Francisco, im September in Los Angeles, im September und Oktober in New York und im Oktober in London: verwunderlich, wenn sie tatsächlich so viel verdienten, wie das Unternehmen behauptete. Im Forum der Uber-Fahrer, UberPeople, und auf Reddit sind Klagen über niedrige Einkommen gang und gäbe. Die Einkommensangaben einzelner Fahrer kamen nicht einmal in die Nähe der Zahlen, die Uber nannte.

Wenn Uber in eine neue Stadt expandiert, bietet es Fahrern und Kunden finanzielle Anreize und Sonderkonditionen, damit das Geschäft möglichst schnell anläuft. Sobald sich Uber etabliert hat, beansprucht es einen größeren Anteil an jedem Dollar und kürzt oft die Fahrpreise. Im Lauf der Zeit hat Uber immer mehr vom Fahrpreis einbehalten. Im April 2014 wurde die Sicherheitsgebühr von einem Dollar pro Fahrt eingeführt, womit Uber seinen Anteil bei Kurzstrecken auf rund 30 Prozent steigerte. Ab Juli verlangte es von den Fahrern 10 Dollar pro Woche für die Nutzung eines Smartphones.[49] Im September erhöhte Uber seine Provision für neue Fahrer in San Francisco auf 25 Prozent des Fahrpreises,[50] und im Mai 2015 begann es mit 30 Prozent zu experimentieren: Das ist mehr, als die meisten etablierten Taxiunternehmen nehmen.

Vor dem jüngsten Vorstoß sagte Ubers Finanzchef Brent Callinicos in einer Konferenz mit potenziellen Investoren, Uber könne seine Provisionen leicht auf 25 bis 30 Prozent erhöhen. Der Wagniskapitalgeber Mike Novogratz stellte ihm eine Frage: »Ihre Mitarbeiter sind glücklich, Ihre Kunden sind glücklich, Ihre Anteilseigner sind glücklich. Warum wollen Sie das Risiko eingehen und das Gehalt Ihrer Mitarbeiter um 5 Prozent drücken?« Und Callinicos antwortete, »weil wir es können«[51].

Uber behauptet, wenn es die Preise drückt, sei das gut für die Fahrer: Mehr Kunden würden die niedrigeren Preise ausgleichen. Im Oktober 2014 hat Uber diese Behauptung mit Zahlen untermauert.[52] In einem Eintrag im Unternehmensblog zeigte Uber, dass in New York City nach einer Fahrpreissenkung die Bruttoeinnahmen der Fahrer (ohne den Anteil für Uber und sonstige Abzüge zu berücksichtigen) pro Stunde von 25 Dollar in 2012 auf 27 Dollar in 2013 und 36 Dollar in 2014 gestiegen waren. (Die Zahl für 2014 nach Abzug von Ubers Anteil und von Steuern, aber ohne Berücksichtigung der Unkosten der Fahrer, betrug 25 Dollar pro Stunde.[53] Nebenbei bemerkt: Bei diesem Stundenlohn müsste ein Fahrer über alle 52 Wochen des Jahres 70 Stunden fahren, um auf 90.000 Dollar zu kommen.) Die Fahrer hatten mehr Fahrgäste, und deshalb stieg ihr Einkommen, obwohl die einzelne Fahrt weniger einbrachte.

Wieder fehlt ein Puzzleteil, das eine realistische Schätzung des jährlichen Einkommens erlauben würde, nämlich die Zahl der Kilometer, die ein Fahrer zurücklegt. Mehr Fahrten bedeuten natürlich auch höheren Benzinverbrauch und mehr Verschleiß am Auto. Zahlen über die Ausgaben der Fahrer fehlten auch in einem Bericht, den Uber in Auftrag gegeben und der bekannte Ökonom Alan Krueger zusammen mit dem Leiter der Abteilung Politik bei Uber, Jonathan Hall, erstellt hatte.[54] Ihre wichtigsten Schlussfolgerungen lauteten, dass Uber wirklich schnell wächst – eindrucksvoll, aber nicht überraschend – und dass die Fahrer von Uber mehr Geld bekommen als Taxifahrer. Der Bericht nennt 30 Dollar pro Stunde für New York (deutlich weniger in anderen Städten: 19 Dollar in Boston, 17 Dollar in Los Angeles) und vergleicht das mit den staatlichen Zahlen, wonach Taxifahrer ungefähr 30 Prozent weniger verdienen. Wie frühere Berichte gehen auch Krueger und Hall nicht auf die Ausgaben ein:

> Genaue Angaben zu den Kosten der Partner-Fahrer und zu den Nettoeinkommen nach Steuern müssen erst noch erhoben werden. Trotzdem lassen diese Zahlen vermuten, dass die Netto-Stundenlöhne der Uber-Partner, sofern ihre Kosten nach Steuern nicht über 6 Dollar pro Stunde liegen, die durchschnittlichen Stundenlöhne angestellter Taxifahrer und Chauffeure übersteigen.

Mehrere Kommentatoren griffen die Lücke auf.[55] Eine vernünftige Schätzung ist nicht schwer, wenn man die zurückgelegten Kilometer kennt, was Uber offensichtlich tut, weil es alle Fahrzeuge mit seinem System verfolgt. Andrea Peterson von der *Washington Post* schrieb:

> Die Bundessteuerbehörde ... setzt für steuerliche Zwecke Standardfahrleistungen an. Für 2015 können Steuerzahler, die ihr Auto beruflich nutzen, 57,5 Cent pro Meile absetzen. Diese Zahl basiert auf einer jährlichen Untersuchung, was der Betrieb eines Autos kostet – Dinge wie Reparaturen, Versicherung, Wartung, Benzin und Wertverlust, die Uber nicht mit eingerechnet hat.[56]

Auf der Grundlage dieser Zahlen schätzte Dean Baker vom Center for Economic and Policy Research, die durchschnittliche Länge einer Fahrt müsste »deutlich unter 8 Meilen [rund 13 Kilometer]« liegen, damit Uber-Fahrer besser dastünden als herkömmliche Taxifahrer.[57] Weiter merkte Baker an, wenn Uber-Fahrer keine gewerbliche Versicherung hätten und nicht so viel in ihre Fahrzeuge investieren müssten, wie man das von Taxifahrern erwarte, hätten sie geringere Ausgaben, und es bliebe ihnen mehr von ihrem Lohn übrig: »Wenn das stimmt, wäre es eine typische Geschichte, wie man in der New Economy reich wird. Finde einen Weg, die Regeln zu umgehen, und erkläre das dann zu einer großen Innovation.«

Wir haben aber noch eine andere Informationsquelle zum Lohn der Fahrer, nämlich ihre eigenen Auskünfte. Sehr sorgfältig und facettenreich ist zum Beispiel der Bericht der Journalistin Emily Guendelsberger aus Philadelphia über ihre Zeit als Fahrerin für Uber.[58] Sie hat penibel über ihre eigenen Ausgaben Buch geführt und über die der anderen Fahrer, die ihr Einblick gewährten. Danach erzielte sie ungefähr 17 Dollar brutto pro Stunde, nach Abzug von 28 Prozent für Uber und 19 Prozent für Ausgaben kam sie gerade einmal auf einen Stundenlohn von 9,34 Dollar. Uber wird dem Zeitalter der schlecht bezahlten Taxifahrer offenbar doch nicht so bald ein Ende machen.

Warum fahren so viele Leute für Uber, wenn die Bezahlung so schlecht ist? Für alle, die ein Auto haben, sind Fahrdienste für Uber eine Möglichkeit, dieses Kapital in Cash zu verwandeln. Manche unterschätzen die Kosten, die anfallen, wenn sie in Vollzeit fahren; anderen gefällt die Flexibilität; für viele ist Fahren für Uber das, was jahrelang Taxifahren war – ein Job, der wenig Qualifikation verlangt und niedrige Einstiegskosten hat, ist besser als nichts. Weil Uber in vielen Städten einen Teil der Nachfrage nach Taxis an sich gezogen hat, ist das Einkommen der Taxifahrer gesunken, und Uber steht als die beste Alternative da.

Die Diskussion über den Verdienst der Uber-Fahrer kratzt nur an der Oberfläche eines komplexen, sich ständig wandelnden Themas. Als Fazit bleibt immerhin, dass die Realität ein ganzes Stück von den 90.000 Dollar entfernt liegt, obwohl diese Zahl immer noch herumgeistert (Guendelsberger spricht von den »90.000 Dollar pro Jahr, nach denen so viele Fahrgäste fragten«). Wenn die Unkosten mit berücksichtigt werden, verdient ein Uber-Fahrer netto ungefähr so viel wie ein Taxifahrer. Uber selbst nimmt inzwischen genauso viel vom Fahrpreis wie die herkömmlichen Taxiunternehmen.

◆

Taxiunternehmen beklagen sich, dass für Uber und Lyft andere Regeln gelten und die Anforderungen für Taxis belastender seien als die für die Fahrdienstvermittler.

Uber behauptet, seine Fahrer würden einen strengen Auswahlprozess durchlaufen; nach einer Reihe von Vorwürfen gegen Uber wurde dieser weitgehend automatisierte Prozess gründlich durchleuchtet. Und dabei hat Uber nicht gut abgeschnitten. Aufsehen erregte vor allem ein Bericht in *The Guardian*. Die Zeitung arbeitete mit einem Whistleblower zusammen, der sich bei Uber UK als Fahrer bewarb. Im Rahmen des Prozesses muss der Bewerber die Versicherungsunterlagen seines Fahrzeugs hochladen. Der Whistleblower lud eine gefälschte Versicherungspolice von einer erfundenen Versicherung namens »Freecover« hoch, aber Uber akzeptierte ihn trotzdem als Fahrer. Ein anderer Fahrer gab an, manche Bewerber würden Dokumente mit Photoshop bearbeiten,[59] und in den Vereinigten Staaten haben Fahrer berichtet, man könne die Überprüfung ganz leicht umgehen, indem man anstelle von jemand anderem fahre.[60] Bezirksstaatsanwälte in Kalifornien haben eine Klage eingereicht wegen »systematischer Mängel der Zuverlässigkeitsprüfung durch Uber«, sodass »aktenkundige Sexualstraftäter, Identitätsbetrüger, Einbrecher, ein Kidnapper und ein verurteilter Mörder die Überprüfung bestanden und als Fahrer akzeptiert wurden«[61].

Es gab zahlreiche Angriffe auf Fahrer und Passagiere von Uber, aber Taxifahren ist ebenfalls gefährlich, und auch Taxifahrer werden angegriffen. Der Unterschied ist, dass Einzelpersonen oder Kommunen von den Taxiunternehmen verlangen können, dass sie Fahrer und Fahrgäste besser schützen, und sie zur Verantwortung ziehen können. Uber vergisst zwar nie zu betonen, dass Sicherheit an oberster Stelle steht, sagt aber im gleichen Atemzug, dass die Fahrer keine Angestellten sind und Uber keine Verantwortung für das trägt, was auf der Fahrt passiert.

Genauso sieht es bei den Sicherheitsstandards aus. Uber hat seine Politik in mehreren Städten angepasst, als es unter Druck geriet: In Toronto beispielsweise führte es eine Inspektion durch einen zertifizierten Kfz-Mechaniker ein, als die Debatte an Schärfe gewann (Toronto überprüft Taxis alle sechs Monate). Aber auch in dem Bereich gilt, dass Uber seine Standards nach Belieben ändern kann; so setzte es beispielsweise im Februar 2015 das Höchstalter für Autos, die für den Dienst UberX fahren dürfen, auf vielen wichtigen Märkten auf 15 Jahre herauf.

◆

Ein Grund, warum es in vielen Städten Vorschriften gibt, ist, dass sie den allgemeinen Zugang zur Personenbeförderung gewährleisten sollen. Zwei verbreitete Anforderungen an Taxidienste lauten dementsprechend, dass sie alle Gebiete der Stadt abdecken und ohne jede Diskriminierung alle Personen befördern müssen, auch Menschen mit Handicap. Ubers Umgang mit unterschiedlichen Segmenten der Bevölkerung erzählt eine komplexe Geschichte darüber, wie Taxis und wie Uber sich in die städtische Umgebung einfügen.

In Kalifornien verlangten die Aufsichtsbehörden für die Zulassung von Uber als Transportation Network Company (TNC), »dass TNCs, die gegen Bezahlung Fahrten anbieten, die überwiegend von selbstständigen Fahrern mit ihren eigenen Fahrzeugen geleistet werden, Berichte vorlegen, wie sie auf behinderte Fahrgäste vorbereitet sind«. Larry Paradis, der sich für die Rechte von Behinderten einsetzt, sagt dazu:»Die Pläne sind allesamt eher unverbindlich und packen das grundlegende Problem nicht an, dafür zu sorgen, dass genügend behindertengerechte Fahrzeuge vorhanden sind, damit dieses Transportmittel zumindest rudimentär Personen mit eingeschränkter Mobilität zur Verfügung steht.«[62] Seither haben Uber und andere TNCs wenig Fortschritte beim Thema Barrierefreiheit gemacht, und Behindertengruppen sowie einzelne Behinderte haben deutlich ihre Einschätzung kundgetan, dass diese Dienste keinesfalls solche Ansprüche erfüllen.

Im September 2014 hat der amerikanische Blindenverband Uber verklagt, weil »Uber grundlegende Anforderungen der Barrierefreiheit sowohl nach dem ADA (dem Behindertengesetz Americans with Disabilities Act) wie nach bundesstaatlichen Gesetzen verletzt«. Auch in

Kalifornien, Texas und Arizona sind Klagen nach dem ADA anhängig. Es ist vorgekommen, dass Fahrer sich geweigert haben, blinde Fahrgäste in Begleitung eines Blindenhunds mitzunehmen, oder dass sie Fahrgäste im Rollstuhl einfach stehen gelassen haben, ohne zu versuchen, ein anderes Fahrzeug zu finden.[63] Der ADA verlangt, dass Mietfahrzeuge »geeignete Einrichtungen« für Rollstuhlfahrer bereithalten. Aber wie Sandra Rosenbloom, Professorin für Stadtplanung, in einem Interview mit Ted Trautman von der nicht gewinnorientierten Publikation Next City sagte, »bleibt dieser Satz in der Regel bedeutungslos«. Trautman interviewte auch eine Sprecherin von Lyft, die einräumte, dass es für Lyft und UberX eine Herausforderung sei, rollstuhlgerechte Fahrzeuge vorzuhalten, »weil es die Privatfahrzeuge der Fahrer sind, die sie im Alltag benutzen«. Eine Folge der raschen Verbreitung der TNCs ist, dass in manchen Städten die Auswahl an Verkehrsmitteln für Rollstuhlfahrer kleiner werden könnte.[64]

Wenn Lyft und Uber behaupten, dass sie städtische Verkehrsmittel anbieten, dann müssen sie das Problem der Barrierefreiheit lösen, aber es sieht nicht so aus, als bemühten sie sich darum. In manchen Städten hat Uber Programme namens UberAccess und UberAssist eingeführt, über die Passagiere Fahrzeuge mit geeigneter Ausstattung anfordern können. Doch bisher scheint es nicht so, als würden diese Programme wirken, und Uber hat keine Daten dazu veröffentlicht. Außerdem verfolgt Uber eine zweite Strategie, die darin besteht zu behaupten, der ADA gelte für das Unternehmen nicht. Es ist ein Beispiel von vielen, dass Unternehmen der Sharing Economy den Kuchen essen und gleichzeitig behalten wollen: Uber erklärt achselzuckend, es sei von dem Gesetz nicht betroffen, weil es kein öffentlicher Dienstleister sei, sondern nur ein Technologieunternehmen, das Fahrgäste und Fahrer zusammenbringe ohne »rechtliche oder vertragliche Verpflichtung zu kontrollieren, ob Gesetze eingehalten werden«[65].

Andernorts, in Washington D.C., hat die Stadträtin Mary Cheh vorgeschlagen, Taxiunternehmen gesetzlich zu verpflichten, bis 2016 12 Prozent ihrer Fahrzeugflotte barrierefrei zu machen und Zahlen vorzulegen, wie viele Personen ein behindertengerechtes Fahrzeug anfordern. Uber lehnt ein solches Gesetz ab mit der Begründung, es würde »Unternehmen, die private Mietwagen vermitteln, übermäßige Anforderungen aufbürden«.

Airbnb behauptet ebenfalls, die Vorschriften über Nichtdiskriminierung und Barrierefreiheit würden für die meisten Unterkünfte auf seiner Website nicht gelten. Sprecher von Behindertenorganisationen haben vorgebracht, die Website von Airbnb helfe Behinderten nicht, geeignete Unterkünfte zu finden (man kann nicht nach Angeboten mit behindertengerechtem Zugang suchen, und nur wenige Anbieter sagen von sich aus, ob ihre Wohnungen behindertengerecht sind).[66]

Airbnb, Uber und Lyft unternehmen übereinstimmend Schritte, die Anbieter ihrer Dienstleistungen dazu zu bringen oder zu ermuntern, dass sie für einen barrierefreien Zugang sorgen, und verwenden eine Sprache, die unterstreicht, dass sie behinderten Menschen helfen wollen. Aber das bleibt ein Lippenbekenntnis; sie übernehmen keine Verantwortung für die Dienstleistungen, denen sie ihre Einnahmen verdanken.

In vielen Fällen haben Unternehmen der Sharing Economy argumentiert, städtische Vorschriften seien angesichts ihrer neuen Technologien und Geschäftsmodelle obsolet. Vorschriften zur Barrierefreiheit sind eindeutig nicht obsolet, also sagen die Unternehmen, das sei nicht ihr Problem. Es ist schwer, Unternehmen ernst zu nehmen, die so eindeutig ihre erklärten Prinzipien ihren finanziellen Interessen unterordnen.

◆

Beim Thema Mitfahrgelegenheiten und Hautfarbe bietet sich ein komplexes Bild.

In vielen großen amerikanischen Städten und besonders in New York sagen farbige Menschen seit Langem, sie würden von Taxifahrern regelmäßig ignoriert, und allen Regeln über allgemeinen Zugang zum Trotz fahren die Taxiunternehmen nicht in bestimmte Stadtviertel.

Zum Beispiel schrieb 2012 Latoya Peterson in dem Blog Racialicious, sie habe wiederholt erlebt, dass Taxis »sich nicht die Mühe machen, für ein einzelnes schwarzes Mädchen an der Ecke anzuhalten, aber bereitwillig das weiße Paar einige Meter weiter mitnehmen«. Dieses Verhalten verglich sie mit dem Premium-Service von Uber: »Bei dem Preis habe ich geschluckt, aber alles andere war tadellos: Ich wusste genau, wann mein Fahrzeug kommen sollte, ich bekam eine SMS, als der Fahrer meinen Standort erreicht hatte, das Ziel wurde ohne Diskussion akzeptiert, und ich fuhr in aller Ruhe dorthin.«

Aber in einem aktuelleren Posting schreibt sie, man müsse sich genauer anschauen, was es mit Uber auf sich habe und warum sie diese Fahrt so erlebt habe.[67] Taxifahrer haben in ihrem Beruf wenig Freiheiten, aber eines können sie entscheiden, nämlich wen sie mitnehmen und wen sie stehen lassen. Darum werden diskriminierende Einstellungen von Taxifahrern (implizite oder explizite) ganz einfach publik: Sie lassen farbige Personen stehen. Uber-Fahrer verhalten sich aus zwei Gründen anders. Erstens zeigt ihnen die App, über die eine Fahrt bestellt wird, kein Bild des Kunden, nur einen Namen, und sie müssen eine Fahrt annehmen oder ablehnen ohne die Hinweise, die Taxifahrer erhalten. Zweitens verlangt Uber, dass die Fahrer 90 Prozent aller Fahrwünsche annehmen, sonst riskieren sie, von dem Dienst ausgeschlossen zu werden. Die Ablehnung einer Fahrt hat somit ihren Preis.

Rassismus manifestiert sich in unterschiedlichen Umgebungen unterschiedlich. Die besseren Erfahrungen schwarzer Fahrgäste sind ein unbeabsichtigter Nebeneffekt des Systems Uber. Den Fahrern von Uber werden keine Vorschriften gemacht, wohin sie fahren dürfen und wohin nicht; manche Fahrer meiden vielleicht »zwielichtige« Viertel, und es hat sowohl gegen Uber wie gegen Lyft Vorwürfe gegeben, sie würden »Redlining« betreiben: keine Fahrten in arme Stadtviertel oder Problemviertel vermitteln.[68] Zahlreiche Kommentare in sozialen Netzwerken sprechen dafür, dass Uber und Lyft anfänglich bei jungen, gut situierten Kunden besonders beliebt waren, weil die Fahrer anders als Taxifahrer ihr Alter hatten, eine ähnliche Bildung und einen ähnlichen sozialen Hintergrund. Statt von einem älteren Immigranten gefahren zu werden, der 60 Stunden pro Woche hinter dem Steuer sitzt, kommt »ein Freund mit einem Auto«, wahrscheinlich eher eine Freundin, wahrscheinlich gut gebildet, wahrscheinlich weiß.[69] Doch seit die Unternehmen expandiert haben, hat sich die Fahrer-Population der Population der Taxifahrer angeglichen, und dieser Unterschied ist weitgehend verschwunden.

Bei Airbnb trifft diskriminierendes Verhalten die Gastgeber, die Minderheiten angehören. Die Inserate zeigen Bilder von Gastgebern und Gästen, sodass die Nutzer diskriminierenden Neigungen folgen können. Benjamin Edelman und Michael Luca haben eine Reihe von Inseraten untersucht und festgestellt, »nicht schwarze Gastgeber verlangen für ein gleichwertiges Angebot ungefähr 12 Prozent mehr als schwarze Gastgeber. Diese Effekte bestätigen sich auch, wenn sie um alle auf dem Marktplatz von Airbnb sichtbaren Informationen bereinigt werden.«[70] Inzwischen sind Hotels in den USA verpflichtet, sich an den Civil Rights Act von 1964 zu halten, der vollen und gleichen Zugang zu jeder öffentlichen Beherbergungseinrichtung garantiert.[71]

Diskriminierende Neigungen werden zutage treten, wenn sich die Gelegenheit dazu bietet. Bei Taxis, Uber und Airbnb kommen solche Tendenzen jeweils unterschiedlich zum Ausdruck.

Etwas Ähnliches ist zu erkennen, wenn man sich das Verhalten von Verkehrspolizisten anschaut. Manche Verkehrspolizisten neigen dazu, überdurchschnittlich häufig schwarze Fahrer anzuhalten,[72] während Kameras zur Verkehrsüberwachung Nummernschilder unabhängig von der Hautfarbe des Fahrers automatisch aufzeichnen. Auf diese Weise kann eine technische Veränderung bestimmte Formen von rassistischem Verhalten einschränken. Doch wir sollten uns vor Verallgemeinerungen über die Wirkungen neuer Technologien hüten: Wie der Kriminologe Clive Norris gezeigt hat, ist es mit der Nummernschilderkennung mittlerweile möglich, die Bewegungsmuster einzelner Personen zu verfolgen, und es ist nicht überraschend, welche Personen öfter verfolgt werden und welche seltener.[73] Das grundsätzliche Problem bleibt unverändert: Es ist nach wie vor Rassismus im Spiel, nur manifestiert er sich anders. Die Datenerfassung verschiebt den Ort, an dem der Rassismus stattfindet, von der Straße auf die Suche in den Datenbanken.

Es gibt keine Hinweise, dass die Unternehmen absichtlich Menschen diskriminieren, und die Muster ändern sich vielleicht, wenn sich das System insgesamt entwickelt. Jedenfalls sollten wir vorsichtig sein und den Unternehmen weder zu viel anlasten noch sie vorschnell freisprechen.

◆

Bei vielen Jobs ist die Bezahlung umstritten, aber Uber ist auch kein Arbeitgeber wie alle anderen. Tatsächlich ist Uber gar kein Arbeitgeber: Die Fahrer von Uber sind »Partner«, selbstständige Unternehmer, die sich aus freien Stücken entschieden haben, ihre Dienste auf der Plattform anzubieten. Das Modell des »Mikro-Unternehmers«, der vollkommen frei entscheiden kann, wann er arbeiten will, macht Uber neben Airbnb und anderen Unternehmen zu einem Teil der boomenden Sharing Economy. Was auf den ersten Blick als angenehmes, flexibles Arbeitsmodell erscheint, erweist sich in den Händen von Uber als eine Möglichkeit, wie das Unternehmen alles haben kann.

Uber macht es neuen Fahrern leicht, sich anzumelden: Es wirbt mit, wie viele Fahrer finden, unrealistischen Verdienstmöglichkeiten, um Interesse zu wecken; es subventioniert die Expansion in neue Städte, und seine Verfahren zur Zulassung neuer Fahrzeuge sind nur oberflächlich. Wie die Journalistin Nitasha Tiku aufgedeckt hat, veranlasste die Partnerschaft von Uber mit der Santander-Bank viele Fahrer, für den Autokauf Kredite aufzunehmen (faule Kredite, wie sich später herausstellte)[74], und als die Partnerschaft auslief, begann Uber, Fahrzeuge direkt an Fahrer zu verleasen[75]. Manchmal sieht es fast so aus, als würde Uber sämtliche Probleme der Taxibranche wieder einführen: Eine oft wiederholte Kritik an den Taxiunternehmen lautet, dass manche Taxifahrer für die Nutzung des Taxis zahlen müssen und deshalb jede Schicht in den roten Zahlen beginnen. Jetzt wenden auch Uber-Fahrer viele Stunden dafür auf, den Kaufpreis abzuzahlen, und die Aussicht, von der Plattform ausgeschlossen zu werden, ist dadurch noch bedrohlicher.

Uber nutzt die Verwundbarkeit seiner Fahrer aus und erlegt ihnen immer strengere Regeln auf. Die Fahrer müssen 90 Prozent der Anfragen erfüllen oder erhalten die Nachricht »Bitte verbessere deine Annahmequote, wenn du weiter auf der Uber-Plattform bleiben willst«.[76] Fahrer behaupten, sie seien deaktiviert worden, weil sie sich auf Twitter kritisch über das Unternehmen geäußert hätten.[77] Fahrer des Premium-Service UberBlack werden gezwungen, Aufträge für den schlechter bezahlten Dienst UberX auszuführen. Uber kontrolliert, welche Standplätze die Fahrer ansteuern, und beschwert sich, wenn sie nicht nach dem Geschmack des Unternehmens sind.

Aber im Zentrum der Kontrolle steht das Bewertungssystem, nach dem Fahrgäste Fahrer beurteilen können. In Kapitel 6 schauen wir uns Bewertungssysteme genauer an, an dieser Stelle müssen einige Worte zu Uber genügen. Die meisten Fahrgäste geben ihren Fahrern aus Höflichkeit fünf von fünf möglichen Sternen (»hervorragend«), aber wenn die Bewertung eines Fahrers nur ein bisschen abrutscht – unter 4,7 in vielen Städten –, kann es sein, dass er »deaktiviert« oder von der Plattform ausgeschlossen wird. Damit sind die Fahrer den besonders anspruchsvollen Fahrgästen ausgeliefert; nur wenige schlechte Bewertungen können dazu führen, dass ein Fahrer seinen Lebensunterhalt verliert. Und natürlich kann er sich nicht dagegen wehren, denn er ist kein Angestellter, und sein Vertrag ist kein Arbeitsvertrag. Die Berichte über glückliche, freundliche Uber-Fahrer erscheinen in einem anderen Licht, wenn man weiß, wie prekär ihre Situation ist. Wie Jeff Bercovici von *Forbes* anmerkt: »Uber gefällt dieses System, weil es sich gern damit schmückt, dass alle seine Fahrer fast makellose Bewertungen haben. Aber für die Fahrer ist es hart und für die Kunden ebenso, weil sie sich häufig zwischen Schuldgefühlen, Boshaftigkeit und Achselzucken entscheiden müssen.«

Während Uber seinen Fahrern immer detailliertere Vorschriften macht, wie sie sich zu verhalten haben, übernimmt es nach wie vor keinerlei Verantwortung, wenn etwas schiefgeht. Es mag überraschend klingen, dass Abschnitt 230 des »Communications Decency Act« ein Gesetz zum Schutz des Unternehmens sein soll, aber genau so funktioniert es. Das Gesetz wurde ursprünglich erlassen, damit Blogs und andere Websites mit nutzergenerierten Inhalten wie YouTube nicht für die Inhalte verantwortlich gemacht werden können, die seine Nutzer posten. Das ist nur recht und billig. Aber jetzt behauptet Uber, es sei kein Taxiunternehmen, es betreibe nur eine Website und eine App und bringe Fahrer und Fahrgäste zusammen. Wenn es Probleme gibt, ist nicht Uber verantwortlich, sondern der Fahrer. Es ist ein amerikanisches Gesetz, aber Uber die Stirn zu bieten wird auch in anderen Ländern teuer sein, womöglich zu teuer, wenn man an das dicke Finanzpolster des Unternehmens denkt.

Die strikten Regeln von Uber scheinen die Grenze zu überschreiten, wonach ein Fahrer nach den Bestimmungen der kanadischen Einkommensteuerbehörde selbstständig ist. Beschäftigte in der Sharing Economy erleben dieses Problem auch mit anderen Unternehmen (siehe Kapitel 5). Auch in anderen Branchen ist das ein Thema, etwa im Bauwesen, und der springende Punkt ist immer gleich: Die Einstufung als selbstständiger Unternehmer erspart es dem Unternehmen, das die Arbeitskraft in Anspruch nimmt (in dem Fall Uber), Arbeitslosenversicherung und Krankengeld zahlen und die für ein Arbeitsverhältnis geltenden Regeln einhalten zu müssen. Das Risiko wird komplett auf den Subunternehmer verschoben.

◆

Wenn Städte beschließen, Bestimmungen, die für Taxis gelten, für Unternehmen, die Mitfahrgelegenheiten anbieten, außer Kraft zu setzen, werden viele wichtige Entscheidungen auf die Unternehmen übertragen. Wie in Kapitel 7 ausgeführt, operiert die Technologiebranche auf einem Markt, auf dem »der Sieger bekommt alles« gilt und diesem Sieger eine signifikante Marktmacht zufällt, und deshalb ist es wichtig zu wissen, was für eine Art von Unternehmen Uber ist.

Um Uber hat es viele Kontroversen gegeben. Besonders viel Staub wirbelte ein Abendessen auf, bei dem der Uber-Manager Emil Michael dem Journalisten Ben Smith sagte, er habe erwogen, Nachforschungen über das Privatleben von Sarah Lacy anzustellen, einer Journalistin, die Uber kritisiert hatte. (Anders als einem Fahrer mit einer schlechten Bewertung hat das Unternehmen seinem Manager Michael verziehen.)[78] Uber spioniert seine Kunden mit seinem »God-View«-Modus aus, den es bei Unternehmensveranstaltungen[79] zur allgemeinen Belustigung präsentiert hat und auf seiner Website postet.[80] Gegen den Geschäftsführer von Uber in New York, Josh Mohrer, laufen interne Ermittlungen, weil er über eine Journalistin ohne ihre Einwilligung Daten gesammelt haben soll.[81] Eine andere Journalistin wurde von Angestellten Ubers gewarnt, »die Oberen im Unternehmen könnten Zugang zu den Aufzeichnungen über [ihre] Fahrten haben«[82].

Ich betone »Journalist*in*«, weil die Unternehmenskultur von Uber hier ein erhebliches Problem hat. Wollen wir ganze Straßenzüge einem Unternehmen überlassen, dessen CEO Sprüche über Frauen »On Demand« macht?[83] Ein Unternehmen, »das One-Night-Stands identifizieren kann und das auch tut« und einen (inzwischen gelöschten) Blogeintrag über »Rides Of Glory« postet?[84] Das, noch schlimmer, in Frankreich eine (inzwischen eingestellte) Werbekampagne fuhr mit dem Titel »Avions de chasse«, um Fahrgäste mit »heißen« Fahrerinnen zusammenzubringen?[85] In der englischen Version der Website hieß es:

»Avions de chasse« ist der französische Ausdruck für »Jagdflugzeuge«, aber auch ein umgangssprachlicher Begriff für eine unglaublich heiße Braut. Du Glückspilz! Die schönsten »Avions« der Welt erwarten dich bei dieser App. Lehn dich zurück, entspanne dich und lass dich von ihnen auf Wolke Sieben tragen![86]

Das Werbematerial präsentierte, wenig verwunderlich, hauptsächlich die Brüste der Fahrerinnen.

Uber reagierte nicht auf die Klage einer Kundin, sie sei 30 Kilometer weg von ihrem Ziel an einem verlassenen Platz abgesetzt worden mit der Begründung, die angegebene Adresse existiere nicht.[87] Uber bringt seinen Fahrern in Miami bei, wie sie am besten Gesetze umgehen.[88] Uber hat bei seinem wichtigsten Konkurrenten über 5000 Fahrten angemeldet und wieder storniert, um dessen Service durcheinanderzubringen.[89] Uber führt Zeitungen mit falscher Werbung hinters Licht[90] und spricht heute in seinen Werbekampagnen von »waffenfähigen Tatsachen« (bei Uber liebt man militärische Vergleiche).[91] Uber ist, kurz gesagt, ein Unternehmen, das die schlimmsten Seiten der Machokultur in manchen Bereichen der Technologiebranche widerspiegelt.

Ubers Verpflichtung gegenüber den Orten, an denen es seine Dienste anbietet, ist minimal. Es ist erstaunlich, dass kanadische Städte angesichts all der Probleme mit dem Datenschutz Uber überhaupt zulassen. Uber hat zwar eine Datenschutzpolitik für die Vereinigten Staaten, aber keine für Kanada.[92] Uber schwimmt im Geld und macht sich trotzdem keine Gedanken über Datenschutz und die unterschiedlichen Bedingungen für seinen Dienst in verschiedenen Städten.

Während Airbnb von Anfang an weltweit Geld verdiente, begann Uber als ein amerikanisches Unternehmen. Insofern ist es nicht verwunderlich, dass seine Expansion nach Europa und Asien durch Konflikte mit den Vorschriften und Gepflogenheiten an den Orten gekennzeichnet war, an denen es Geschäfte machen wollte.

Wie wir gesehen haben, bietet Uber hauptsächlich zweierlei Dienste an. Zunächst vermittelte Uber Limousinen mit professionellen Chauffeuren (der Dienst heißt heute UberBlack), aber das Wachstum begann erst richtig, als mit dem Angebot von UberX auch Fahrten mit nicht lizenzierten Fahrern gebucht werden konnten. In Europa heißt dieser Dienst UberPop, und UberPop kam hier nicht gut an. 2014 beantragten Taxifahrer in Deutschland eine einstweilige Verfügung, um Uber die Vermittlung von Fahrten durch Privatpersonen zu untersagen. Im September 2014 erließ das Landgericht Frankfurt ein bundesweites Verbot von UberPop, doch einen Monat später wurde das Verbot wieder aufgehoben. Im März 2015 entschied das Gericht unter dem Vorsitzenden Richter Joachim Nickel, ohne behördliche Genehmigung dürften Uber-Fahrer keine Personen befördern, und wiederholte damit praktisch das Verbot von Uber.[93] Im April wurde diese Entscheidung vom Oberverwaltungsgericht Berlin-Brandenburg bestätigt.[94]

Wie bei Airbnb lautet die Frage nicht nur, wie Deutschland mit dem Unternehmen umgehen sollte, sondern es geht grundsätzlich darum, wer die Entscheidungen trifft: Hat ein amerikanisches Unternehmen das Recht, ohne Rücksicht auf die Gesetze eines anderen Landes ein nicht genehmigtes Geschäftsmodell anzubieten?

Zu dem Zeitpunkt, als diese Zeilen geschrieben wurden, sah es so aus, als hätte Uber das jüngste Urteil akzeptiert. Im September 2015 wurde Christian Freese von Uber Deutschland mit den Worten zitiert, angesichts der »schwierigen Rahmenbedingungen« habe Uber gelernt und verfolge nun eine neue, kooperative Strategie. Im Oktober zog sich UberPop aus Hamburg, Frankfurt und Düsseldorf zurück, sodass der Dienst in Deutschland nun nur noch in Berlin und München angeboten wird.[95]

Ähnliche Entwicklungen gab es in anderen europäischen Ländern, mit Gerichtsverfahren durch mehrere Instanzen. Der Ausgang ist bisher nicht sehr ermutigend für Uber: Nach entsprechenden Urteilen hat Uber in Frankreich, Spanien und Italien den Dienst UberPop eingestellt.

Aus steuerlicher Sicht verhält sich Uber parasitär. Wenn Sie einen Taxifahrer bezahlen, geht ein Teil des Geldes an das Taxiunternehmen, für das er oder sie fährt; das Taxiunternehmen zahlt Steuern an die Stadt, und so fließt das Geld in die lokale Wirtschaft zurück. Wenn Sie einen Uber-Fahrer bezahlen, ist die Sache anders. Nachdem ein Stadtrat in Toronto eine E-Mail erhielt, dass auf Fahrten für Uber keine Steuern fällig werden, behauptete Uber, von seinen Fahrern werde erwartet, dass sie Umsatzsteuer abführen, obwohl die bargeldlose Zahlung mit zum Reiz des Angebots beiträgt.[96]

Was immer mit dem Anteil des Fahrers passiert, das, was das Unternehmen außerhalb der Vereinigten Staaten verdient, ist steuerfrei. Wie viele Internetfirmen hat Uber Niederlassungen rund um den Globus. Wenn Sie in Berlin oder Toronto eine Uber-Fahrt bezahlen, wird Ihre Kreditkarte von Uber BV belastet, einer aus steuerlichen Gründen in den Niederlanden eingetragenen Firma. Die Journalisten Brian O'Keefe und Marty Jones haben die Spur des (Steuer-)Geldes verfolgt.[97]

Uber BV wickelt die Transaktionen ab, macht aber keinen Gewinn, weil es sorgfältig kalkulierte Lizenzgebühren an das Mutterunternehmen dafür bezahlt, dass es dessen geistiges Eigentum in einer anderen in den Niederlanden angesiedelten Tochtergesellschaft nutzt, Uber International CV. Und ohne Gewinne muss Uber BV auch nicht in nennenswertem Umfang Steuern bezahlen.

Uber International CV zahlt gleichfalls keine Steuern. Aus Sicht der Niederländer wird Uber International CV »von amerikanischen Besitzern kontrolliert und hat seinen Hauptsitz auf den Bermudas«. Die Lizenzgebühren sind nicht steuerpflichtig, und technisch gesehen übt das Unternehmen in den Niederlanden keine Geschäftstätigkeit aus. Dank dieser Firmenkonstruktion zahlt Uber in den Niederlanden praktisch keine Steuern.

Doch damit nicht genug: Für die amerikanischen Steuerbehörden ist Uber International CV eine niederländische Firma und darf deshalb »die Zahlung von Einkommensteuer an die [Bundessteuerbehörde] IRS unbegrenzt hinausschieben«. Und so kommt es, dass Uber auf jeweils 10 Dollar Nettoeinnahmen aus Transaktionen außerhalb der USA gerade einmal 14,50 Cent Steuern entrichtet.

Außer in den Niederlanden hat Uber weitere Niederlassungen in allen Ländern, in denen das Unternehmen tätig ist, aber sie bieten nur unterstützende Dienstleistungen an. O'Keefe und Jones schreiben, dass beispielsweise »Uber Italien ... von Uber BV Geld bekommt für die Vermarktung der Marke in Mailand und Rom. Der Großteil der Finanzierung von Uber Italien erfolgte über einen Kredit der Mutterfirma. Potenziell steuerpflichtiges Einkommen wird mit den Zinszahlungen verrechnet und beim Abfluss aus Italien aufgrund einer europäischen Richtlinie nicht besteuert. Bei Steuerfragen scheint kein Detail zu klein zu sein, als dass sich Uber nicht darum kümmern würde.«

Die Praktiken und Strukturen von Uber sind eine Variante der Methoden, mit denen andere Technologiekonzerne einschließlich Apple, Amazon und Google die Steuerzahlung auf Einkommen minimieren, das sie außerhalb der Vereinigten Staaten erzielen. Ubers Methode läuft unter der Bezeichnung »Double Dutch«. Bei Airbnb heißt ein ähnliches Verfahren »Double Irish«, weil Airbnb seine Tochtergesellschaften in Irland angesiedelt hat.

Zu dem Zeitpunkt, an dem dieses Buch in Druck geht, wird dieses Kapitel insofern überholt sein, als neue Vorfälle die alten verdrängt haben. Aber weiterhin wird sich die Frage stellen, wie ein barrierefreies, erschwingliches und nachhaltiges Beförderungssystem für unsere Städte weltweit aussehen sollte. Und weiterhin wird auch gelten, dass Uber, wenn es ein konstruktiver Teil eines solchen Systems sein will, nicht nur seine eigenen Regeln und Ziele verfolgen darf, so wie es das in den letzten beiden Jahre getan hat.

5 NACHBARN HELFEN NACHBARN

Persönliche Dienstleistungen und Hilfe rund um die Wohnung wie Putzen, kleine Handwerkstätigkeiten und Besorgungen stellen ein vielfältiges und dicht besetztes Feld dar, das in raschem Wandel begriffen ist. Hier tummeln sich viele Unternehmen, und bis heute ist noch nicht klar, wer der Gewinner sein wird. Das unterscheidet diesen Bereich von Airbnb und Uber; die Entwicklung zeigt uns, was passiert, wenn Wettbewerb die Veränderung von Geschäftsmodellen erzwingt.

TASKRABBIT

Das erste Unternehmen in diesem Bereich war TaskRabbit, das gleichzeitig mit Airbnb, Lyft und anderen entstand. In dem Eintrag bei der Start-up-Datenbank CrunchBase heißt es über den Augenblick, als die Gründerin die Idee zu dem Unternehmen hatte:

> Es war ein kalter Februarabend in Boston im Jahr 2008, als Leah Busque merkte, dass ihr das Futter für ihren sandfarbenen 45-Kilo-Labrador Kobe ausgegangen war. Leah dachte: »Wäre es nicht schön, wenn ich online mit meinen Nachbarn Kontakt aufnehmen könnte – vielleicht ist ja gerade einer beim Einkaufen? – und sie mir helfen könnten?«
>
> Das war die Geburtsstunde von TaskRabbit (früher RUNmyER-RAND), einem Online- und mobilen Marktplatz, der Nachbarn für die Erledigung kleiner Aufgaben zusammenbringt ... Nachbarn helfen Nachbarn – eine alte Idee kombiniert mit den Möglichkeiten von heute.[1]

TaskRabbit wurde als »eBay für Besorgungen« gegründet und bietet ein breites Spektrum an Dienstleistungen. Die beiden, die am meisten Aufsehen erregten, kann jeder junge, gesunde Mensch übernehmen: sich für Konzertkarten oder neue iPhones anstellen und Ikea-Möbel zusammenbauen (na gut, das kann *fast* jeder). Die Bezahlung für eine bestimmte Aufgabe wurde über eine Auktion geregelt, bei der die Task-Rabbits Gebote für einen Job machten. Das Verfahren spiegelt die Art und Weise wider, wie etwa ein Hausbesitzer mit jemandem verhandelt, der anbietet, im Winter für ihn Schnee zu schippen, oder wie die Bezahlung für Babysitten informell geregelt wird; in den frühen Jahren liefen auch Auktionen auf eBay ähnlich ab. Leah Busque griff auf die vertraute Rhetorik zurück, dass es darum gehe, die Menschen zu stärken:

> Menschen die Instrumente und die Ressourcen zu geben, um ihre eigenen Zeitpläne zu erstellen, ihr eigener Chef zu sein und sagen zu können, wie viel Geld sie haben möchten, ist unglaublich stärkend. Es hat enorme Auswirkungen auf alle arbeitenden Menschen weltweit.[2]

Die ersten Investoren in TaskRabbit traten 2009 auf den Plan, als das Unternehmen 25.000 Dollar von fbFund erhielt, einem Joint Venture von Founders Fund und Accel Partners. Founders Fund wird von Peter Thiel geleitet und mitfinanziert, jemandem, der sich mehr dafür interessiert, den Staat in die Schranken zu weisen, als für nachbarschaftliche Hilfeleistung, wie sie Leah Busque im Sinn hatte.

Wie bei den anderen Beispielen der Sharing Economy verblasste auch bei den TaskRabbits, wie sie einige Jahre lang hießen, nach und nach der Gedanke, dass Nachbarn Nachbarn helfen, und an seine Stelle traten die harten Gesetze des freien Markts. So wie Airbnb die Idee eines freundlichen Gastgebers ausschlachtete und Lyft das Bild vom »Freund mit einem Auto«, so wurden hier die Werte nachbarschaftlicher Hilfeleistung beschworen, um eine neue Form prekärer Beschäftigung zu rechtfertigen.

In einem ausführlichen Bericht deckte der Journalist Kevin Carhart

2013³ viele der Probleme mit TaskRabbit auf. Carhart zitiert einen (mittlerweile entfernten) Eintrag aus einem Blog von TaskRabbit,»in dem über vernetzte mobile Geräte als aufregende Metapher für spontan entstehende Ordnung philosophiert wird«, unter Rückgriff auf Adam Smiths Gedanken von der »unsichtbaren Hand« des freien Markts:

> [Adam] Smith sagt, Staaten sollten einfach einen ungeregelten Markt zur Verfügung stellen, auf dem Menschen leicht Waren und Dienstleistungen austauschen können, und sich dann nicht mehr einmischen! Um alles andere werden sich die Marktkräfte kümmern. Jawohl, wir sind ganz dieser Meinung! ...
>
> Diese Verflechtung und Transparenz, die das Internet und die sozialen Netzwerke bieten, ermöglichen es, Smiths Vision für Einzelne in einer Gemeinschaft zu realisieren ... Wir sind zuversichtlich, dass Dienstleistungsnetze Smiths Ideen weiter voranbringen und immer besser dafür sorgen, dass die Märkte zum Wohl der Gemeinschaft wirklich frei sind.

Das mittlerweile vertraute Narrativ des Unternehmens lautete, es biete Menschen eine Möglichkeit, als »Mikro-Unternehmer« ein bisschen Geld dazuzuverdienen. Carharts Interviews mit Arbeitskräften von TaskRabbit zeigten jedoch die andere Seite der Medaille. Eine Mitarbeiterin mittleren Alters sagte ihm,»das Unternehmen füllt Lücken. Es sind Opportunisten. Wenn sie das Arbeitsrecht umgehen können, dann machen sie es, und wenn sie jungen Leuten mit ihrer doppelzüngigen Rhetorik den Kopf verdrehen können, dann haben sie neue Mitarbeiter.« Sie sagte auch, TaskRabbit-Beschäftigte»hätten gern einen Job, finden aber keinen. Ich denke, sie verdienen etwas Besseres. Ich denke, es sind großartige Menschen, sonst würden sich nicht immer wieder angefordert werden. Ich habe gesehen, was sie machen, um zu Geld zu kommen, und finde, sie hätten eine anständige Bezahlung verdient ... Sie tun mir wirklich leid ... Die Menschen erhalten nicht einmal den Mindestlohn.«

Die Reporterin Alyson Shontell hat eine andere Beschäftigte von

TaskRabbit interviewt, die bestätigte, dass nicht einmal der Mindestlohn bezahlt wird:

> Niemand ist verpflichtet, den Mindestlohn zu zahlen, und es passiert immer und immer wieder [dass er nicht bezahlt wird]. Ich habe an manchen Tagen 12 bis 15 Stunden wirklich anstrengende körperliche Arbeit geleistet und hatte danach 80 Dollar auf der Hand.
>
> Es ist einem immer bewusst, dass eine Aufgabe schwieriger und mühsamer sein kann, als man sich das vorgestellt hat. Und man ist sich immer bewusst, dass bei einem Angebot heruntergespielt wird, um was es eigentlich geht, um den Preis zu drücken. Vor ein paar Monaten hatte ich einen Kunden, der wollte, dass ich seine Wäsche wasche.
>
> Er schreibt in seinem Angebot immer, dass es vier Waschladungen sind, und jedes Mal waren es 10 bis 15 randvolle Maschinen. Es war ein Berg von Wäsche, und alles voller Katzenkot.[4]

Leah Busque antwortete auf Shontell und betonte, »TaskRabbits übernehmen nur die Aufgaben, die sie erledigen wollen. TaskRabbit ist ein offener Marktplatz. Die TaskRabbits können sich für jeden Job melden, den sie attraktiv finden – unter Berücksichtigung der Zeit, die sie dafür veranschlagen, der Art der Arbeit und so weiter. Niemand wird jemals zu einem Job oder einer Aufgabe gezwungen. Man muss bedenken, dass eine Arbeit, die einer Person nicht gefällt, für eine andere Person die ideale Aufgabe sein kann. Nicht wir entscheiden, sondern die Mitarbeiter entscheiden selbst, für welche Arbeiten sie sich melden wollen.«

Carhart griff die Behauptung auf, Verletzungen von Beschäftigungsregeln seien »nicht unser Problem« und »gehen uns nichts an«. Er fragte bei der Anwältin für Arbeitsrecht Catherine Ruckelshaus nach, die antwortete:

> Das sagen Arbeitgeber immer, die ihre Arbeitskräfte zu Unrecht als selbstständige Unternehmer einstufen. Sie sagen es sogar zu einem Tagelöhner, einem Erdbeerpflücker, »es ist deine Sache, du kannst kommen und gehen,

wie du willst«. Sie legen weder den Preis fest noch die Stunden. Sie versuchen, es als einen unabhängigen, freien Austausch zu deklarieren, aber das ist es nicht.

TaskRabbit hat eine Reihe von Geschäftsmodellen ausprobiert und scheint in Schwierigkeiten zu sein. Eine Zeit lang warb es mit einem Programm »TaskRabbit für Unternehmen«, das im Kern eine Zeitarbeitsfirma für alle möglichen Tätigkeiten war. Im Juni 2014 veränderten sie ihr Modell: keine Auktionen mehr; Jobs werden nun zu festen Preisen erledigt; ein Computer-Algorithmus bringt Kunden mit »Taskern« zusammen, wie sie mittlerweile heißen; die Tasker sollen ein Shirt in der Unternehmensfarbe Grün tragen.[5] Die Veränderungen entsprechen denen bei anderen Online-Plattformen, die von einem Modell, das persönliche Interaktionen nachahmt, zu einem Modell wechselten, das nach den Regeln der Konsumgesellschaft funktioniert: EBay ist von Auktionen zu festen Preisen übergegangen, Lyft von »Spenden« zu Fahrpreisen.

Die Veränderungen wurden einseitig vollzogen. Die von dem Unternehmen propagierte Begründung, dass sie die Tasker stärken würden, erwies sich als leeres Versprechen. Wie Juliet Schor kommentierte:

In Interviews mit Taskern haben wir immer wieder festgestellt, dass die Möglichkeit, selbst zu entscheiden, wann sie arbeiten, für wen sie arbeiten und wie viel sie arbeiten, für viele Menschen den Reiz der Plattform ausmacht. Die Veränderungen haben diese Möglichkeiten reduziert. Die Plattform übt mehr Macht und Kontrolle aus.[6]

Neuerdings hat sich TaskRabbit mit Amazons neuem Angebot »Home Services« verbündet.[7] Damit hat das Unternehmen noch mehr Kontrolle über seine »Mikro-Unternehmer«, was die Frage aufwirft, ob sie tatsächlich noch unabhängig Handelnde sind. Diese Frage stellt sich auch bei jüngeren Start-ups, die in die Fußstapfen von TaskRabbit treten wollen.

Man würde nicht unbedingt vermuten, dass Google sich für das Geschäftsfeld Putzen interessiert, aber 2013 hat die Wagniskapitalabteilung von Google, Google Ventures, zusammen mit anderen Investoren 38 Millionen Dollar in das kleine Unternehmen Homejoy der Geschwister Adora und Aaron Cheung gesteckt. Bei der Kapitalspritze waren auch Max Levchin dabei, der Mitbegründer (zusammen mit Peter Thiel) von PayPal, und Andreessen Horowitz.

Homejoy wirbt auf seiner Website mit dem Slogan »Lass deine Wohnung putzen«, aber in den Geschäftsbedingungen (über 4000 Wörter) heißt es: »Das Unternehmen leistet keinen Putzdienst, es ist kein Putzdienst-Anbieter«, sondern »eine Kommunikationsplattform, die Menschen, die einen Putzdienst suchen, mit Personen, die Putzdienste leisten wollen, zusammenbringt«.

Auf der Website von Homejoy kann man wählen, wann die Wohnung geputzt werden soll. Das Magazin *Wired* schrieb: »Ein entscheidendes Verkaufsargument ist, dass die Putzkräfte durch Homejoy versichert und überprüft werden. Doch wie die Fahrer bei Uber sind sie formell nicht Angestellte der Firma. Vielmehr arbeiten sie auf eigene Rechnung, legen selbst fest, wann sie arbeiten, und erhalten Aufträge entsprechend ihrer Verfügbarkeit.«[8] Die Regelung wurde unter dem Stichwort »Modell 1099« bekannt nach dem Steuerformular 1099-MISC, das »selbstständige Unternehmer« in den Vereinigten Staaten ausfüllen müssen. Der Wagniskapitalgeber Jeff Jordan von Andreessen Horowitz ist begeistert von Unternehmen wie Homejoy:

Die Verbreitung mobiler Geräte macht etwas möglich, was ich »Marktplätze für Menschen« nenne: Marktplätze, die Konsumenten mit Personen zusammenbringen, die bestimmte Dienstleistungen anbieten. Ob es darum geht, bei Lyft eine Mitfahrgelegenheit zu finden oder über Homejoy eine Reinigungskraft, einen Mahlzeiten-Lieferservice über DoorDash oder Caviar oder über DogVacay einen Hundesitter, der sofort verfügbar ist – Zahl und Einsatzbereiche der Marktplätze für Menschen explodieren. Das wird wirklich eine große Sache!⁹

(Jordan schrieb das, als Andreessen Horowitz ankündigte, in ein weiteres Start-up der Sharing Economy zu investieren, Instacart, mit dem wir uns weiter unten befassen. Mittlerweile sitzt Jordan im Verwaltungsrat von Instacart.)

Homejoy wirbt mit drei Behauptungen: Sie sind billig, verglichen mit anderen Reinigungsdiensten; sie bieten den Reinigungskräften gute Verdienstmöglichkeiten; und sie führen »gründliche Überprüfungen« durch, um hohe Standards gewährleisten zu können. Lydia DePillis von der *Washington Post* hat mit einer von Homejoy vermittelten Reinigungskraft gesprochen, und ihr Bericht erklärt, warum Homejoy die Preise niedrig halten kann.¹⁰ Anthony Walker fährt mit dem Bus zu seinem ersten Termin am anderen Ende von Washington, seine Putzutensilien hat er in einem Rollkoffer dabei. Homejoy behauptet, die Putzkräfte verdienten rund 20 Dollar pro Stunde, und tatsächlich wird ihm der Job 51 Dollar für zweieinhalb Stunden Putzen einbringen. Aber wie Uber bei seinen Behauptungen über das Einkommen der Fahrer blendet auch Homejoy die Hälfte des Bildes aus: Walkers zweieinhalbstündige Fahrt ist nicht eingerechnet, er bezahlt das Busticket, die Putzutensilien hat er gekauft. Sein Nachmittagstermin sagt ab, was für Homejoy das kein Verlust ist: Sie müssen Anthony Walker für den verlorenen Nachmittag nicht bezahlen. Walker hat keine Arbeitslosenversicherung, keine Unfallversicherung und bekommt keine Beiträge zur Altersvorsorge. Wenn er krank wird, ist das sein Problem.

Der frühe Investor Peter Thiel mag der Ansicht sein, dass der Staat zerrüttet ist, aber die Dienste von Homejoy werden staatlich subventioniert. DePillis schreibt, Anthony Walker »bekommt durch Sozialprogramme von D.C. sein Fahrgeld erstattet, obwohl es für ihn mit einigem Aufwand verbunden war, seinen Beschäftigungsstatus nachzuweisen, weil Homejoy keine herkömmlichen Lohnabrechnungen erstellt«.

In Chicago arbeitet Homejoy auf der Suche nach Reinigungskräften mit der Stadtverwaltung zusammen. »Viele Menschen in dem Programm [der Stadt] müssen eine Beschäftigung nachweisen, um staatliche Hilfe zu erhalten, und deshalb ist Homejoy für sie wichtig.« Wieder wird behauptet, dass es kein Job im üblichen Sinn sei. Marlo Struve von Homejoy sagt: »Eine Menge Leute nutzen es als flexible Möglichkeit, das Familieneinkommen aufzubessern, oder machen es zusätzlich zu einem anderen Teilzeitjob. Oft ist der Job wichtig für ihren Lebensunterhalt oder den ihrer Familien.«[11]

Die Putzkräfte von Homejoy sind vielleicht keine Angestellten, aber sie werden kontinuierlich von dem Unternehmen bewertet. »In dem internen System können die Reinigungskräfte sehen, wo sie in der Kundenbewertung stehen. Walker rangiert mit einer 4,6 auf Platz 13 von 42 Reinigungskräften in D. C.; er wurde fast immer mit 5,0 bewertet außer von einer Frau, die bemängelte, dass er nicht komplett den Schimmel aus den Fugen in der Dusche entfernt hatte.«

Ein Sprecher von Homejoy vertrat in einem Interview mit der *Washington Post* die übliche Linie der Sharing Economy, betonte die Qualität der Dienstleistung und behauptete, »nur 30 Prozent der Bewerber schaffen es und werden Reinigungskräfte«. Aber auf die drängenderen Fragen hatte er keine Antworten. Er »lehnte es ab, etwas zu den anderen Zahlen des Unternehmens zu sagen wie dem Durchschnittslohn der Reinigungskräfte pro Woche und den Fahrstrecken, die sie zu ihren Jobs zurücklegen müssen«.

Unternehmer der Sharing Economy sprechen gern von dem »kleinen Zuverdienst«, der das Leben ein bisschen erschwinglicher macht, aber das Beispiel von Anthony Walker zeigt, dass dieses Geschäftsmodell ein Wettlauf um die niedrigsten Standards für die Dienstleister ist. Man kann allenfalls sagen, dass es besser als nichts ist, wenn reguläre Arbeitsplätze durch solche prekären, staatlich subventionierten Jobs ersetzt werden, wie sie Homejoy an Menschen wie Anthony Walker vermittelt, aber solche Jobs höhlen den Status der regulären Arbeitskräfte aus. Walker verdient zwar ein bisschen Geld, hat aber keine Chance, in ein richtiges Arbeitsverhältnis zu kommen.

Kevin Roose vom Magazin *New York* lebte in der Bay Area von San Francisco und wollte seine Wohnung durch eine Reinigungskraft von Homejoy putzen lassen. Mit dem jungen Mann, der auftauchte, kam er ins Gespräch; unter anderem fragte er ihn, wo er wohne.

»Also, im Augenblick lebe ich in einem Obdachlosenheim in Oakland«, sagte er. Ich wusste nicht, ob ich richtig gehört hatte, und schwieg. Ein Obdachlosenheim? War meine Putzkraft – der Mann, den mir ein Unternehmen vermittelt hatte, das 40 Millionen Dollar Wagniskapital von renommierten Firmen wie Google Ventures bekommen hatte, der Mann, der gleich anstrengende Arbeiten mit potenziell gefährlichen Reinigungschemikalien verrichten sollte – obdachlos?

Er war tatsächlich obdachlos, wie sich herausstellte. Als ich diese Geschichte Freunden in der Bay Area erzählte, hörte ich etwas noch Überraschenderes: Auch von den Putzkräften, die Homejoy zu ihnen geschickt hatte, waren mehrere obdachlos gewesen.[12]

Im August 2015 war die Geschichte von Homejoy zu Ende. Die Gründe, warum das Unternehmen billige Preise bieten und behaupten konnte, seine Putzkräfte würden anständig bezahlt, hatten nichts mit wundersamen Effizienzsteigerungen dank digitaler Technologie zu tun. Homejoy verbrannte schlicht und einfach Wagniskapital bei dem Versuch, in der Welt der Sharing Economy, wo nur die Sieger überleben, aus den Startlöchern herauszukommen. Als das Geld aufgebraucht war, musste sich Homejoy nach einem Käufer umsehen. Ein deutsches Unternehmen namens Helpling schaute sich die Zahlen von Homejoy an und schüttelte den Kopf. Dann sah es eine Zeit lang so aus, als würde der Konkurrent Handy Homejoy kaufen, aber schließlich machte das Unternehmen einfach dicht. Viele Programmierer wurden von Google übernommen; vielleicht ist die Ära internetbasierter Putzdienst-Vermittler doch noch nicht vorüber.

Handy oder ursprünglich Handybook gleicht Homejoy in vielerlei Hinsicht. Das Unternehmen hat nicht nur Reinigungskräfte im Angebot, sondern auch Klempner und andere Dienstleister rund um Haus und Wohnung, aber 85 Prozent seiner Einnahmen kommen aus dem Putzdienst.[13] Und natürlich erzählt es auf seiner Website auch seine Entstehungsgeschichte:

> Oisin Hanrahan war ein 19-jähriger Collegestudent in Irland, als er beschloss, Immobilienentwickler in Osteuropa zu werden. Auf Wochenendtrips vom Trinity College in Dublin aus erkundete er mehrere Städte und entschied dann, dass er in Budapest Wohnungen kaufen und renovieren wollte. Oisin stellte fest, dass es schwierig war, gute Handwerker zu finden, die die nötigen Arbeiten zuverlässig erledigten. Es gab kein einfaches Verfahren. Ein paar Jahre später, da war er an der Harvard Business School, registrierten er und sein Kommilitone Umang Dua, dass es in den Vereinigten Staaten genauso aussah. Um diese Lücke zu füllen, ersannen sie Handy als eine bequeme Möglichkeit für viel beschäftigte Menschen überall, Dienstleistungen rund um den Haushalt zu buchen.[14]

Handy hat (mit Stand April 2015) 60,7 Millionen Dollar Wagniskapital bekommen. Zu seinen Finanziers zählt unter anderem Revolution LLC, geleitet vom ehemaligen AOL-Chef Steve Case, einem prominenten Förderer der Sharing Economy.

Die Versprechen von Handy klingen vertraut. Hanrahan sagt: »Wir bauen eine Marke auf, die auf Vertrauen basiert. Unsere Kunden müssen uns vertrauen, damit sie uns in ihre Wohnungen lassen.«[15] Die Vorteile für die Kunden werden angepriesen. Der Mitgründer Umang Dua sagt: »Wir von Handybook konzentrieren uns darauf, von Anfang bis Ende für das beste Konsumentenerlebnis zu sorgen. Von der einfachen Buchung über den Einsatz vertrauenswürdiger Fachkräfte bis zum besten Service – es ist unser Ziel, eine nachhaltige Beziehung zu unseren

Kunden aufzubauen, damit sie sich auch in Zukunft an uns wenden, wenn sie Dienstleistungen rund um ihre Wohnung brauchen.«[16] Die »Dienstleistungsfachkräfte« sind natürlich selbstständige Unternehmer: »Die Flexibilität bei Terminplanung und Verdienst spielt eine große Rolle, warum die Plattform für sie wertvoll ist.«[17] In den Geschäftsbedingungen liest sich das anders. Nach Aussage des 8500 Wörter umfassenden Dokuments ist die »Handy-Plattform nur ein Ort für Kommunikation und Hintergrundüberprüfungen«. Weiter heißt es:

Handy erbringt selbst keine Dienstleistungen … Handy bietet über die Handy-Plattform Informationen und eine Methode, solche Dienstleistungen zu bekommen, aber erbringt sie nicht selbst und beabsichtigt das auch nicht. Es handelt in keiner Weise als Reinigungskraft, Handwerker oder sonstiger Erbringer von Dienstleistungen rund um Wohnung und Umzug und übernimmt keinerlei Verantwortung oder Haftung für erbrachte Dienstleistungen.

Das Bild der typischen »Dienstleistungsfachkraft« ist geprägt durch die vorteilhaft ausgeleuchteten, lächelnden Gesichter auf der Website von Handy und durch die vielen Medienberichte über die Branche. Bedauerlicherweise (mit bemerkenswerten Ausnahmen, viele davon wurden hier zitiert) scheinen die Presseorgane, die über Technologie und Wirtschaft schreiben, die Beschäftigungsbedingungen nicht zu hinterfragen. Und warum nicht? Handy bietet »tolle Bezahlung« und behauptet, seine Arbeitskräfte würden »bis zu 22 Dollar pro Stunde als Reinigungskraft oder 45 Dollar pro Stunde als Handwerker verdienen. Unsere Topkräfte kommen auf über 1000 Dollar pro Woche.«[18] Als der *Economist* eine Geschichte über die Selbstständigen brachte, die für Handy und andere Plattformen arbeiten, kaufte er ihnen die Geschichte vom Zusatzverdienst ab. Er sprach mit einer Juraabsolventin, der »das Modell der Arbeit auf Abruf erlaubt, ihre Karriere als Anwältin mit ihrer Reiselust zu verbinden«, und mit dem Gründer einer Gruppe, die »Spitzenarbeitskräfte« vertritt, »die nach Jahrzehnten, in denen sie ihre Seele an ihr Unternehmen verkauft haben, kürzertreten wollen«[19].

Obwohl Homejoy und Handy viele Standardsätze der Sharing Economy übernommen haben, fehlt etwas: der Aspekt von Nachbarschaftlichkeit und Gemeinschaft, den andere digitale Plattformen so oft betonen. Homejoy und Handy wollen nichts anderes vermitteln als eine nüchterne kommerzielle Transaktion. Während Fans der Sharing Economy gern hervorheben, dass die Plattformen den Peer-to-Peer-Austausch fördern und die großen Konzerne ausbremsen, marschiert der Zweig der Bewegung, der Haushaltsdienstleistungen anbietet, in die andere Richtung: Als besonderer Vorzug der neuen, technologiebasierten Dienstleistungsangebote im Vergleich zu den eher traditionellen Reinigungsdiensten erweist sich, dass Kunden mit ihrer Hilfe Reinigungskräfte anheuern können, ohne direkt mit jemandem sprechen zu müssen.

Ellen Huet ist Journalistin und beobachtet seit mehreren Jahren die Besonderheiten der Sharing Economy. Sie zitiert Oisin Hanrahan von Handy:

Wenn du willst, dass jemand den Schimmel in der linken oberen Ecke der Dusche beseitigt, weil du zu beschäftigt bist, um es selbst zu tun, oder keine Lust dazu hast, ist es echt schwierig, die betreffende Person darum zu bitten, vor allem wenn du zweiundzwanzig bist, noch nie in deinem bisherigen Leben die Verantwortung hattest, jemanden anzuheuern, zwei Praktika gemacht hast – und jetzt sollst du auf einmal jemand bitten, das für dich zu tun.[20]

Huets Interviews mit Hanrahan und Adora Cheung von Homejoy enthalten eine klare Botschaft für Online-Vermittler von Dienstleistungen: Halte Dienstleister und Kunde auseinander. Das Telefon ist besser als der direkte Kontakt. Wie Hanrahan sagt: »Das ist das Schlimmste – die Reinigungsperson direkt bitten: ›Wenn Sie gerade hier sind, könnten Sie noch das Bad sauber machen?‹« Schriftlich ist besser als mündlich. Indirekt ist besser als direkt: »Die Leute klicken lieber die Chatbox links unten auf der Website an und bitten jemanden, der die Buchung abwickelt, einen Sonderwunsch aufzunehmen, als direkt mit der Person zu sprechen, die zum Putzen kommt.« Online-Formulare mit Feldern zum Anklicken sind besser als Text: Huet zitiert den Designspezialisten Steph Habif:»Handybook und Homejoy bieten den Kunden Auswahlfelder wie Fenster von innen, Herdplatten, Kühlschränke, Vitrinen und Wäsche. Sie geben den Kunden das Gefühl, dass sie bestimmen, selbst wenn sie nicht gewandt genug sind, ihre eigenen Anweisungen zu formulieren.« Wie aus Huets Interviews hervorgeht, wird das Vertrauensproblem hauptsächlich dadurch gelöst, dass man im Prozess der Online-Bestellung von Dienstleistungen ein Gefühl von Vertrautheit, Normalität und Routine erzeugt.»Wir wollten es so machen wie Einkaufen bei Amazon«, sagte ein weiterer Interviewpartner von Ellen Huet. Adora Cheung fügt noch hinzu:»In den letzten zehn Jahren haben die Menschen Vertrauen in den Onlinekauf von Produkten entwickelt – wir vertrauen darauf, dass das Produkt bei uns ankommt. Jetzt haben die Menschen langsam auch Vertrauen in den Kauf von Offline-Dienstleistungen [über das Internet], das sie vor zehn Jahren vielleicht noch nicht gehabt hätten.«

Der fehlende direkte Kontakt und die mittlerweile vertraute Geste, mit einem Klick oder über eine App einzukaufen, sind noch in anderer Weise hilfreich: Sie ersparen den Kunden das Schuldgefühl, sich von lästigen Arbeiten freizukaufen. Huet zitiert noch einmal den Designspezialisten Habif:»Je mehr Zeit eine Person hat, ein bestimmtes Verhalten zu üben, desto weniger Schuldgefühle wird sie dabei empfinden, vor allem wenn ihre Erfahrung gut und befriedigend ist. Ich vermute, dass die Kunden [solcher Unternehmen] mit der Zeit immer weniger Schuldgefühle haben.«

LIEFERDIENSTE

Lieferungen waren eines von vielen Angeboten bei TaskRabbit, aber mittlerweile tummeln sich stärker spezialisierte Firmen auf diesem Feld (auch Uber, das bisher weitgehend erfolglose Bemühungen unternommen hat, sein Geschäftsfeld zu erweitern). Zwei dieser Firmen sind besonders interessant.

Instacart verspricht auf seiner Website in Großbuchstaben »Lebensmittellieferung innerhalb einer Stunde«, doch nach seinen Geschäftsbedingungen ist Instacart kein Lieferdienst:

Instacart ist eine Kommunikationsplattform, um die Kontaktaufnahme zwischen Menschen, die Nahrungsmittel und Getränke sowie andere Artikel (»Haushaltseinkäufe«) aus ausgewählten Läden bestellen möchten (»Kunden«), und Menschen zu erleichtern, die den Kunden helfen wollen, indem sie diese Haushaltseinkäufe im Namen der Kunden, die den Kauf der entsprechenden Lebensmittel autorisiert haben, tätigen und sie liefern.

Instacart wurde 2012 gegründet. Der unverzichtbare Gründungsmythos klingt eher nüchtern als inspirierend: Der 27-jährige Apoorva Mehta hatte zwei Jahre als Ingenieur bei Amazon gearbeitet. »Ich hatte das Problem, dass mein Kühlschrank immer leer war und mir die Motivation und die Energie fehlten, um in einen Laden zu gehen.« Und bei den meisten Lebensmittellieferdiensten musste er seine Bestellung Stunden vorher abgeben.[21]

Instacart hat bereits über eine Viertelmilliarde Dollar von den großen Namen der Wagniskapitalbranche wie Andreessen Horowitz und Sequoia Capital erhalten. Anfangs funktionierte es nach dem typischen Modell der Sharing Economy: Den Kunden wurden Gebühren für die Lieferung berechnet und ein Preisaufschlag, davon wurde der persönliche Einkäufer bezahlt, und ein Teil ging an das Unternehmen. Aber 2014 warf es noch den letzten Anschein von Peer-to-Peer-Austausch über Bord und ging eine Partnerschaft mit Lebensmittelgeschäften ein, die eine Gebühr an Instacart entrichten, damit die Einkäufe bei ihnen getätigt werden.[22] So wie eBay zu einem Schaufenster für große Einzelhändler geworden ist, ist Instacart auf dem Weg, große Fast-Food-Ketten und Einzelhändler mit Kunden zu versorgen: Es gibt den Kunden sogar die Möglichkeit, den Einzelhändlern persönliche Daten und ihre Einkaufshistorie mitzuteilen.[23]

Wie Anthony Walker bei Homejoy wird auch den Einkäufern von Instacart versprochen, dass sie »bis zu 25 Dollar pro Stunde« verdienen könnten, aber die entscheidenden Worte sind »bis zu«. Der Reporter Joseph Erbentraut hat mit mehreren Einkäufern gesprochen, die sagten, »ihr geringster Stundenlohn seien 10 Dollar gewesen und auch der typische Stundenlohn bewege sich in dieser Größenordnung«.

»Es ist wirklich ein merkwürdiger Job, und viele Wochen sitzt du einfach im Auto, wartest auf Bestellungen und hoffst, dass etwas reinkommt, weil du fürs Warten nicht bezahlt wirst«, erzählte ein Einkäufer, ein 24-Jähriger in Chicago, der das College abgebrochen hatte, der *Huffington Post* in einem Interview. »Aber mit dem Job kann ich das Benzin für mein Auto bezahlen. Ich habe einen Job, für den ich Benzin brauche und der gerade so viel einbringt, dass es dafür reicht. Es ist, als würde ich meine Haare verkaufen, damit ich mir eine Haarbürste leisten kann.«[24]

Vielleicht sollte sich der Einkäufer von dem Ökonomen Tyler Cowen ermutigen lassen, der fröhlich behauptet hat (ohne den geringsten Beweis zu zitieren): »Ich würde nicht sagen, dass alle Leute mit der Lieferung von Lebensmitteln zu Millionären werden, aber könnte jemand, der nicht studiert hat, jedoch klug und verantwortungsbewusst ist, damit seinen Lebensunterhalt verdienen und diesen Jobs vielleicht mit anderen Jobs kombinieren? Eindeutig ja.«[25]

Postmates ist ein Konkurrent von Instacart, liefert allerdings eher Fertiggerichte als Lebensmittel. Das Unternehmen wurde ebenfalls 2012 gegründet. Es dauerte 116 Wochen, bis die erste halbe Million Lieferungen erreicht war, bis zur nächsten halben Million vergingen nur noch 20 Wochen und 10 Wochen bis zur dritten halben Million.[26] Wie Instacart begann auch Postmates ganz nach dem Modell der Sharing Economy damit, dass es die Kunden zahlen ließ, die Lieferanten entlohnte und 20 Prozent einbehielt. Ebenfalls wie Instacart hat es ein Partnerprogramm integriert, bei dem bestimmte Unternehmen Postmates für die Abwicklung der Lieferung bezahlen; Partner sind derzeit Whole Foods, Starbucks, Apple, McDonald's und Chipotle. Auf die Frage, wie es mit Sicherheit, Gehalt und Nebenleistungen für die Arbeitskräfte aussehe, sagte der CEO von Postmates:»Wir sprechen über einen speziellen Bereich des Arbeitsmarkts. Wir denken, dass Postmates die besten Teilzeitjobs in Amerika bietet. Es ist ein Zusatzeinkommen.«[27] Er sagte nicht, ob die Teilzeitarbeiter auch so denken.

Das Segment der Lieferungen auf Abruf innerhalb der Sharing Economy ist zu einer»Concierge Economy« geworden,»in der Fronarbeiter Dinge zu den Reichen bringen«[28]. Die Bandbreite der Dienstleistungen auf Abruf, die in San Francisco und New York zur Verfügung stehen, ist zu einer Karikatur der Branche geworden. Magic wirbt damit, »schicke eine SMS an diese Nummer, und du bekommst, was du willst, ganz ohne Umstände«. Alfred bietet einen Butler auf Abruf. Dufl ist »ein persönlicher Diener, der Geschäftsreisen erleichtert, indem er dein Business-Outfit liefert, reinigt und aufbewahrt«. Und es gibt noch viele andere in der»Dienstleistungsblase«, wie Umair Haque dieses Phänomen nennt.[29]

Alle Versprechen von Gemeinschaftlichkeit und Verbundenheit sind auf der Strecke geblieben, genau wie Ideen von Nachhaltigkeit und Konsumkritik, seit die Wagniskapitalgeber sich um die wachsende Population der immer anspruchsvolleren Konsumenten reißen, um ihnen im Rahmen der Sharing Economy ein reibungsloses, hermetisch abgeschottetes Einkaufserlebnis zu bieten.

6 FREMDE VERTRAUEN FREMDEN

U nternehmen der Sharing Economy sprechen gern über Vertrauen: Sie behaupten, wir könnten Vertrauen in den Austausch zwischen Fremden haben, den sie organisieren, weil es, wie Brian Chesky sagt, »solche magischen Dinge wie Bewertungssysteme« gibt.[1] Manche gehen sogar so weit, die Bewertungssysteme als die zentrale Innovation der Sharing Economy zu bezeichnen. Thomas Friedman, Kolumnist bei der *New York Times*, preist die »reale Innovation von Airbnb – eine Plattform des ›Vertrauens‹ –, wo jeder nicht nur die Identität eines jeden anderen sehen, sondern die anderen auch als gute, schlechte oder neutrale Gastgeber oder Gäste bewerten kann. Das bedeutet, dass jeder, der das System benutzt, ziemlich bald einen aussagekräftigen ›Ruf‹ erwirbt, der für jeden in dem System sichtbar ist.«[2] Friedman schrieb das kaum drei Wochen, nachdem sein Kollege bei der *New York Times* David Brooks einen Beitrag mit der Überschrift »Wie Airbnb und Lyft die Amerikaner schließlich dazu brachten, einander zu vertrauen« veröffentlicht hatte. Darin hieß es unter anderem: »Unternehmen wie Airbnb stellen Vertrauen durch Rating-Verfahren her ... Menschen in der Airbnb-Ökonomie haben nicht die Möglichkeit, auf der Grundlage institutioneller Verbindungen Vertrauen zueinander zu fassen, deshalb machen sie es auf der Grundlage von Online-Hinweisen und Peer-Bewertungen.«[3]

Unternehmen der Sharing Economy sind nicht die Ersten, die Bewertungen und Algorithmen nutzen, um Verhalten zu steuern. Genau wie sie ihre Geschäftsmodelle aus bekannten Ideen wie Open Source,

Open Content und Open Data schöpfen, bauen ihre Vertrauenssysteme auf den Rating- und Empfehlungsverfahren auf, die Amazon, Netflix, eBay, Yelp, TripAdvisor, iTunes, der AppStore und viele andere verwenden. Sie alle nehmen individuelle Bewertungen als Input und machen daraus Empfehlungen. Weil Bewertungssysteme so allgegenwärtig sind, ist man in der Welt der Software-Entwicklung fest von ihrem Nutzen überzeugt.

Die Sharing Economy ist ganz vorne dabei, wenn es darum geht, die »algorithmische Regulierung« voranzutreiben, bei der Regeln zum Schutz von Konsumenten durch Bewertungen und Software-Algorithmen ersetzt werden. Der Juraprofessor Lior Strahilevitz begeistert sich: »Stellen Sie sich vor, wenn jeder Klempner, jedes Handwerkserzeugnis, jeder Handy-Provider, jedes Wohnungsbauunternehmen, jeder Professor, Friseur, Buchhalter, Rechtsanwalt, jeder professionelle Golfspieler und jeder Taxifahrer bewertet würde ... In einer solchen Welt bräuchten wir viel weniger regulatorische Kontrolle und rechtliche Instrumente, weil die Konsumenten Fehlverhalten selbst ahnden würden.«[4] Unsere Online-Historie wird wichtiger als unsere Kredit-Historie.[5]

Wie bei so vielen anderen Aspekten der Sharing Economy sind auch hier Airbnb und Uber die Vorreiter. Brian Chesky, der CEO von Airbnb, bringt die Zuversicht seines Unternehmens zum Ausdruck, wenn er über Regeln in den einzelnen Städten sagt, »sie dienen primär der Kontrolle. Sie sollen die Kunden schützen. Nun, es zeigt sich einfach, dass Städte nicht so gut kontrollieren können wie Technologien. Unternehmen haben solche magischen Dinge wie Bewertungssysteme ... Wir denken, der Staat sollte nur das Mittel letzter Wahl sein.«[6] Ubers CEO Travis Kalanick formuliert seine Verachtung für Regulierung im alten Stil noch schärfer. Für ihn ist das nur ein Weg, etablierte Interessen zu bedienen:»In jeder Stadt, in die wir gehen, machen die Regulatoren irgendwann etwas, um uns daran zu hindern, dass wir unser Geschäft etablieren und ausbauen.«[7]

Doch das Versprechen der Bewertungssysteme ist eine Illusion.

Das pauschale Gerede über Vertrauen lässt unberücksichtigt, dass die meisten Vorschriften existieren, um Dinge zu kontrollieren, die der Kunde nicht selbst erkennen kann. Die meisten Touristen können nicht einschätzen, ob ihre Unterkünfte bei einem Brand wirklich sicher sind; Gäste in einem Restaurant wissen nicht, ob die Küche richtig mit den Lebensmitteln umgeht; wer ein Taxi nimmt, weiß nicht, ob die Bremsen des Fahrzeugs in gutem Zustand sind – die meisten Kunden werden all das nie erfahren. Bewertungen können diese Probleme nicht lösen, und schon deshalb ist die Regulierung durch Algorithmen ein Rohrkrepierer.

Bewertungssysteme sind auch das falsche Instrument, wenn es um extreme Vertrauensbrüche geht. Eine körperliche Attacke, Betrug oder Diebstahl kann man nicht mit einem schlechten Rating ahnden, da ist eine Entschädigung oder vielleicht sogar Strafverfolgung nötig. Wie sich gezeigt hat, sind Unternehmen der Sharing Economy auf solche Fälle schlecht vorbereitet. Kürzlich gab es einen besonders krassen Fall in Spanien: Ein 19-Jähriger, der über Airbnb ein Zimmer gebucht hatte, wurde von seinem Gastgeber sexuell belästigt. Er schrieb seiner Mutter in den USA eine SMS, dass sein Gastgeber ihn in der Wohnung eingeschlossen habe, in der er »Gast« sei. Die Mutter wandte sich an Airbnb und wurde dort beschieden, man könne nichts tun, sie solle die Polizei einschalten.[8] Wenn es hart auf hart kommt, behauptet Airbnb, nicht verantwortlich zu sein für das, was während der Besuche passiert, die über seine Plattform vereinbart werden, und Bewertungssysteme helfen bei solchen seltenen, aber extremen Formen eines Vertrauensbruchs nicht.

Letztlich können Bewertungssysteme nur ein relativ schmales Spektrum von Problemen abdecken: Sauberkeit, Pünktlichkeit, Freundlichkeit und Ähnliches. Und selbst da versagen sie bei ihrer Grundaufgabe, zwischen Gut und Schlecht zu unterscheiden. Das Versagen hat man dadurch kaschiert, dass immer wieder neue Begründungen für die Systeme erfunden werden. Bewertungssysteme dienen als Fassade für zentralisierte Formen der Disziplinierung durch das Management, das niemandem verantwortlich ist, und ein auf Sterne fixierter öffentlicher

Diskurs konzentriert sich ganz auf die »magische« Seite all dieser mühelosen Klicks und Algorithmen.

Technologie-Fans missverstehen regelmäßig, was wir tun, wenn wir uns gegenseitig bewerten, und in der Folge untergraben die Bewertungssysteme genau die persönlichen Beziehungen, die den Unternehmen der Sharing Economy angeblich so viel bedeuten.

VERTRAUEN SIGNALISIEREN[9]

Vertrauen ist ein Wort mit vielen Konnotationen. Beginnen wir also damit, zu klären, mit welchen Arten von Vertrauen wir es in der Sharing Economy zu tun haben.

Stellen wir uns einmal vor, Jill müsse entscheiden, ob sie einem Fremden namens Jack einen Kredit geben will; wenn Jill ihm den Kredit gibt, muss Jack entscheiden, ob er ihn zurückzahlt. Wir sagen, Jill *vertraut* Jack, wenn sie erwartet, dass er ihr das Geld zurückzahlt, und wir sagen, Jack ist *vertrauenswürdig*, wenn er zur Rückzahlung bereit ist.

Vertrauenswürdigkeit ist keine Eigenschaft wie Augenfarbe oder Körpergröße, die direkt zu sehen ist. Stattdessen muss Jill auf Signale achten, die für Vertrauenswürdigkeit sprechen (ein fester Händedruck? früheres Verhalten? Zugehörigkeit zu einer ähnlichen sozialen Gruppe?). Wenn sie diese Signale erkennt, muss sie entscheiden, ob sie echt sind oder ob Jack sie imitiert, um sie zu täuschen. Jack hat ebenfalls ein Problem: Selbst wenn er die unbedingte Absicht hat, den Kredit zurückzuzahlen, muss er Jill erst davon überzeugen; er muss sie überzeugen, dass er kein Schwindler ist, der die Signale von Vertrauenswürdigkeit nur nachahmt.

Ein wirkungsvolles Signal – eines, dem Jill glauben kann – muss vertrauenswürdige von nicht vertrauenswürdigen Personen unterscheiden. In ökonomischen Begriffen ausgedrückt, muss es für eine vertrauenswürdige Person leicht sein, ein solches Signal auszusenden, aber für eine nicht vertrauenswürdige Person zu kostspielig.[10] Wenn kein solches Signal zur Verfügung steht, kann Jill nicht herausfinden, ob Jack vertrauenswürdig ist oder nur Vertrauenswürdigkeit heuchelt – man spricht dann von *Pooling*. In dem Fall wird Jill Jack das Geld nicht leihen, selbst wenn er absolut vertrauenswürdig ist, weil Jill den Signalen, die Jack aussendet, nicht traut. Im realen Leben haben wir es öfter mit Wahrscheinlichkeiten zu tun als mit Gewissheiten, aber beim Problem des Vertrauens gibt es einen gleitenden Übergang von klaren Verhältnissen zu Pooling.

Im Geschäftsleben existieren viele Signal-Mechanismen, um das Problem des Vertrauens zu lösen, und manche funktionieren besser als andere. Die Zugehörigkeit zu einer Gruppe ist seit jeher ein wichtiges Signal. Die Quäker wurden in der Frühzeit des transatlantischen Handels reich, weil sie im Ruf standen, ehrliche Leute zu sein, was viele motivierte, mit ihnen Handel zu treiben. Es gibt Vorschriften (Sie können diesem Restaurant vertrauen, weil die Lebensmittelüberwachungsbehörden nichts zu beanstanden hatten), berufliche Qualifikationen (Sie können dieser Person vertrauen, dass sie Ihr Bein in Ordnung bringt, weil sie Ärztin ist; Sie können diesen Uniabsolventen einstellen, weil er sein Studium an einer guten Hochschule mit einer guten Note abgeschlossen hat), freiwillige Zertifizierungen der Industrie (Sie können darauf vertrauen, dass dieser Kaffee aus fairem Handel stammt, weil auf der Verpackung ein Fair-Trade-Siegel ist, oder diesem französischen Wein, weil er das Siegel Appellation Contrôlée trägt), unabhängige Rating-Agenturen (Sie können diesem Unternehmen vertrauen, weil es in den einschlägigen Ratings gut abschneidet), individuelle Selbstverpflichtungen von Firmen (Sie können diesem Einzelhändler vertrauen, weil er viel in seine Marke investiert hat und sich entsprechend verhalten wird) und vieles andere.

Bei der Reputation handelt es sich um eine eher informelle, gesellschaftliche, persönliche Art von Signal: Der Ruf ist das soziale Destillat dessen, was andere über einen Menschen denken. Wenn meine Nachbarin sagt,»Klempner XY bestellst du besser nicht: Er sollte mein Waschbecken reparieren, aber es ist immer noch verstopft«, dann gibt sie mir eine Information, die zu meiner Entscheidung beiträgt, ob ich

Klempner XY zutraue, dass er meinen Ausguss in Ordnung bringt. In einer Gemeinschaft, in der Mundpropaganda hoch im Kurs steht, ist es für einen guten Klempner leicht, sich einen Ruf als verlässlicher, pünktlicher, fähiger Handwerker zu erarbeiten, einfach indem er verlässlich, pünktlich und fähig ist; ein unfähiger, fauler Klempner wird es dagegen schwer haben.

In dem Sinne, wie wir den Begriff hier verwenden, betrifft der Ruf die Peer-to-Peer-Beziehung, eine informelle, dezentralisierte, gemeinschaftsbezogene Ebene, und die Anhänger der Sharing Economy behaupten, dass gerade diese Aspekte durch internetbasierte Bewertungssysteme unterstützt werden können. Airbnb und BlaBlaCar beschreiben sich übereinstimmend als »vertrauenswürdiger gemeinschaftlicher Marktplatz«; die eine Million Fahrten von Lyft zeigen »die Macht der Gemeinschaft«. Statt mündlich zu sagen, was man von Klempner XY hält, klicken wir jetzt auf einen Bewertungs-Button und geben Klempner XY nur einen Stern.

Die Reputation ist keineswegs ein perfektes Signal. In der Offline-Welt sind Aussagen über jemand anderen oft sehr persönlich (»er hat mein Waschbecken repariert und kam pünktlich, aber irgendwie war er seltsam … Ich möchte ihn einfach nicht mehr im Haus haben«), und das hat eine gute und eine schlechte Seite. Bei der Reputation durch Hörensagen können legitime, aber nicht zu verifizierende Bedenken weitergegeben werden, weil die Person, die so etwas sagt, nicht fürchten muss, öffentlich für ihre Äußerungen verantwortlich gemacht zu werden. Aber in einem solchen System ist es für Klempner XY auch schwierig, einen guten Ruf zu erwerben – egal, wie vertrauenswürdig er ist –, wenn er eine dunkle Hautfarbe hat und in einer weißen Gemeinschaft arbeitet, in der rassistische Einstellungen Tradition haben. Ebenso ist es für Klempnerin YZ schwer, ernst genommen zu werden, wenn die Gemeinschaft ein konservatives Bild von der Rolle der Frau hat. »Klüngel« und Insidergruppen privilegieren ihre Mitglieder, wenn es darum geht, sich einen guten Ruf zu erwerben.

Die Reputation ist aber nur dann wirksam, wenn die Aussagen über eine Person unparteiisch und nicht durch Kungelei oder umgekehrt Rachegelüste getrübt sind. Das Urteil vom Bruder des Klempners hat nicht dasselbe Gewicht wie das einer Person, die nicht persönlich Anteil an seinem Erfolg oder Misserfolg nimmt. Klempner XY möchte womöglich nicht, dass meine Nachbarin mir von dem Fiasko mit ihrem Waschbecken erzählt, aber gegen private Gespräche über den Gartenzaun kann er wenig unternehmen.

Die einflussreiche Autorin Rachel Botsman sagte in ihrem Auftritt bei der TED-Konferenz, in der New Economy »wird der gute Ruf Ihr wichtigster Vermögenswert sein«, andererseits ist es gefährlich, den guten Ruf als Vermögenswert zu betrachten. Märkte entstehen rund um Vermögenswerte, und diese Märkte höhlen die Unparteilichkeit aus, auf der der gute Ruf beruht. Webseiten wie reputation.com helfen gegen Geld, einen guten Ruf aufzubauen. Aber warum sollte man jemandem vertrauen, der für seinen guten Ruf bezahlt hat? Sobald wir in Verfahren investieren, die unseren Ruf verbessern sollen, leidet unser Ruf aus gesellschaftlicher Sicht. Wenn man Zeugnisse kaufen und verkaufen kann, helfen sie nicht mehr, zwischen Vertrauenswürdigkeit und Opportunismus zu unterscheiden.

In vielen Kulturen ist private Eigenwerbung gesellschaftlich nicht akzeptiert, sie erscheint als grob und selbstsüchtig. Aber in der Geschäftswelt ist sie in Form von Marketing und Markenbildung weithin gang und gäbe. Wie Alice Marwick schreibt, sind Ideen, wie man sich selbst zu einer Marke macht und für sich wirbt, im Silicon Valley schon ziemlich weit gediehen; sie gehören zu dem dort verbreiteten Glauben an den Wert des Unternehmertums[11], und Firmen der Sharing Economy haben einen Begriff für »Menschen als Unternehmen« geprägt. Die Gastgeber von Airbnb, die Fahrer von Lyft und die Alltagshelfer von TaskRabbit sind »Mikro-Unternehmer«: Die eigene Person ist das Unternehmen, der Ruf die persönliche Marke. Wenn sich die Haltung durchsetzt, dass »der gute Ruf das Kapital« ist, in das man investiert, dann wird der Ruf zu einem Maß, wie gut wir uns den Vorurteilen und Erwartungen der Kultur des Silicon Valley anpassen.

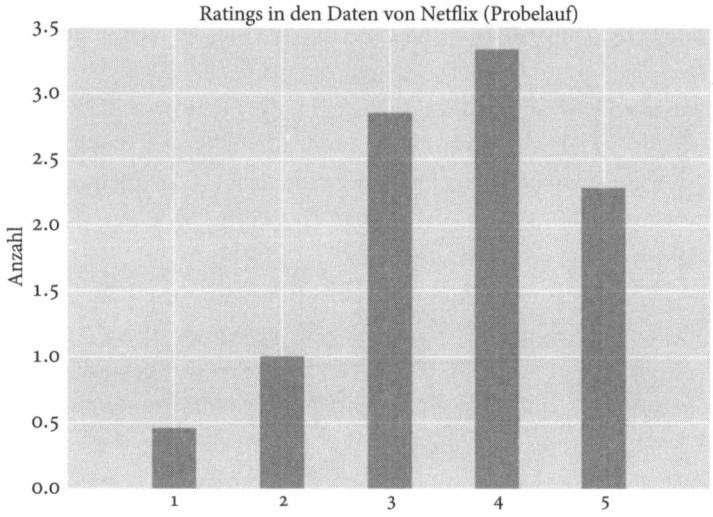

Abbildung 3. Bewertungen für den Rating-Wettbewerb von Netflix

BEWERTUNGEN DIFFERENZIEREN NICHT

Fangen wir mit den Ratings von Netflix an: den Bewertungen von Filmen und Fernsehshows durch die Kunden von Netflix. Man kann mit guten Gründen annehmen, dass die meisten Bewertungen bei Netflix unabhängig und ehrlich sind. Wenn Sie einen Film bewerten, können Sie Ihre Meinung frei äußern, denn Sie haben weder eine Belohnung noch eine Strafe für eine bestimmte Bewertung zu erwarten. Sie haben auch einen Anreiz, eine Bewertung abzugeben, die Ihrer tatsächlichen Meinung entspricht, weil Netflix Ihnen dann Filme empfehlen kann, die besser zu Ihrem Geschmack passen. Abbildung 3 zeigt die Verteilung der Bewertungen aus 100 Millionen Ratings, die Netflix im Rahmen seiner Netflix Prize Competition (eines Wettbewerbs, um den besten Bewertungs-Algorithmus zu ermitteln) veröffentlicht hat.

Die Bewertungen verteilen sich auf die vorhandenen fünf Noten mit einem Gipfel bei 3,5; eine Bewertung mit 4 oder 5 ist demnach ein ziemlich gutes Ergebnis, und anhand der Bewertungen von Netflix können

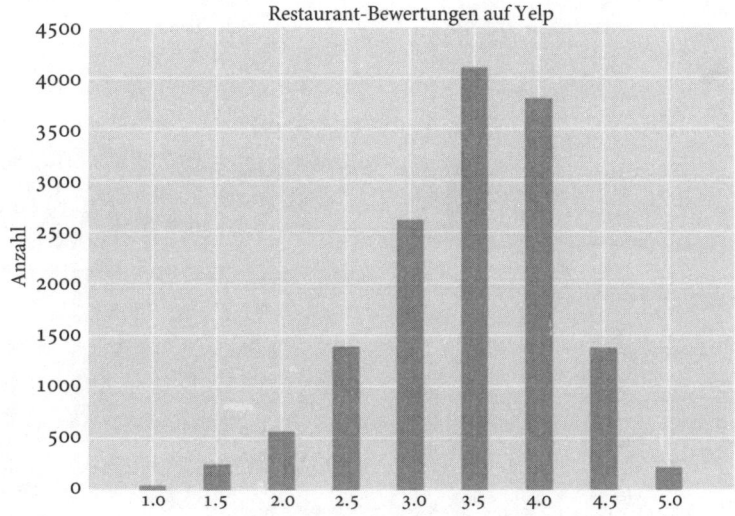

Abbildung 4. Restaurant-Bewertungen auf Yelp

wir zwischen einem miesen Film mit einem Stern und einem Lieblings-
film mit fünf Sternen unterscheiden.

Yelp ist eine Seite, auf der Restaurants und andere kleine Unternehmen bewertet werden können. Jede Bewertung stammt von einem einzelnen Kunden (wobei viele anonym bleiben). Die Unternehmen können nicht wählen, ob sie bei Yelp dabei sind oder nicht; sie werden
bewertet, ob sie wollen oder nicht. Der Anreiz für die Kunden, ihre Erfahrungen zu bewerten, ist bei Yelp nicht so offensichtlich wie bei Netflix, weil Yelp keine personalisierten Empfehlungen auf der Grundlage
der Bewertung ausspricht. Yelp setzt vielmehr auf die Idee der Gemeinschaftlichkeit als Anreiz, die Nutzer dazu zu bringen, dass sie eine Bewertung abgeben: Wer mit der App von Yelp Unternehmen bewertet,
möchte seine Bewertungen als Beitrag sehen, das jeweilige Erlebnis zu
verbessern.

Yelp hat kürzlich eigene Ratings für Analysen zur Verfügung gestellt. Abbildung 4 zeigt die Verteilung der Bewertungen von Restaurants, die den Großteil der Bewertungen auf der Seite ausmachen. Das

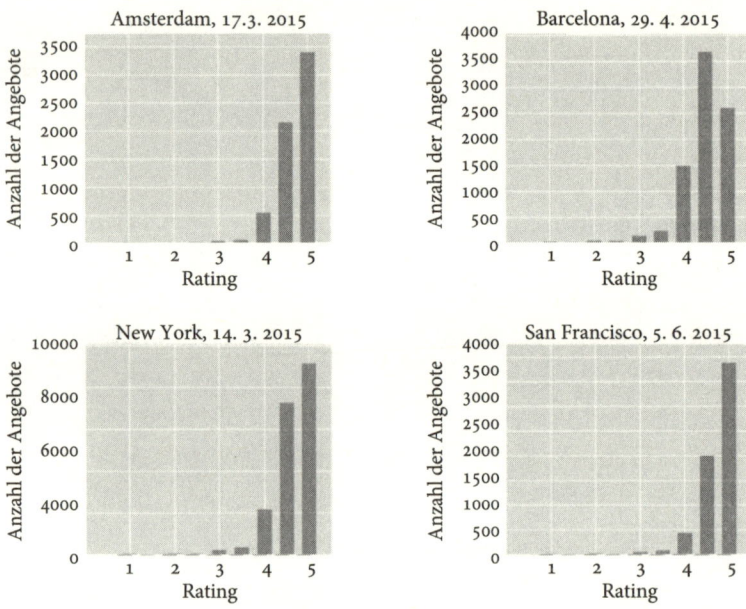

Abbildung 5. Bewertungen aus ausgewählten Städten auf Airbnb

Bild ist ähnlich wie bei Netflix, was dafür spricht, dass die Kritiker Restaurants auf ähnliche Weise bewerten wie bei Netflix Filme.

Wie steht es nun mit Bewertungen von Unternehmen der Sharing Economy? Abbildung 5 zeigt die Verteilung der Bewertungen auf Airbnb für mehrere repräsentative Städte. Diesmal sieht das Bild vollkommen anders aus: Immer ergibt sich eine »J-Kurve«, der Schwerpunkt liegt eindeutig bei den besten Bewertungen. In den Augen der Designer von Bewertungssystemen sind solche Kurven sehr problematisch: Gibt es wirklich so viel mehr hervorragende Erfahrungen mit Airbnb als exzellente Restaurants? Als Gründe für dieses Ergebnis werden im Allgemeinen Filtermechanismen angeführt (nur Kunden, die gute Erfahrungen gemacht haben, geben eine Bewertung ab) und Verzerrungseffekte (die Kunden lassen sich bei ihren Bewertungen von etwas anderem leiten als nur der tatsächlichen Erfahrung).[12]

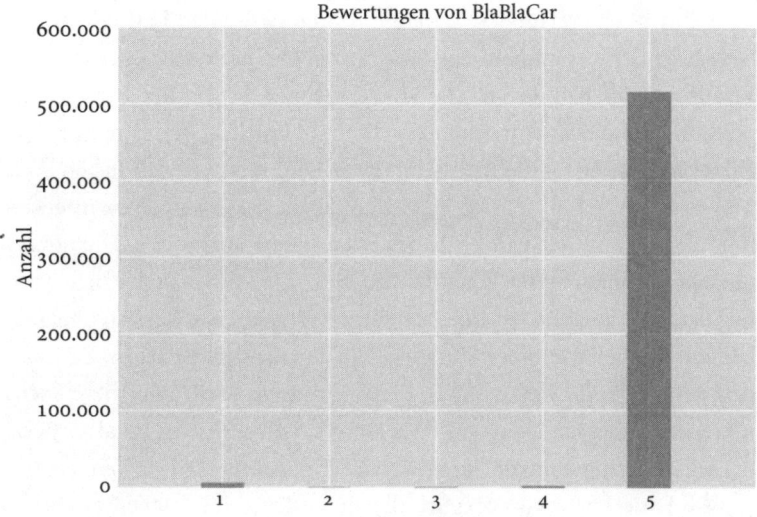

Abbildung 6. Bewertungen von BlaBlaCar

Noch spektakulärer sieht Abbildung 6 aus, die die Verteilung von mehr als einer halben Million Bewertungen zeigt, die ich auf der Website der Online-Mitfahrzentrale BlaBlaCar gesammelt habe: Mehr als 98 Prozent der Bewertungen waren fünf Sterne. Die Bewertungen der Fahrer von Uber und Lyft sind nicht öffentlich verfügbar; von beiden Plattformen weiß man, dass sie Fahrer »deaktivieren«, wenn ihre Ratings unter die Schwelle von 4,5 bis 4,7 (von fünf Sternen) fallen, deshalb müssen die meisten Bewertungen auch in diesen Fällen fünf Sterne sein. Aus Zeitungsberichten über Handy und Homejoy kann man ableiten, dass auch dort die meisten Bewertungen zwischen 4 und 5 liegen.

◆

Die Bewertungen für Unternehmen der Sharing Economy liegen üblicherweise sehr eng beieinander. Kann eine 4,9 trotzdem eine bessere Erfahrung anzeigen als eine 4,7? Alles spricht bisher dafür, dass das nicht so ist.

Selbst bei Bewertungssystemen mit breit gestreuten Ratings wie bei Netflix ist der Zusammenhang zwischen dem einzelnen Rating und der Erfahrung des Kunden unklar. Ein Ergebnis der Netflix Prize Competition war die Erkenntnis, dass die individuellen Bewertungen von Faktoren abhängen, die nichts mit dem Film selbst zu tun haben: Die Menschen neigen dazu, sich an vorhandenen Bewertungen zu orientieren, und deshalb bleiben hoch bewertete Filme auch oben. Die erfolgreichsten Konkurrenten schafften es, diese Effekte auszugleichen, aber nur in einem Umfeld, wo einzelne Filme Millionen von Bewertungen bekamen, das heißt in einer Situation, die ganz anders ist als bei der Sharing Economy. Obwohl in das Bewertungssystem von Netflix mehr Fachwissen eingeflossen ist als in jedes andere, ist Netflix davon abgerückt, bei seinen Empfehlungen ausgeklügelte Algorithmen zu verwenden.

Ein Experiment von drei Soziologen bestätigt die fragile Beziehung zwischen Qualität und Bewertung.[13] Matthew Salganick, Peter Dodds und Duncan Watts haben einen künstlichen Musikmarkt geschaffen, auf dem 14.000 Teilnehmer Songs hörten, die sie noch nie zuvor gehört hatten, sie bewerteten und die Chance bekamen, den Song herunterzuladen. Die Teilnehmer wurden in neun Gruppen aufgeteilt. Acht Gruppen bekamen eine einzige für die Bewertung relevante Information zu sehen: wie oft ein Song von den anderen in der Gruppe heruntergeladen worden war. Die neunte Gruppe bekam keine Informationen zu Downloads. Am Ende des Experiments war für die drei Soziologen klar, dass selbst diese Form der Bewertung das Verhalten beeinflusst: Die Teilnehmer neigten dazu, die Songs herunterzuladen, die auch andere schon heruntergeladen hatten. Die Bewertungen verstärkten die Ungleichheit (die Songs, die oft heruntergeladen wurden, wurden weiterhin heruntergeladen), aber in jeder Gruppe waren jeweils andere Songs besonders beliebt, was zeigt, dass die Bewertung nach Zahl der Downloads kein verlässlicher Anhaltspunkt für Qualität ist.»Die besten Songs haben selten wirklich schlecht abgeschnitten, und die schlechtesten selten wirklich gut, aber dazwischen war jedes Ergebnis möglich.« Im Kontext der Sharing Economy heißt das, dass frühe Bewertungen spä-

tere beeinflussen: Eine schlechte Bewertung am Anfang kann mehr Aus-
wirkungen auf den Ruf haben als spätere Bewertungen. Wenn die Bewertungen nahe beieinanderliegen, leidet die Aussage-
kraft noch mehr. Ein aktuelles Diskussionspapier über Unterkünfte, die
sowohl bei Airbnb wie bei TripAdvisor angeboten wurden, kam zu dem
Schluss:»Insgesamt zeigen die Bewertungen bei Airbnb und bei Trip-
Advisor wenig Übereinstimmungen. Die Ratings auf TripAdvisor und
Airbnb korrelieren nur schwach, die relativen Einstufungen von Unterkünften auf beiden Websites variieren erheblich.«[14] Das Papier ist eine
detaillierte und sorgfältige Analyse und kommt zu demselben Ergebnis
über Ratings in der Sharing Economy wie Kat Kane, eine regelmäßige
Nutzerin von Uber und Lyft, im Magazin *Wired*. Sie räumte ein, dass sie
nach Fahrten, bei denen sie die Zähne zusammenbeißen musste, trotzdem fünf Sterne vergeben habe. Ihr Urteil zeigt, dass Bewertungen keinen Anhaltspunkt für die Qualität liefern:»Ich bin mit Fahrern gefahren, die 4,7 Sterne hatten, weiße Handschuhe trugen und mir die
Beifahrertür aufhielten, und mit Fahrern, die 4,7 Sterne hatten, aber bei
jedem Fahrtest durchgefallen wären.«[15]

Diese Studien bestätigen, dass Bewertungssysteme bei ihrer grundlegenden Aufgabe versagen, qualitativ hochwertige, vertrauenswürdige
Angebote von minderwertigen, dubiosen Angeboten zu unterscheiden.
Nichts spricht dafür, dass ein Uber-Fahrer oder eine Reinigungskraft
von Handy mit 4,9 Sternen besser ist als jemand mit 4,6 Sternen. Die Bewertungssysteme der Sharing Economy funktionieren nicht. Die verbreitete Vorstellung, dass man sich in Situationen, in denen schlechtes
Verhalten schwerwiegende Konsequenzen haben kann, auf Bewertungen verlassen kann, ist schlichtweg magisches Denken: Die Menschen,
die solche Systeme ersonnen haben, sind so von der Eleganz der Software fasziniert, dass sie glauben, sie werde funktionieren, und zu vielen
Journalisten hat die Ankündigung von etwas ganz Neuartigem das Ge-
hirn vernebelt.

Bewertungssysteme sind kein Ersatz für Vorschriften. Sie sind aber
ein Ersatz für das Management einer Firma, und noch dazu ein schlech-

tes. Ein Bewertungssystem ist ein Boss aus der Hölle: ein unberechenbarer, übellauniger und nicht verantwortlicher Manager, der Mitarbeiter nach Belieben feuern kann, jederzeit, nach Lust und Laune, ohne dass sie sich dagegen wehren können.

◆

Eine Verteilung von Bewertungen in Form einer J-Kurve wie bei den Unternehmen der Sharing Economy zeigt sich immer dann, wenn Menschen sich gegenseitig bewerten. Das mit Abstand am besten untersuchte Ratingmodell, in dem Kunden und Dienstleister sich gegenseitig bewerten, ist das von eBay; dazu gibt es viele Studien. In den Anfangsjahren bewerteten sich Käufer und Verkäufer anhand einer einfachen Skala mit positiv, neutral oder negativ, und jeder konnte sehen, wie der Gegenpart ihn bewertet hatte. In einigen Untersuchungen waren nicht weniger als 99 Prozent aller Ratings auf eBay positiv, und die Forscher vermuten, dass diese extreme J-Kurve ein Ausdruck einer Verzerrung ist. Ein Beispiel:

> Die Tatsache, dass von 742.829 eBay-Nutzern …, die zumindest ein Feedback erhielten, 67 Prozent zu 100 Prozent positiv bewertet wurden und 80,5 Prozent zu mehr als 99 Prozent positiv, spricht sehr für eine Verzerrung.

Eine frühe Erklärung für die Verzerrung beim System von eBay war die Angst vor Vergeltung: Wenn du eine schlechte Bewertung abgibst und dein Gegenüber sich rächt, indem es dich auch schlecht bewertet, dann schadet das deinem guten Ruf. Warum sollte man dieses Risiko eingehen? EBay hat zahlreiche Versuche unternommen, die Angst vor Vergeltung zu beseitigen (zum Beispiel indem Verkäufer die Käufer nicht bewerten durften), um das Klima auf dem Marktplatz insgesamt zu verbessern, aber nach wie vor ist der Anteil guter Bewertungen sehr hoch. Hinter den guten Bewertungen steckt mehr als nur Furcht.

Yelp ist in erster Linie ein Bewertungsportal für Restaurants, deckt

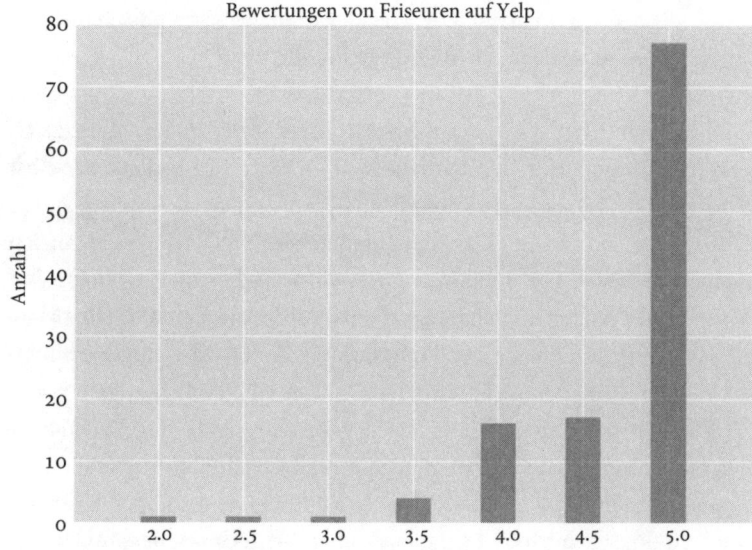

Abbildung 7. Die Verteilung der Bewertungen von Friseuren auf Yelp

aber auch andere Kleinunternehmen ab. Abbildung 7 zeigt die Bewertung von Friseuren. Obwohl hier die Furcht vor Vergeltung keine Rolle spielt, ergibt sich ebenfalls die vertraute J-Kurve. Einige Kommentatoren haben gesagt, dies hänge damit zusammen, dass uns die Regeln der allgemeinen Höflichkeit zögern lassen, andere Menschen öffentlich zu kritisieren, insbesondere wenn die Beziehung über längere Zeit besteht. Wir werden uns eher verhalten wie Jeff Bercovici von *Forbes* bei der Bewertung seines Uber-Fahrers:

Ich fuhr mit einem Auto, das genauso schmutzig war und muffig roch wie ein typisches gelbes Taxi. Der Fahrer war freundlich und kannte den Weg, aber er entsprach eindeutig nicht Ubers Standard, wonach die Limousinen für den Dienst UberX in »exzellentem Zustand« sein sollen. Weil das Feedback der Kunden wichtig ist, »um eine qualitativ hochwertige Erfahrung zu gewährleisten«, wie Uber sagt, habe ich dem Fahrer, als ich meine Fahrt bewerten sollte, nur drei von fünf Sternen gegeben.

129

Nein, das war nur ein Scherz. Ich habe ihm natürlich fünf Sterne gegeben. Denken Sie denn, ich bin ein Psychopath?[16]

Eine Höflichkeitsregel wird auf Markttransaktionen angewendet. Nach dem Abschluss vieler Geschäfte ist es üblich, sich zu bedanken: Selbst auf dem Display des Getränkeautomaten an meinem Arbeitsplatz erscheint der Schriftzug »Danke, genießen Sie Ihr Getränk«, wenn ich meinen Kaffeebecher volllaufen lasse. Gästebücher in Pensionen und Museen sind voller höflicher, anerkennender Kommentare. Die positive Bewertung am Ende einer Transaktion auf eBay ist weniger ein (ehrliches oder unehrliches) Urteil, sondern eher eine Höflichkeitsfloskel. Für den persönlichen Austausch gelten strengere Regeln. Wir äußern uns ohne Skrupel Dritten gegenüber kritisch über unpersönliche Transaktionen auf dem Markt (niemand findet es unhöflich zu sagen, »dieser Film hat mir nicht gefallen«), aber wenn es um persönliche Beziehungen geht, ist es unhöflich, jemanden öffentlich schlechtzumachen, ohne dass man zumindest versucht hat, das Problem erst privat zu lösen. »Keine schmutzige Wäsche waschen« und »wenn du nichts Gutes zu sagen hast, sag lieber gar nichts« sind zwei Formulierungen, in denen sich diese Norm ausdrückt, aber es gibt noch andere. Manager sollen »öffentlich loben, privat kritisieren«: Wer sich anders verhält, stellt Menschen bloß, und das führt zur Reaktion »kämpfen oder fliehen«. Wenn eine Gruppe Schwierigkeiten hat, gilt das Gebot, dass man kein Spalter und keine Ratte sein, nicht tratschen und nicht petzen soll.

Bewertungssysteme vermitteln ein rosiges Bild der Sharing Economy als idyllischer Ort, an dem alle netter sind als üblich, weil über schlechte Erfahrungen zu selten berichtet wird. Eine Untersuchung zum Bewertungssystem von eBay hat gezeigt, dass ungefähr bei jeder fünften Transaktion jemand unzufrieden war, die Menschen aber der Maxime folgten, »wenn du nichts Gutes zu sagen hast, sag gar nichts«. So wie wir bei unseren Geschäften in der Offline-Welt seufzen und weitermachen, geben Kunden von eBay keine schlechte Bewertung ab, sondern gar keine.[17] Wenn auf einer Website eine überwältigende Zahl von positiven Bewertungen zu finden ist, entsteht eine Atmosphäre, in der Kunden gerne buchen, und Menschen, die gewöhnt sind, bei Amazon oder Netflix einzukaufen, fühlen sich heimisch.

Zum Glück für die Unternehmen der Sharing Economy ist es nicht immer so gefährlich, Fremden zu vertrauen, wie der Hype darum suggeriert, das wissen wir auch aus unserem täglichen Leben. *Wired* mag eine Geschichte mit dem Titel versehen: »Wie Airbnb und Lyft schließlich die Amerikaner dazu brachten, einander zu vertrauen«, aber die Wahrheit ist, dass Amerikaner genau wie andere Nationen einander seit Jahrhunderten vertrauen.

Vertrauen ist nur dann ein Problem, wenn es einen echten Anreiz gibt, sich schlecht zu verhalten; deshalb vertrauen wir Fremden in der Regel. Wenn wir uns verirrt haben, fragen wir Fremde nach dem Weg und trauen ihrer Antwort – warum sollten sie uns anlügen? Wenn ich auf Wikipedia nachschaue, wann Heinrich IV. gestorben ist, verlasse ich mich auf die Angabe, die ich dort finde – warum sollte mir jemand etwas Falsches sagen?

Selbst wenn eine Chance besteht, andere zu übervorteilen, verhalten sich die meisten Menschen die meiste Zeit über anständig. Verkäuferinnen geben uns das korrekte Wechselgeld heraus. Menschen kaufen und verkaufen über Craigslist, Kijiji und über Anzeigenseiten, ohne dass ein Bewertungssystem ihnen hilft. Jahrzehntelang trampten Menschen, und meistens passierte nichts.

Überschriften, die Verwunderung ausdrücken, dass jemand »einen Fremden ins Haus lässt«, schlagen einen übertrieben dramatischen Ton an: Wir lassen regelmäßig Klempner, Heizungsmonteure, Reinigungskräfte und andere Dienstleister in unsere Häuser und Wohnungen; Taxifahrer lassen andauernd Fremde in ihre Autos einsteigen, und wir lassen uns von fremden Taxifahrern chauffieren. Wenn einmal etwas nicht so klappt, wie wir es uns vorgestellt haben, seufzen wir und machen weiter. Wenn die Verkäuferin unfreundlich ist, der Klempner zu spät kommt, der Busfahrer ruckartig bremst und anfährt – im großen Ganzen spielt es keine Rolle.

(Nebenbei bemerkt: 1981 flog ich als naiver 21-Jähriger von Großbritannien nach Kanada – mein erster Flug überhaupt. Von dort wollte ich nach New York fliegen und mit dem Bus bis Buffalo fahren. Im Flugzeug kam ich mit einem anderen jungen Mann ins Gespräch, der mich einlud, bei ihm und seiner Mutter in Queens zu übernachten. Am nächsten Tag gaben sie mir noch ein Lunchpaket mit auf den Weg. Was für ein wunderbarer Empfang auf einem neuen Kontinent!)

Ich bin ein weißer Mann mittleren Alters, und nicht für alle Menschen sind die Dinge so rosig wie für mich. Sowohl bei Transaktionen in der Sharing Economy wie in unseren Kontakten mit Fremden geht manches schief, und aus allen Branchen gibt es einzelne Beispiele von extremen Vertrauensbrüchen. Aber Bewertungssysteme sind die falschen Instrumente, um mit gelegentlichen Vertrauensbrüchen umzugehen, weil ihre Ratings auf der Kumulierung von Feedback über die Jahre hinweg beruhen. Wenn etwas einmal richtig schiefgeht, wollen die Kunden keine Drei-Sterne-Bewertung abgeben, sondern sie wollen einen direkten Draht zu dem Unternehmen, und das funktioniert zu oft nicht: Uber hatte einige Zeit ein F (die schlechteste Bewertung) der Verbraucherschutzorganisation Better Business Bureau, hauptsächlich weil es regelmäßig nicht auf Beschwerden von Kunden reagierte.[18]

Airbnb sah sich gezwungen, eine Sicherheitsabteilung einzurichten, nachdem Gäste im Juni 2011 die Wohnung der Gastgeberin EJ in San Francisco verwüstet, ihren Schmuck, eine Festplatte, Pass und Kreditkarten gestohlen hatten.[19] Bis heute gibt es immer wieder Skandale rund um Airbnb, manche machen Schlagzeilen wie: »Prostituierte nutzen Airbnb-Wohnungen als Bordelle«[20], »Mieter, die eine Airbnb-Wohnung in Calgary verwüsteten, organisierten Party mit gefälschten Kreditkarten«[21], »Airbnb-Gastgeberin fühlt sich zutiefst verletzt, nachdem männliche Prostituierte in ihrer Wohnung ihre Dienste anboten«[22], »Albtraum-Gast in Palm Springs weigert sich, über Airbnb gemietete Wohnung zu verlassen«, und noch ernster: »Besitzer einer Airbnb-Wohnung verhaftet wegen Vergewaltigung amerikanischer Touristinnen«, und so weiter. Vor solchen Vorfällen kann ein Bewertungssystem nicht schützen. Allerdings, das sei fairerweise gesagt, enthielten in einem Fall die sehr positiven Bewertungen für Gäste, die in der gemieteten Wohnung Prostitution betrieben, den rätselhaften, aber aufschlussreichen Kommentar:»Es war sehr schwierig, die Ölflecken wieder zu entfernen.« Neugierige finden eine große Sammlung von im Allgemeinen weniger dramatischen (und weniger gut belegten) Fällen unter http://www.airbnbhell.com.

Bei Uber gab es mehr spektakuläre Skandale als bei Airbnb: tätliche Angriffe (von Fahrern auf Passagiere und umgekehrt), Drohungen, gehackte Nutzer-Konten und Unfälle.

Die Unternehmen reagieren auf solche Vorfälle immer gleich und betonen, dass sie selten sind. Aber auch seltene Vorfälle können Gewohnheiten auf Dauer verändern. Beispielsweise gingen in den 1990er-Jahren die Tramperzahlen in Großbritannien stark zurück, nachdem zwei Mordfälle viel Staub aufgewirbelt hatten, obwohl die Gefahr für den einzelnen Tramper oder die Tramperin weiterhin sehr gering war.[23] In Neu-Delhi wurde Uber verboten, nachdem eine Inderin den indischen Ableger des Unternehmens verklagte, weil ihr Fahrer sie vergewaltigt hatte. Das Verbot wurde damit begründet, Uber sei nicht in der Lage, seine Fahrer angemessen zu überprüfen.

Manchmal passieren auch in Hotelzimmern und Taxis schreckliche Dinge, aber es gibt Mechanismen, die Hotels und Taxiunternehmen für solche Vorfälle zur Verantwortung zu ziehen, und durch diese Mechanismen kann sich im Lauf der Zeit die Sicherheit verbessern. Plattformen der Sharing Economy verstecken sich hinter den Formulierungen ihrer Allgemeinen Geschäftsbedingungen und behaupten, sie seien für so etwas nicht haftbar zu machen. Medienberichte sind oft der einzige Weg, wie man sie zwingen kann, überhaupt etwas zu unternehmen.

Fehlende Kommentare sind weiterhin ein Stachel im Fleisch der Unternehmen und der Designer von Bewertungssystemen. Im Juli 2014 versuchte Airbnb, die Nutzer der Website zu mehr kritischen Kommentaren zu animieren, indem es Bewertungen so lange zurückhielt, bis beide Beteiligte einer Transaktion ihre jeweilige Bewertung abgegeben hatten. Weder das Unternehmen noch Forscher, die Zugang zu seinen Daten hatten, haben sich bisher dazu geäußert, ob der Versuch erfolgreich war.

In einem anderen Experiment arbeiten Angestellte von Airbnb mit externen Wissenschaftlern zusammen und testen, ob es die Zahl der kritischen Kommentare beeinflusst, wenn die Abgabe einer Bewertung belohnt wird.[24] Daneben versucht man auch, aus den abgegebenen Bewertungen kritische Informationen herauszuziehen. Airbnb lässt eine Sprachverarbeitungssoftware kritische Formulierungen aus Bewertungen extrahieren.[25] Forscher haben gezeigt, dass man einen wesentlich wirksameren Maßstab für die Qualität eines Verkäufers bekommt, wenn man mit berücksichtigt, wie viele Transaktionen nicht bewertet wurden.[26] Aber solche Ansätze bergen ein Problem: Wenn bekannt wird, dass die Systeme fehlende Bewertungen oder passiv-aggressive Kommentare aufzeichnen (die dadurch automatisch zu einer schlechten Bewertung führen), könnte sich das Verhalten der Nutzer ändern, weil sie verhindern wollen, dass sie im Gegenzug ebenfalls gar nicht oder negativ bewertet werden.

ÜBERWACHUNG DURCH BEWERTUNGEN

Trotz aller Schwächen erfüllen Bewertungssysteme eine nützliche Aufgabe bei Transaktionen der Sharing Economy. Die herrschende Lehrmeinung zu Bewertungssystemen besagt, dass kritische Bewertungen anderen Interessierten Informationen geben. Aber wir haben gesehen, dass die Anzahl der Sterne wenig über die Qualität aussagt. Kritische Bewertungen dienen eher als Beschwerde bei den obersten Verantwortlichen (dem betreffenden Unternehmen der Sharing Economy).

Ein Bewertungssystem ist nützlich, um die Dienstleister zu disziplinieren. Die meisten Menschen geben gute Bewertungen, außer ihre Erfahrungen waren sehr schlecht. Doch eine kleine Gruppe von Kunden findet Vergnügen daran, kritische Bewertungen zu erteilen, und diese Gruppe kann einen großen Einfluss ausüben. Der Rückgang von 4,6 auf 4,5 bei der Bewertung eines Fahrers von Uber ist nicht mit dem gleichen

Rückgang bei der Bewertung eines Films auf Netflix zu vergleichen. Die Einschätzung des Fahrers durch die anderen Kunden wird sich dadurch praktisch nicht verändern. Eine schlechte Bewertung ist in erster Linie eine Beschwerde bei Uber, das sein eigenes, undurchsichtiges Disziplinierungssystem hat und Fahrer aus jedem beliebigen Grund von der Plattform verbannen kann. Die Drohung einer schlechten Bewertung ist wie eine Falltür, die sich jederzeit vor dem Fahrer öffnen kann. In den Diskussionsforen von Uber-Fahrern ist Angst vor gelegentlichen schlechten Bewertungen ein Dauerthema. Wie kam es dazu? Kann man dagegen vorgehen? (Nein.) Wie kann man so etwas verhindern? Die Fahrer müssen sich ständig Sorgen über den einen von zehn Kunden machen, der sich beschweren wird, weil ihm kein Mineralwasser angeboten wurde oder weil der Fahrer zu freundlich war oder nicht freundlich genug.

Die Unternehmen der Sharing Economy stellen die Situation anders dar. Demnach fordern ihre Ratingsysteme die Menschen auf, »ehrlich« zu sein, wenn sie Dienstleister bewerten, und Kritik zu üben, wenn Leistungen nicht ihren Erwartungen entsprochen haben.

Yelp nennt ein Beispiel, wie sich der Wunsch nach Ehrlichkeit auswirkt. Yelp wählt aus, welche Bewertungen auf seine Seite kommen, und bezieht in seine Ratings nur vertrauenswürdige Bewertungen ein. Bei der Auswahl haben Personen mit einer starken Verbindung zu Yelp Priorität (die »Elitemannschaft«); diejenigen, die eine starke Verbindung zu dem Dienstleister haben, werden eher nicht berücksichtigt (weil Yelp das als eine Quelle für Verzerrungen ansieht).

Yelp fördert eine Norm für alle Markttransaktionen, aber für viele Restaurantbesitzer ist der persönliche Service wichtiger als anderes. Ist eine schlechte Bewertung ein »ehrliches Rating« oder ist es »Schlechtmachen im Vorübergehen«? Tut der Bewertende ein gutes Werk für die Allgemeinheit, indem er seine Meinung über die Plattform der breiteren Öffentlichkeit mitteilt, oder handelt er in schlechter Absicht, weil er nicht direkt Kontakt zu dem Dienstleister aufnimmt? Es ist nicht überraschend, dass viele Restaurants die Ratings von Yelp nicht mögen: Die

Kommentare ihrer besten Kunden fallen unter den Tisch, während anonyme Aussagen von Besuchern, die nur ein einziges Mal aufgetaucht sind, veröffentlicht werden. Wenn ein Restaurantbesitzer sich dagegen wehrt, dass ein Kunde, der sich nicht persönlich beschwert hat, eine schlechte Bewertung bei Yelp abgibt, geht es nicht darum, dass er sich über eine »ehrliche« Bewertung ärgert, sondern hier prallen unterschiedliche Normen aufeinander. Bei Problemen hoffen Restaurantbesitzer, dass die Kunden ihnen eine Chance geben, die Sache wieder einzurenken, statt sie mit einer schlechten Note öffentlich bloßzustellen. Wenn eine Bewertung ein Akt der Höflichkeit ist, dann ist die Aufforderung an die Kunden, kritisches Feedback zu geben, eine Aufforderung, die Regeln der Höflichkeit zu verletzen. Je persönlicher die Beziehung zwischen Kunde und Dienstleister ist, desto größer ist die Reibung zwischen dem Bewertungssystem und den Regeln des höflichen Umgangs.

Airbnb scheint bei der Verfeinerung seines Bewertungssystems dem Weg zu folgen, den Yelp vorgegeben hat. Forscher von Airbnb, die Feedback von ihren Kunden sammeln wollen, sagen, dass »die Gäste, auch wenn sie keine Vergeltung fürchten müssen, sich dennoch entscheiden, negatives Feedback bei veröffentlichten Kommentaren wegzulassen, weil sie die Gastgeber, mit denen sie Kontakt hatten, nicht verletzen wollen«. Daraus folgern sie:

> Nach unseren Ergebnissen sollten Marktplätze Bewertungssysteme so konzipieren, dass sie mehr Teilnehmer motivieren, Kommentare abzugeben, und sie sollten Feedback auf eine Weise erbitten, bei der die soziale Distanz zwischen dem Bewertenden und dem Bewerteten möglichst groß erscheint.

Das Marketing von Airbnb betont den persönlichen Charakter der vermittelten Dienstleistung, aber das Bewertungssystem braucht »soziale Distanz« zwischen Gastgeber und Gast, damit es den richtigen Input bekommt.

Bei Yelp wie bei Airbnb erodieren die Bewertungssysteme genau die Beziehung, die sie evaluieren wollen. Vom Standpunkt der Dienstleister aus wird das Bewertungssystem zu einer Form der Überwachung: zu einem »Denunzierungssystem«, durch das sie jederzeit öffentlich bloßgestellt und, im Fall der Plattformen der Sharing Economy, abgestraft werden können.

Bewertungssysteme der Sharing Economy sind zu einer Fassade für hierarchische, zentralisierte Disziplinierungsverfahren geworden, die nichts mit den angeblichen »Peer-to-Peer«-Einschätzungen, mit »algorithmischer Regulierung« oder »Regulierung light« durch Ratings zu tun haben. Wir vertrauen Fremden auf Plattformen der Sharing Economy aus demselben Grund, aus dem wir Angestellten im Hotel und Kellnern im Restaurant vertrauen: weil sie prekäre Jobs haben, in denen Beschwerden von Kunden disziplinarische Konsequenzen haben können. Das Bewertungssystem ist ein Weg, »Emotionsarbeit« zu erzwingen; die Dienstleister müssen ihre Gefühle im Zaum halten und das Gesicht zur Schau stellen, das die Plattform verlangt, um zu dem »Freund mit einem Auto« oder dem »Nachbarn, der Nachbarn hilft«, zu werden. Es ist der nächste Schritt nach dem »einen schönen Tag noch«, das wir in jedem Geschäft und Fast-Food-Restaurant hören.

◆

Bewertungssysteme der Sharing Economy lösen das Vertrauensproblem nicht. Bestenfalls stellen sie einen Disziplinierungsmechanismus zur Verfügung, der dafür sorgt, dass die Dienstleister immer schön lächeln und tüchtig sind, weil sie Angst vor Ausreißern und schwankenden Bewertungen haben. Aus Sicht der Dienstleister sind die Bewertungssysteme eine Form von Überwachung durch die anspruchsvollsten und anstrengendsten Kunden auf der Plattform. Statt Gemeinschaftlichkeit und all die schönen Begriffe zurückzubringen, die die Sharing Economy verspricht, verwandeln die Bewertungssysteme uns in eine Gesellschaft von Spitzeln und geben uns die Macht, unsere Mitbürger ganz beiläufig einer strengen, unangreifbaren Form von Disziplin zu unterwerfen.

7 EINE KURZE GESCHICHTE DER OFFENHEIT

Die Sharing Economy ist nur das jüngste Beispiel dafür, dass sich die Digitaltechnologie von Ideen der Offenheit inspirieren lässt. Die Fakten rund um diese Bewegung werden sich rasch ändern, selbst in der Zeit, die zwischen dem Schreiben dieses Buchs und seiner Veröffentlichung vergeht. Aber es gibt Kräfte, die diese Entwicklung genauso prägen, wie sie die früheren Wellen der digitalen Revolution geprägt haben, und die können wir betrachten, um besser zu verstehen, wohin die Sharing Economy uns wahrscheinlich führen wird. In diesem und dem nächsten Kapitel werfen wir einen Blick auf das größere digitale Umfeld, aus dem die Sharing Economy hervorgegangen ist, und auf die Ideen, an denen sie sich orientiert.

Open Source, Open Content und Open Data: Alle drei Konzepte sind mit dem Versprechen angetreten, den Einzelnen mehr Macht zu geben und gleichzeitig den großen Konzernen und den Staaten die Stirn zu bieten. Genau wie die Sharing Economy behauptet, auf der Seite ganz gewöhnlicher Menschen zu sein und gegen Hotelketten und »Big Taxi«, so versprach die Bewegung für Offenheit, Hobbyprogrammierer gegen Microsoft zu stärken, Hobbymusiker gegenüber den großen Plattenlabels und Blogger gegenüber den großen Medienkonzernen. Aber diese Versprechen wurden eines nach dem anderen gebrochen: Statt das Spielfeld ausgeglichener zu machen, hat die Offenheit eine Gruppe mächtiger Institutionen durch eine andere, womöglich noch mächtigere Gruppe ersetzt. In diesem Kapitel beschreiben wir, wie die Ideale der digitalen Offenheit wiederholt zum privaten Vorteil gekapert wurden.

Brian Chesky schreibt: »Wir bei Airbnb öffnen eine Tür zu einer offenen Welt – in der jeder zu Hause ist und dazugehören kann, überall auf der Welt.« Offenheit ist beinahe ein Synonym für Teilen, für eine Art des Austauschs, der über die emotionslose Markttransaktion hinausgeht; Offenheit ist zentral sowohl für den Reiz der Sharing Economy insgesamt wie für die Geschichte, die Airbnb über sich selbst erzählt. Cheskys Worte sind ein Echo dessen, was Mark Zuckerberg in einem Brief an potenzielle Investoren geschrieben hat: »Facebook wurde ursprünglich nicht als Unternehmen geschaffen. Es wurde geschaffen, um eine gesellschaftliche Mission zu erfüllen – um die Welt offener und vernetzter zu machen … Wenn die Menschen mehr miteinander teilen, haben sie Zugang zu mehr Meinungen von anderen Menschen, denen sie vertrauen, über die Produkte und Dienstleistungen, die sie nutzen. Dadurch wird es für sie leichter, die besten Produkte zu finden und die Qualität und Effizienz ihres Lebens zu verbessern.« Zuckerberg hat womöglich vergessen, dass sein ursprüngliches Facebook eine »Hot-or-Not«-Seite war, auf der Harvard-Studenten Bilder von Studentinnen vergleichen und nach »Geilheit« bewerten konnten. Aber er erinnert sich noch daran, dass Offenheit und Teilen an unsere besten Seiten appellieren.

◆

Offenheit spielte bei den Anfängen des Internets eine zentrale Rolle. Während in universitären und staatlichen Labors (DARPA) die Grundlagen gelegt wurden, teilten die Forscher, die die ursprüngliche Internet-Community ausmachten, den Quellcode für Programme miteinander. Die frühen Anwendungen (E-Mail, Usenet) basierten auf einer verteilten Netzwerkarchitektur ohne zentralen Server; das frühe Internet war ein nicht kommerzieller, dezentraler Bereich. Die grundlegenden Protokolle und Standards, auf denen das Internet errichtet wurde, waren und sind offen, nicht nur in ihrer Spezifikation (jeder konnte sie implementieren), sondern auch in ihrer Philosophie. Sie waren zum Beispiel so konzipiert, dass jeder Computer sich selbst an das Netzwerk anschließen konnte, ohne erst die Erlaubnis eines Administrators einzuholen.

Die frühe Software, mit der das Internet funktionierte, war ebenfalls offen: Forscher und andere Personen an den Universitäten und bei staatlichen Institutionen teilten sie kostenlos miteinander. Das World Wide Web wurde am CERN (dem Kernforschungszentrum bei Genf) erfunden, und die erste Generation von Web-Software wurde in staatlichen Labors entwickelt. Der Quellcode für diese Anwendungen gehörte nicht einzelnen Unternehmen, sondern jeder, der sie haben wollte, bekam sie als »Open Source«.

Bei den frühen, staatlich finanzierten Vorläufern des Internets war die kommerzielle Nutzung verboten. Aber 1992 erlaubte der Scientific and Advanced-Technology Act der amerikanischen National Science Foundation, sich mit kommerziellen Netzwerken zu verbinden, und damit begann die Vermischung von kommerzieller und nicht kommerzieller Nutzung. Es gab einen heftigen Streit, ob es ethisch vertretbar sei, mit dem Internet Profit machen zu wollen, aber die digitale Wirtschaft explodierte. Die digitale Offenheit, ursprünglich eine Norm in der nicht kommerziellen Welt von Forschern und Enthusiasten, die von der Welt der privaten Besitzverhältnisse abgeschnitten waren, wurde auf einmal mit Gewinnstreben konfrontiert. Das veränderte alles.

Das Internet erscheint oft als ein natürlicher Ort für Offenheit, weil Dateien und Dokumente kopiert werden können: Ich kann jemand anderem die Kopie eines Songs geben und trotzdem eine Kopie behalten; ich kann ein Video bei YouTube hochladen, und alle können es sich ansehen. Wenn Software oder Songs »offen« gemacht werden, sind sie keine Waren mehr, die man privat besitzen kann: Andere können sie frei nutzen, wie es ihnen gefällt, und damit verlassen sie das normale kommerzielle Reich von Kaufen und Verkaufen. Es sieht so aus, als sei Offenheit eine Alternative zum kommerziellen Marktplatz. Aber die Offenheit im Internet besteht neben dem Markt: YouTube ist eine Art und Weise, Inhalte zu teilen, aber es ist auch der profitorientierte Teil eines profitorientierten Unternehmens. In diesen gemischten Umwelten hat Offenheit zwei Effekte:

1. Offenheit zerstört vorhandene Märkte. Indem sie den Preis für ein Produkt oder eine Dienstleistung auf null setzt, für alle und für jeden Zweck, höhlt sie das Geschäft derjenigen aus, die zuvor den Zugang zu diesem Produkt oder dieser Dienstleistung kontrolliert haben. Als Songs auf Napster frei zugänglich wurden, bedrohte dies das Geschäft von Plattenfirmen und Plattengeschäften.

2. Offenheit schafft neue Märkte für komplementäre Angebote. Das sind verwandte oder ergänzende Produkte oder Dienstleistungen, und weil der Preis für die einen Produkte und Dienstleistungen fällt, wächst die Nachfrage nach den komplementären Produkten und Dienstleistungen. Filesharing erhöht die Nachfrage nach Internet Service Providern, Filesharing-Websites und MP3-Playern. Diese neuen Märkte sind »Doppelgänger«: Schatten, die der Offenheit folgen, wohin sie auch geht; neue Märkte, die sich unweigerlich aus den Ruinen der alten erheben.

Die Zerstörung der vorhandenen Märkte gefällt all jenen, die eine Alternative zum freien Markt haben wollen und für die Offenheit eine Chance ist, bestehende Hierarchien und Machtungleichgewichte in einer Gesellschaft zu attackieren. Diese Position nimmt Airbnb ein, wenn es die Communities »durchschnittlicher Menschen, die die Wohnungen teilen, in denen sie leben«, als Alternative zur massenproduzierten Welt der großen Hotelkonzerne und -ketten darstellt.

Aber Offenheit zieht auch jene an, die noch größere Konzerne aufbauen wollen. Kommerzielle Interessen nutzen den nicht kommerziellen Anschein von Offenheit immer gern als Fassade, hinter der sie ihre durch und durch kommerziellen Interessen verbergen können. Das Problem ist, dass Offenheit nicht einfach neue Märkte und neue Unternehmen schafft, die die alten zerstören und ersetzen, sondern dass sie weniger wettbewerbsintensive Märkte und mächtigere Unternehmen entstehen lässt.

Die Märkte, die durch die Offenheit zerstört werden, haben oft eine traditionelle Struktur und weisen abnehmende Renditen auf; die Marktmacht ist verteilt und in ihrer Reichweite begrenzt. Die Vorteile, einen immer noch größeren Plattenladen aufzubauen, schrumpfen, und irgendwann wird es unökonomisch. An dem Punkt haben Spezialläden und Konkurrenten ihre Chance. Wenn ein Plattenlabel zu viele neue Künstler aufnimmt, kann es nicht mehr für alle Werbung machen; deshalb müssen Plattenlabel sich spezialisieren und miteinander konkurrieren.

Im Gegensatz dazu sind konstante Fixkosten und Grenzkosten von null der »Normalfall« bei Informationsgütern[1], und deshalb sind für digitale Umwelten »steigende Renditen« typisch: Je größer jemand ist, desto mehr bekommt er. Die Märkte sind eher oligopolistisch mit ein paar wenigen großen Firmen, von denen jede erhebliche Marktmacht hat. Über mehrere Jahre gab es für Apples iPod und Googles YouTube keine ernsthafte Konkurrenz.

Viele Quellen steigender Renditen auf digitalen Marktplätzen werden unter dem Stichwort »Netzwerkeffekte« zusammengefasst: Jeder neue Nutzer einer Dienstleistung macht die Dienstleistung wertvoller. Social-Media-Unternehmen profitieren erkennbar von Netzwerk-Effekten: Man geht zu der Social-Media-Plattform, wo die Leute sind, mit denen man gern abhängt. Aber es gibt noch andere, weniger offensichtliche Formen steigender Gewinne: Google lernt aus jeder Suche auf seiner Plattform und hat damit einen dauerhaften Vorteil gegenüber seinen Rivalen (sofern es überhaupt welche gibt). Wer Werbung schaltet, möchte bei der Suchmaschine sein, die die meisten Menschen nutzen, deshalb wird die führende Suchmaschine die meisten Werbeeinnahmen bekommen und damit ihr weiteres Wachstum vorantreiben können. Netzwerkeffekte kennen wir auch aus der realen Welt: Eine erfolgreiche Marke kann Vertrautheit und Verlässlichkeit signalisieren und damit schneller wachsen. Oder wie das Beispiel Amazon zeigt: Ein wachsendes Unternehmen bringt Geld, das in den Aufbau einer noch effizienteren Infrastruktur investiert werden kann, und das verschafft dem Unternehmen einen weiteren Vorteil im Wettbewerb.

Auch Netzwerkeffekte haben freilich ihre Grenzen. Neue Technologien fordern bestehende heraus, so wie Musik-Streaming-Dienste den iTunes Store von Apple herausfordern. Und unsere kulturellen Instinkte führen uns nicht nur alle bei Facebook zusammen, sie treiben uns auch auseinander. Welcher Teenager möchte schon demselben sozialen Netzwerk angehören wie seine Eltern? Deshalb sind Snapchat und Instagram zu den sozialen Netzwerken für die nächste Generation geworden, und neue Player (Yoho, Whisper, WhatsApp, Kik) versuchen, neue Identitäten zu kreieren, die neue Nutzerschichten ansprechen. Angesichts der Veränderungen von Generation zu Generation ist es manchmal das Beste, was ein Unternehmen der heutigen Generation tun kann, dass es seine Konkurrenten aufkauft, so wie Facebook Instagram und WhatsApp gekauft hat.

Netzwerkeffekte sind keine Besonderheit des Internets, aber das Internet bietet eine Umgebung, in der sie besonders mächtig werden können. Zum einen enden sie nicht an nationalen Grenzen, so wie zum Beispiel Telefonnetze enden. Erfolgreiche Unternehmen können international expandieren, ohne ihre Heimat zu verlassen, ja ohne das überhaupt nur zu versuchen. Google kann Australiern Suchergebnisse genauso leicht präsentieren wie Kaliforniern; die technische Herausforderung, einen Film per Streaming nach Paris zu bringen, ist nicht größer, als ihn nach New York zu bringen. Wieder gilt: Es gibt Grenzen durch die physischen Aspekte eines Unternehmens (Amazon braucht Auslieferungslager) oder die kulturellen (die Sprache zum Beispiel) oder die rechtlichen (etwa Lizenzierungsvorschriften), aber das Potenzial für eine globale Ausbreitung ist immer da.

Die Beispiele in diesem Kapitel zeigen, dass die digitale Offenheit eher dazu geführt hat, solche Doppelgänger-Märkte entstehen zu lassen, als dass sie das Spielfeld zwischen Einzelnen und mächtigen Institutionen egalisiert hätte.

Im Jahr 1991 begann der finnische Student Linus Torvalds »nur zum Spaß« mit der Arbeit an einem Open-Source-Betriebssystem, aus dem Linux wurde. Bald war es ein Phänomen. Linux wurde als Triumph der lose koordinierten, nicht kommerziellen Bemühungen von Amateuren oder »Hackern« (das heißt Menschen, die zum Spaß programmieren und nicht, weil es ihr Beruf ist) dargestellt. 1998 begann Eric S. Raymond seinen berühmten Essay »The Cathedral and the Bazaar« mit den Worten:

> Linux ist subversiv. Wer hätte noch vor fünf Jahren gedacht, dass ein Welt-klasse-Betriebssystem wie durch Zauberei aus dem Teilzeit-Hacken von mehreren Tausend Entwicklern hervorgehen könnte, die über den ganzen Planeten verstreut und nur durch die schwachen Bande des Internets mit-einander verbunden sind?[2]

Der Erfolg von Linux und anderen Open-Source-Projekten löste eine Welle des Optimismus aus, dass komplexe Produkte auf vollkommen neue Art durch Peer-Netzwerke geschaffen werden könnten. Yochai Benkler formulierte in seinem Essay »Coase's Penguin, or Linux and the Nature of the Firm« ein akademisches Plädoyer für Peer-Netzwerke, und in seinem einflussreichen Buch *The Wealth of Networks* präsentierte er Linux als den Archetypus einer neuen Produktionsform, die ganze Volkswirtschaften umgestalten könne.[3] In dieser Sicht sind Märk-te und hierarchische Unternehmen oder staatliche Organisationen die Triebkräfte der traditionellen Wirtschaft. Aber Benkler sah einen drit-ten Weg, den er als »auf Gemeingütern basierende Peer-Produktion« bezeichnete. »Auf Gemeingütern basierend«, weil das Ergebnis der Pro-duktion niemandem gehört; »Peer-Produktion«, weil alle Beteiligten gleichrangig sind. In »Coase's Penguin« schildert Benkler das Rätsel, wa-rum Menschen bei Linux und anderen Unternehmungen mitmachen:

Programmierer beteiligen sich im Allgemeinen nicht deshalb an einem Projekt, weil jemand, der ihr Boss ist, es ihnen aufgetragen hat, auch wenn manche das machen. Sie beteiligen sich im Allgemeinen nicht deshalb an einem Projekt, weil jemand ihnen einen Preis anbietet, obwohl manche auch langfristige Erwerbstätigkeiten und geldorientierte wie Beratung oder Serviceverträge eingehen. Aber die kritische Masse der Beteiligung an solchen Projekten kann nicht durch Anweisungen oder einen Preis oder einen künftigen finanziellen Ertrag erklärt werden, besonders nicht bei den überaus wichtigen Entscheidungen auf Mikroebene im Zusammenhang mit der Auswahl der Projekte, zu denen die Teilnehmer beitragen. Mit anderen Worten: Wenn Programmierer sich an freien Software-Projekten beteiligen, folgen sie nicht den normalen Signalen, wie sie von marktbasierten, firmenbasierten oder gemischten Modellen ausgehen.[4]

Der Erfolg von Linux scheint Benklers Hoffnungen hinsichtlich dieser neuen Form der Produktion zu bestätigen. Obwohl die Linux Foundation mit kommerziellen Betriebssystemen konkurriert, die von den größten Technologieunternehmen der Welt stammen wie Hewlett Packard, IBM, Sun und natürlich Microsoft und Apple, kann sie mittlerweile sagen:»Heute laufen 98 Prozent der Supercomputer weltweit mit Linux, die meisten Internet-Server laufen mit Linux, der Großteil der Finanztransaktionen weltweit wird mit Linux abgewickelt, und viele Millionen Handys und andere Geräte mit dem Betriebssystem Android nutzen Linux. Linux ist überall.«[5]

Aber während Linux gewachsen ist, hat es sich verändert. Jedes Jahr bringt die Linux Foundation einen Bericht heraus, wer den Quellcode schreibt, aus dem der Linux-Kernel besteht, das Herz des Betriebssystems, und der Bericht für das Jahr 2015 zeigt klar, wie sich dieses gewaltige Projekt wandelt. Der Linux-Kernel umfasst inzwischen 20 Millionen Zeilen Code und ist damit rund zehn Mal so groß wie zu dem Zeitpunkt, als Eric Raymond seinen Essay schrieb. Im Lauf des Jahres 2014 hat der Linux-Kernel fast 100.000 separate Beiträge von über 4000 einzelnen Entwicklern bekommen, aber überraschenderweise stammte nur jede achte Änderung von Entwicklern, die »ohne finanzielle Unterstützung durch eine Firma« arbeiten. Stattdessen gilt:

> ... deutlich über 80 Prozent aller Kernel-Entwicklungen werden nachweislich von Entwicklern geleistet, die Geld für ihre Arbeit bekommen...das Volumen der Beiträge von unbezahlten Entwicklern sinkt seit vielen Jahren langsam. In der Version dieses Papiers aus dem Jahr 2012 betrug es 14,6 Prozent und in der Version von 2013 13,6 Prozent; heute liegt es bei 11,8 Prozent ... mehr als die Hälfte unserer neuen Entwickler werden von ihrem ersten Patch an für die Arbeit am Kernel bezahlt.[6]

Linux ist nicht mehr das Produkt von »Teilzeit-Hackern«. Die meisten Programmierer, die daran mitarbeiten, verdienen damit ihren Lebensunterhalt, genau wie die Programmierer, die an proprietärer Software arbeiten. Die Unternehmen, die die Arbeit an Linux sponsern und dazu beitragen, machen das nicht aus Großherzigkeit, sondern haben handfeste wirtschaftliche Gründe.

Linux ist nicht mehr subversiv. Es hat nach und nach seine Außenseiterposition verlassen und einen bequemen Platz in der Welt der Wirtschaft erobert, wie sie nun einmal ist. Falls es eine Revolution gegeben hat, kann man sagen, dass in gewisser Weise Linux gewonnen hat, aber es ist ein Sieg wie auf der Farm der Tiere. Durch den Sieg ist Linux so geworden wie die, die es vertrieben hat: professioneller, strukturierter, sorgfältiger gelenkt. Linux hat mächtige Institutionen und Unternehmen nicht ins Wanken gebracht (obwohl es einige Betriebssysteme weggefegt hat). Diese Institutionen und Unternehmen haben vielmehr gelernt, gut mit Linux zu leben und sogar davon zu profitieren.

◆

Die Geschichte von Linux wiederholt sich in der größeren Welt der Open-Source-Software. Ursprünglich wurde sie als »Bewegung« beschrieben, und noch heute sehen manche sie so. Sie hat erfolgreich mächtige Institutionen herausgefordert, aber mit dem Ergebnis, dass andere mächtige Institutionen an deren Stelle getreten sind.

Es gab eine Zeit, als es sinnvoll war, in der Software-Branche »Open-Source-Initiativen« (Linux) und Firmen mit »proprietärer (geschlossener) Software« (Microsoft ist das bevorzugte Beispiel) einander gegenüberzustellen, aber heute mischen die größten Software-Unternehmen genau wie jede Welle neuer Start-ups ganz pragmatisch offenen und proprietären Code. Sie behalten wertvolle Arbeit im eigenen Haus und kooperieren bei Aufgaben, die dem Unternehmen keinen Wettbewerbsvorteil verschaffen, mit Open-Source-Projekten. Oracle und Microsoft galten als Unternehmen mit »geschlossener« Software, aber Oracle gehört die Programmiersprache Java und die Datenbank MySQL, zwei der weltweit am meisten verbreiteten Open-Source-Projekte, und Microsofts ».NET«-Programmiersprachen sind ebenfalls Open Source. Gleichzeitig halten Firmen wie Google, die immer von ihrer Offenheit reden, wichtige Teile ihres geistigen Eigentums unter Verschluss. Wie der Linux-Kernel ist auch die Open-Source-Welt im Lauf der Zeit professioneller geworden. Eine Untersuchung aus dem Jahr 2014 zeigte, dass die Hälfte aller Beiträge zu Open-Source-Projekten in der Arbeitszeit entstehen[7], und 2007 kam eine Dissertation zu dem Ergebnis, dass innerhalb von Open-Source-Projekten »mit höherer Wahrscheinlichkeit bezahlte Entwickler kritische Teile zum Code beisteuern«[8].

◆

Obwohl die großen Internet-Firmen alle mit einer Kombination von Open-Source-Software und proprietärem Code arbeiten, scheint es immer noch zur Kultur vieler Unternehmen im Silicon Valley zu gehören, dass man an die Vorzüge von Open Source im Computerbereich und von Offenheit im Allgemeinen zu glauben hat. Jonathan Rosenberg, damals im Google-Vorstand für Produktmanagement zuständig, drückte diese Haltung in einer E-Mail an die Mitarbeiter des Unternehmens aus.

Seine Botschaft kam so gut an, dass Google sie im Dezember 2009 im offiziellen Unternehmensblog wiederholte.[9]

Rosenberg begann mit der Aussage: »Wir bei Google glauben, dass offene Systeme die Gewinner sind. Sie führen zu mehr Innovationen, mehr Wertschöpfung und mehr Wahlfreiheit für die Konsumenten und schaffen ein lebendiges, profitables und kompetitives Umfeld für Unternehmen.« Das Dokument ist ein leidenschaftliches Plädoyer für offene Standards und Open-Source-Software und gegen proprietäre Ansätze, ein Plädoyer dafür, einen größeren Kuchen für alle zu backen, statt zu versuchen, das größte Stück vom Kuchen zu bekommen.

Allerdings gibt es eine Ausnahme bei Rosenbergs Plädoyer für Offenheit, und da kann man nur staunen. Wie sich herausstellt, gilt Googles Bekenntnis zur Offenheit nicht für die Software, mit der sein Kerngeschäft von Suche und Werbung funktioniert:

Unser Ziel ist es, das Internet offen zu halten, weil Offenheit Wahlfreiheit und Wettbewerb fördert und verhindert, dass Nutzer und Entwickler eingesperrt werden. In vielen Fällen, vor allem bei unseren Such- und Anzeigenprodukten, wäre die Öffnung des Codes nicht im Sinn dieser Ziele, sondern würde den Nutzern sogar schaden. Die Märkte für Internetsuche und Werbung sind bereits sehr wettbewerbsintensiv mit sehr geringen Wechselkosten, deshalb haben Nutzer und Werbetreibende schon reichlich Auswahl und sind nicht eingesperrt. Ganz zu schweigen davon, dass die Öffnung dieser Systeme Menschen erlauben würde, unsere Algorithmen zu manipulieren und damit die Qualitätsrankings bei Suche und Anzeigen zu verzerren, was die Qualität, die wir für alle bieten, beeinträchtigen würde.

Rosenberg verschleiert die Wahrheit hier in zweierlei Hinsicht. Erstens spricht Googles anhaltende Dominanz bei Suchmaschinen gegen seine Behauptung, hier bestehe ein sehr wettbewerbsintensiver Markt; es gibt eindeutig hohe Hürden für den Eintritt in die Welt der Suchmaschinen. Zweitens hält Google nicht nur die Software für die Suche und die Anzeigen unter Verschluss, sondern auch die Software, die es in seinen riesigen Rechenzentren einsetzt, einschließlich seinem eigenen Google File System und der Software Google Big Table. Auch große Teile seines Betriebssystems für Android-Smartphones hat es mittlerweile geschlossen. Die offenen Systeme, von denen Rosenberg spricht, dienen als Ergänzungen zu proprietären Algorithmen in einer »Black Box« (wie der Juraprofessor Frank Pasquale sie in seinem jüngsten Buch nennt[10]), und die sind der Schlüssel zu Googles Geschäft.

Vor drei Jahren beriet Rosenberg das Management von Google und bewegte sich »in einer Welt, die meine wildesten Spekulationen übertraf«[11]. Rosenberg zitiert Beispiele aus Büchern wie *Wikinomics*[12], aus Kanadas Open Government Declaration, aus den Videovorlesungen der nicht gewinnorientierten Khan Academy, aus dem Patientennetzwerk PatientsLikeMe und Googles Software zur Erstellung von Karten, außerdem Googles Erfolg mit Android-Smartphones und dem Browser Chrome und leitet daraus ab, die Offenheit müsse noch viel weiter gehen: »Wir müssen sogar noch über ein offenes Internet hinaus denken. Institutionen müssen generell dieses Ethos [der Offenheit] übernehmen.« Das ist die Vision des Silicon Valley: die Welt nach dem Bild des Internets umzugestalten. Offene Institutionen, offene Verwaltungen, offener Zugang. Die Sharing Economy will diese Vision Realität werden lassen: mit der Philosophie der Offenheit ganze Branchen und ihr Verhältnis zum Staat umgestalten, aber etwas davon für sich behalten.

Dass Rosenberg problemlos gegensätzliche Positionen vertritt, ist typisch für die Kultur des Silicon Valley. Er glaubt fest an Offenheit und gratuliert sich und seiner Branche dazu, dass sie einen Standpunkt gefunden haben, »der der Intuition des traditionell ausgebildeten Betriebswirtschaftlers widerspricht, dem beigebracht wird, er solle einen nachhaltigen Wettbewerbsvorteil dadurch sicherstellen, dass er ein geschlossenes System schafft, verbreitet und dann über den Lebenszyklus des Produkts Gewinn daraus zieht«. Es ist bemerkenswert, dass er so etwas schreibt und beiläufig erwähnt, dass die Software, mit der Google sein Geld verdient, bedauerlicherweise zufällig geschlossen bleiben müsse. Aber es ist auf traurige Weise auch typisch dafür, wie das Silicon Valley die Welt sieht.

◆

Viele betrachten Open Source immer noch als eine soziale Bewegung und weniger als Teil der Geschäftswelt und glauben an die befreienden Möglichkeiten von Open-Source-Software, während ihnen die Giganten des Silicon Valley in düsterem Licht erscheinen.[13] So hat beispielsweise Jacob Appelbaum, der zur Computersicherheit forscht, unter dem Eindruck der Enthüllungen von Edward Snowden über das Ausspionieren des Internets durch die NSA bei der Hackerkonferenz 29C3 (»Chaos Communication Congress«) im Dezember 2012 eine Grundsatzrede gehalten und darin die Open-Source-Entwicklung wie folgt gepriesen:

> Es ist möglich, davon zu leben, dass man freie Software für die Freiheit produziert statt geschlossene, proprietäre Malware für Schnüffler ... [Für uns alle, die wir] an freier Software und Open-Source-Software arbeiten [gilt] ... auf diese Dinge sollten wir uns zu konzentrieren versuchen ... Wenn wir freie, Open-Source-Software herstellen ... ermöglichen wir den Menschen, auf eine Weise frei zu sein, wie sie es bisher nicht waren. Die Menschen, die freie Software schreiben, schenken buchstäblich Freiheitsrechte.

Leider ist freie Open-Source-Software keine Alternative zu den Überwachungstechnologien der NSA. Offenheit bedeutet nicht automatisch Freiheit. Appelbaums Gegner bei der amerikanischen National Security Agency verwenden bei ihrer Überwachung, die er zu Recht anprangert, auch Open-Source-Software. In den Snowden-Dokumenten, an deren Veröffentlichung Appelbaum mitgewirkt hat, wird das Programm »Boundless Informant« der NSA erwähnt, das nach eigenen Angaben »FOSS-Technologie [Free and Open Source Software] nutzt«, zum Beispiel das Hadoop File System zur Speicherung sehr großer Datenmengen, MapReduce für Suchläufe in diesen Datenbeständen und das CloudBase-Datenbanksystem. Die NSA verwendet gerne freie Software, aber nicht, um Freiheitsrechte zu schenken.

Die NSA nutzt nicht nur freie Software, sie ist auch ein aktives, begeistertes Mitglied der Open-Source-Community, genau wie andere Teile des amerikanischen Militärs. Um nur ein eindrucksvolles Beispiel zu zitieren: Im Jahr 2008 schuf die NSA Accumulo, ein System für die Speicherung und Erschließung großer Datenmengen. Derrick Harris vom Forschungsunternehmen GigaOm bezeichnet Accumulo als »das technologische Herzstück für alles, was die NSA im Bereich Datenanalyse tut«[14]; es gehört wahrscheinlich zu der Open-Source-Software, die im Rahmen des Systems Boundless Informant die bei der elektronischen Kommunikationsüberwachung gewonnenen Daten speichert und analysiert.[15] Nach der Entwicklung von Accumulo hat die NSA es der Apache Foundation übergeben, der Organisation, die »die Apache Community der Open-Source-Software-Projekte unterstützt, die Software für das Gemeinwohl produzieren«.

Kurz gesagt: Accumulo, eine Software, die eigens entwickelt wurde, um Bürger auszuspähen und den Zugriff der staatlichen Sicherheitsorgane zu verbessern, befindet sich inzwischen in der Obhut der Open-Source-Community und wird von ihr gepflegt.

OPEN CONTENT

Das Platzen der Dot-Com-Blase im Jahr 2000 stoppte viele Geschäftsideen im Internet, aber nicht für lange. Die zweite Welle war »Web 2.0« oder »das Web als Plattform«, wie der einflussreiche Publizist Tim O'Reilly es nannte. In der Welt des »Web 1.0« mit E-Mail und Usenet waren Inhalte über ein Netzwerk von Computern verteilt. In der Welt des Web 2.0 liegen die Inhalte auf einer einzigen Serverfarm, die einem einzigen Unternehmen gehört, und werden von der firmeneigenen Software verwaltet – oft heißt das »Software-Plattform«. Alle Postings bei

Facebook liegen auf Servern von Facebook, alle Tweets bei Twitter, alle YouTube-Videos bei Google. Wenn es einen Archetypus für das Web 2.0 gibt in der Weise, wie Linux ein Archetypus für Open-Source-Software ist, dann ist es sicher Wikipedia, die bemerkenswerte Enzyklopädie, an der jeder mitschreiben kann. Wikipedia wird so sehr mit webbasierter Kooperation identifiziert, dass der Name in Buchtiteln auftaucht *(Wikinomics. Die Revolution im Netz)* und von ähnlichen Initiativen aufgegriffen wurde wie der Enthüllungsplattform WikiLeaks. In Benklers *The Wealth of Networks* spielt Wikipedia eine prominente Rolle als Beispiel für »commons-based peer-production« (»Gemeingüterherstellung durch Gleichberechtigte«). Aber wie sich herausstellte, war Wikipedia eher die Ausnahme als die Regel. Während es andere große, nicht profitorientierte kollaborative Plattformen (OpenStreetMap zum Beispiel) gibt, hat keine andere nicht kommerzielle Website einen ähnlich großen Einfluss erlangt wie Wikipedia. Wie Sue Gardner, damals Geschäftsführerin der Wikimedia Foundation, 2011 schrieb:

> Wikipedia steht für die Erfüllung des ursprünglichen Versprechens des Internets: dass es so etwas wie das Aushängeschild für Online-Kooperation im öffentlichen Interesse ist. Denn damals, als das Internet begann, dachten wir, es würde lauter solche Dinge wie Wikipedia geben. Nur hat sich das als überwiegend falsch herausgestellt: Wenn man sich die weltweit beliebtesten Websites anschaut, ist nicht zu übersehen, dass Wikipedia die einzige in den Top 25 ist, deren wichtigstes Anliegen es ist, eine nicht kommerzielle öffentliche Dienstleistung zu erbringen.[16]

Tatsächlich gehört im Jahr 2015 die nächste vielbesuchte nicht kommerzielle Website einer Organisation aus der alten Zeit, über die Fans des digitalen Musikkonsums nur müde lächeln: Die ehrwürdige British Broadcasting Corporation rangiert auf Platz 70.

◆

Es stellt sich heraus, dass es sehr profitabel sein kann, Inhaber einer Plattform im Web 2.0 zu sein, aber trotzdem hielten viele an der Vorstellung fest, dass Web-2.0-Plattformen eine neue Macht sind, die mehr Demokratie und eine offenere, egalitärere Kultur mit sich bringen kann. Es ist eine Verheißung, die immer noch in den Behauptungen von Firmen der Sharing Economy über »Kontakte unter Freunden« nachhallt. Kommerzielle Plattformen des Web 2.0 wie Amazon, Netflix und iTunes sind vielleicht nicht »offen«, weil manche Inhalte kontrolliert und lizenziert werden, aber für die Zwecke des vorliegenden Buchs können wir einmal annehmen, dass Plattformen des Web 2.0 von Ideen über »offene Inhalte« inspiriert werden. Chris Anderson, damals Chefredakteur des Magazins *Wired*, führte 2006 in seinem einflussreichen Buch *The Long Tail*[17] den Vormarsch von Web-2.0-Plattformen wie Amazon und Netflix auf die gleichen subversiven und befreienden Visionen zurück, auf die sich auch die Open-Source-Software berief. Seine Idee ist, dass die hergebrachte Welt von Walmart, von Buchhandelsketten und großen Plattenfirmen die Welt repräsentiert, »die sich Blockbuster ... selbst geschaffen haben«; diese Unternehmen gründen ihr Geschäftsmodell auf die »schmale Spitze« der Kassenknüller und Bestseller.[18] Im Gegensatz dazu würden Online-Shops nicht durch die »Tyrannei der Geografie« eingeschränkt. Amazon kann Millionen Bücher präsentieren, von denen jedes einzelne unbedeutend sein mag, die aber zusammen den »Long Tail« der Nachfrage ausmachen, während das Angebot der klassischen Buchläden sich auf ein paar Hunderttausend beschränkt. Für Anderson repräsentiert Amazon die Rückkehr von Vielfalt und Verschiedenheit nach Jahrzehnten mit homogenen Blockbustern: »Wir verwandeln uns von einem Massenmarkt zurück in eine Nation der Nischen, die heute allerdings nicht mehr von den geografischen Gegebenheiten, sondern von unseren eigenen Interessen definiert wird.«[19] In der Welt des Long Tail braucht man keine formellen Torwächter, die auswählen und einschränken, was ihr Publikum zu sehen bekommt. Web-2.0-Plattformen werden das für uns durch Bewertungen der Kunden und Empfehlungssysteme erledigen: »Das Phänomen ... basiert auf der Kombination von unbegrenzter Regalfläche mit Echtzeitinformationen zu Kauftrends und der öffentlichen Meinung ... Eine unbegrenzte Auswahl offenbart Erkenntnisse darüber, *was* die Verbraucher wollen und *wie* sie es wollen.«[20] Amazon und Airbnb sind sich in vielerlei Weise ähnlich. Beide sind zumindest zum Teil Software-Unternehmen, deren Warenbestand sich einfach aus einer Reihe von Einträgen in einer Datenbank zusammensetzt, zu der man über eine Website Zugang bekommt. In diese Datenbank kann alles Mögliche gelangen: Bei Amazon kann es Harry Potter sein oder eine selbst publizierte Belanglosigkeit und alles dazwischen. In der Datenbank von Airbnb für New York stehen über 1000 Gastgeber, zu denen nie ein Kommentar abgegeben wurde, und mindestens ein Gastgeber, der über 100 Unterkünfte anbietet. Es ist leicht, ein paar Dinge aus einer solchen Datenbank herauszupicken und dann eine Geschichte darum zu spinnen, um welche Art von Geschäft es sich handelt. *The Long Tail* beginnt mit der Geschichte von *Sturz ins Leere,* einem Buch, das in den Regalen verstaubte, bis die Leser von Amazon es auf die Bestsellerlisten brachten – und wir haben bereits gesehen, welche Geschichten Airbnb rund um seine Gastgeber spinnt.

Über diese strukturellen Ähnlichkeiten hinaus gibt es Parallelen zwischen Andersons Vision, wie in der Zukunft Geschäfte gemacht werden, und Airbnbs »Shared City«. Beide erinnern an einfachere, persönlichere, vorindustrielle Zeiten: »Städte sind die ursprünglichen Plattformen des Teilens«, schreibt Brian Chesky, »aber im Lauf der Zeit erinnerten sie immer mehr an Massenprodukte. Wir lebten enger zusammen, entfernten uns aber immer weiter voneinander. Doch heute ist das Teilen zurück in der Stadt, und an dieser Zukunft wollen wir mitarbeiten.«[21] Anderson wie Chesky wählen die am stärksten vereinheitlichten Seiten der herkömmlichen Kultur als Bezugspunkt aus (die Buchhandelsketten, die Hotelketten).

Wenn wir uns angesichts dieser Parallelen anschauen, wie sich die in Andersons *Long Tail* erwähnten Branchen entwickelt haben, können wir einigermaßen abschätzen, wie es mit der Sharing Economy wahrscheinlich weitergehen wird. Und zehn Jahre nach Erscheinen von Andersons Buch stellt sich heraus, dass die »Ära der Hits« noch ganz und gar nicht vorbei ist: Überall sehen wir Blockbuster.

Anita Elberse gibt in ihrem Buch *Blockbusters* einen sehr gründlichen Einblick in die Art und Weise, wie sich die Unterhaltungsbranche in den letzten 20 Jahren verändert hat.[22] Die Unternehmen, die die Plattformen des Web 2.0 besitzen, sind selbst Blockbuster. Mehrere Faktoren sorgen dafür, dass digitale Märkte nach dem Prinzip »der Sieger bekommt alles« strukturiert sind. Amazon ist nicht einfach der größte Online-Buchhändler in den USA, sondern der größte mit weitem Abstand. Und digitale Märkte sind oft global: Walmart mag in den USA groß sein, aber seine Bemühungen, weltweit zu expandieren, hatten nur hie und da Erfolg. Amazon hingegen ist auf vielen wichtigen Märkten weltweit der führende Online-Einzelhändler; andere Online-Dienste wie Netflix und iTunes operieren ebenfalls global.

Wie Elberse zeigt, haben die großen digitalen Plattformen wie Amazon und iTunes darüber hinaus beschlossen, massiv Blockbuster-Produkte anzubieten. Als Lady Gaga entschied, die Veröffentlichung ihres Albums *Born This Way* 2011 mit einer großen Werbekampagne zu begleiten, ging sie eine Partnerschaft mit Amazon ein. Amazon verkaufte 440.000 Exemplare des Albums zu einem Sonderpreis, damit die Verkaufszahlen bereits in der ersten Woche über einer Million lagen.[23] Drei Jahre später wirbelte Apple damit Staub auf, dass jeder Nutzer die *Songs for Innocence* von U2 in seinen Musikordner bekam, ob er oder sie wollte oder nicht, und auch Netflix investiert sehr viel in seine Blockbuster-Inhalte: mit eigenen Fernsehserien für den Massenmarkt.

Der Fokus auf Blockbuster geht über Promotion für Einzelne hinaus. Google-Chef Eric Schmidt, der einen enthusiastischen Klappentext für die englische Ausgabe von *The Long Tail* verfasst hat, hat innerhalb von zwei Jahren seine Meinung geändert. 2008 sagte er, »obwohl der Schwanz sehr interessant ist und wir ihn stärken, kommt der Großteil der Einnahmen doch von der Spitze. Diese Lektion müssen die Unternehmen lernen. Man kann zwar eine Strategie für den langen Schwanz haben, aber man sollte trotzdem eine Spitze haben, denn von dort kommt das Geld her.« Elberse zitiert Schmidt mit den Worten,»wahrscheinlich wird das Internet zu noch größeren Blockbustern und noch mehr Konzentration bei Marken führen ... [W]enn man die Leute fragt, haben sie doch gern einen Superstar. Es ist nicht mehr ein amerikanischer Superstar, sondern ein globaler Superstar. Das bedeutet globale Marken, globale Unternehmen, globale Sportler, globale Stars.«[24]

Elberse betrachtet Muster in unterschiedlichen Kulturbranchen und stellt dann fest:»Wenn sich die Nachfrage von Offline-Händlern mit begrenzter Regalfläche zu Online-Kanälen mit sehr viel größeren Sortimenten verlagert, wird der Umsatz am Schwanz nicht größer. Im Gegenteil, wenn die Kunden im Lauf der Zeit mehr Waren online kaufen, wird der Schwanz länger, aber eindeutig dünner. Und die Bedeutung des einzelnen Bestsellers nimmt im Lauf der Zeit nicht ab. Sie wird vielmehr größer.«[25]

Die Technologie, die versprochen hatte, die Massenproduktion zu überwinden und ein neues Zeitalter der personalisierten»Nischenkultur« zu eröffnen, kehrt entgegen ihrem Versprechen zu den Blockbustern zurück. Es hat Konflikte gegeben, vor allem zwischen Amazon und den großen Verlagen, aber das sind Auseinandersetzungen darüber, wer das Geld behalten darf, das hauptsächlich von Autoren und Künstlern generiert wird.

Open Source hat eine demokratische Alternative zur Welt der kommerziellen Software versprochen und ist inzwischen selbst ein Teil des Kommerzes geworden. Plattformen im Web 2.0 haben eine egalitärere Welt versprochen, in der Künstler sich direkt mit einem globalen Publikum verbinden können, uns aber nur noch mehr Blockbuster gebracht.

◆

So wie Open-Source-Programmierer ihren Code frei zugänglich machen, so begehrten in der Welt der Technologie viele gegen andere Formen der kulturellen Abschottung auf. Das Copyright war der bekannteste rechtliche Mechanismus, um die Verbreitung kultureller Inhalte zu beschränken. Weil die großen Plattenlabel den größten Teil der Einnahmen aus dem Musikgeschäft einstrichen, regte sich Widerstand gegen sie. Die Geschichte vom Aufstieg und Fall von Napster ist allgemein bekannt; nach Napster kamen zahlreiche Filesharing-Websites mit Bit-Torrent-Technologie, die Filme, Fernsehshows und Musik zum Herunterladen anboten. Manche feierten den Aufstieg der »Piraten«, die sich als die breite Masse verstanden, die dem Big Business die Stirn bot, genau wie Hacker, die freie Software propagierten, sich als Gegner von Microsoft und anderen Unternehmen mit proprietärer Software verstanden. Unternehmen wie Google versuchten, auf dem schmalen Grat zwischen den beiden Lagern zu balancieren: Musikvideos, die das Copyright verletzten, trugen wesentlich zum Erfolg von YouTube bei, aber Google wollte mit YouTube auch Geld verdienen, und das verlangte Kooperation.

Die Probleme im Zusammenhang mit Copyright, Kultur und Digitaltechnologien wurden in unzähligen Büchern und Artikeln behandelt. Deshalb konzentriere ich mich hier auf einige wenige Aspekte mit Parallelen zur Sharing Economy.

In seinem 2008 erschienenen Buch *Remix* plädiert Lawrence Lessig, Juraprofessor und einflussreicher Befürworter von Offenheit in der Kultur, dafür, kulturelle Werke großzügig zu teilen. Er zeichnet das Bild eines Goldenen Zeitalters, ähnlich wie es Chris Anderson und Brian Chesky tun, die wir oben zitiert haben. Es habe einmal eine Zeit gegeben, schreibt Lessig, als Amateure und Profis gleichermaßen Kultur konsumierten und Kultur schufen (in der passenden binären Begrifflichkeit spricht er von »Lese«- und »Schreib«-Aktivitäten). Aber dann kam das 20. Jahrhundert mit seiner Massenproduktion: »Nie zuvor in der Geschichte der menschlichen Kultur war die Produktion von Kultur derart professionalisiert. Nie zuvor war die Produktion so konzentriert.«[26]

Das 21. Jahrhundert, in dem digitale Technologien eine noch größere Rolle spielen, verspricht eine Renaissance der partizipatorischen Kultur, eine Pendelbewegung zurück zu einer gesünderen Balance. »Gesund«, weil das Internet »mehr Menschen ermöglicht, sich zu Wort zu melden«[27], und Amateuren neue Fähigkeiten verleiht, »in Kontexten schöpferisch tätig werden zu können, die zuvor nur Profis kannten«[28]. Lessig plädiert für »Hybrid-Ökonomien«, wie er sie nennt, in der Internet-Plattformen es möglich machen, dass Teilen und Verkaufen nebeneinander existieren. Seine Vision ist ähnlich wie das Nebeneinander von Open Source und proprietärer Software und findet Anklang in der Sharing Economy, wo Menschen keine festen Jobs haben, sondern »ein bisschen was dazuverdienen«. Und genau wie Lawrence Lessig argumentiert, dass es Zeit sei, »Copyright-Regeln über Bord zu werfen, die für ein vollkommen anderes technologisches Zeitalter konzipiert wurden«[29], argumentieren Verfechter der Sharing Economy, dass all die Gesetze rund um Taxis und Kurzzeitvermietungen überholt seien, überflüssig gemacht durch die neue Technologie.

Aber so wie Plattformen im Web 2.0 festgestellt haben, dass Blockbuster-Strategien immer noch funktionieren, hält auch Lessigs Plädoyer für partizipatorische Plattformen in puncto Demokratisierung nicht, was es versprochen hat. Zwischen Open-Source-Software und offener Kultur besteht ein Unterschied: In der Welt der Software-Entwicklung beziehen viele, die an Open-Source-Projekten mitarbeiten, ein festes Einkommen aus ihrer Programmiertätigkeit (sei es direkt durch ihre Open-Source-Beiträge, sei es aus damit zusammenhängenden Tätigkeiten). In der Kulturbranche ist die Situation anders: Es ist nicht klar, womit Künstler Geld verdienen sollen, wenn ihre Arbeit frei zur Verfügung gestellt wird. Deshalb sind die Urheber, die teilweise fasziniert waren von Open-Source-Software und der Aussicht, durch digitale Distribution in direkten Kontakt mit ihrem Publikum treten zu können, inzwischen ziemlich enttäuscht vom Web 2.0. 2008 schilderte der Sänger und Aktivist Billy Bragg in einem Meinungsbeitrag für die *New York Times,* was er mit Michael Birch erlebt hatte, dem CEO des sozialen

Netzwerks Bebo, das Birch gerade für 850 Millionen Dollar an AOL verkauft hatte. Als Birch an Bragg herantrat mit der Bitte, ihm bei Bebo zu helfen, hatte er große Pläne für die Musiker:

> Er hoffte, sein Geschäft durch das Hosting von Musiktiteln zu erweitern, und wollte meinen Rat, wie man am besten eine Umgebung errichten könnte, in der die Musiker im Mittelpunkt stehen würden, in der sie neue Songs posten könnten, ohne fürchten zu müssen, die Kontrolle über ihre Werke zu verlieren. Nach unseren Gesprächen sagte Mr. Birch der Presse, er wolle, dass Bebo eine Website für die Musiker werde, die vor allem ihre Interessen hochhalte und schütze.
>
> In unseren Diskussionen erwähnten wir den Elefanten nicht, der im Zimmer stand: die Frage, ob er daran denken sollte, den Künstlern Lizenzgebühren zu bezahlen. Denn letztlich nutzte er ihre Musik, um Mitglieder – und Anzeigen – auf seine Seite zu holen. Soziale Netzwerke wie Bebo argumentieren, sie hätten kein Geld zu verteilen – ihr Wert seien die Mitglieder.
>
> Nun, letzte Woche hat Michael Birch den Wert seiner Mitglieder erfahren. Ich bin sicher, dass er die Techniker und Buchhalter belohnen wird, die ihm zu diesem Erfolg verholfen haben. Vielleicht sollte er auch daran denken, was seine Künstler beigetragen haben.

Das Copyright war das Werkzeug der großen Plattenlabel, um im Kulturbereich Geld zu verdienen, aber der Kampf gegen das Copyright kann auch dazu dienen, Künstler zu enteignen. YouTube und iTunes haben beide von billigem (oder sogar kostenlosem) Material profitiert. Wenn »Content« frei ist, ist das gut für die digitalen Plattformen, aber nicht gut für die Künstler.

Zu den besten Analysen, wie weitgehend die Bewegung gegen Urheberrechte den Kontakt zu denen verloren hat, die sie angeblich unterstützt, gehört das Buch der Filmemacherin und Aktivisten Astra Taylor, *The People's Platform*[30], aus dem Jahr 2014. Taylor lebt von ihrer Kunst und steht all jenen zunehmend skeptisch gegenüber, die schöpferische künstlerische Tätigkeiten mit den Hobbys von Amateuren gleichsetzen und dafür plädieren, künstlerische Werke kostenlos zugänglich zu machen, um mehr Publikum zu erreichen, und anderswo nach Möglichkeiten Ausschau zu halten, wie man Geld verdienen kann (je nach Art der schöpferischen Tätigkeit durch Konzerte, Vorträge, T-Shirts oder Beratung). Die Gegner des Urheberrechts schieben Fragen der Bezahlung gerne beiseite, aber gerade diejenigen, die freien Zugang wollen, haben oft genug Geld. Der Juraprofessor Yochai Benkler sagt uns, »Geld ist nicht immer der beste Motivator«, und der Professor für Medienwissenschaften und erfolgreiche Autor von Büchern mit Copyright Clay Shirky erinnert uns, »der Kern der Betätigung als Amateur ist die intrinsische Motivation: Amateur zu sein heißt, etwas um der Sache selbst willen zu tun.« In einer Publikation der Harvard Business School lesen wir, die rückläufigen Gewinne in der Branche »werden die Produktion nicht schmälern, weil die einzigartige Motivation der Künstler dafür sorgen wird, dass sie weiter Musik produzieren, selbst wenn es ein Verlustgeschäft ist«[31].

Astra Taylor schildert in ihrem Buch anschaulich das Problem von Künstlern in einer Welt von Offenheit und Teilen. Kurz nach der Premiere ihres Dokumentarfilms *Examined Life* stellte sie fest, dass er ins Internet gestellt worden war. Sie schrieb »eine freundliche Anmerkung, die mit einem Dank an all die Menschen begann, die mit so viel Enthusiasmus das Projekt unterstützt und ins Internet hochgeladen hatten. Dann sagte ich ihnen, dass die Produktion des Films ziemlich teuer gewesen war und wir kurz davorstanden, ihn in die Kinos und auf die heimischen Bildschirme zu bringen. Ich hätte gern ein paar Monate, fuhr ich fort, um wenigstens einen Teil der Ausgaben für den Film wieder hereinzubekommen, indem ich Geld von den Menschen verlange, die ihn anschauen wollen … Würde es Ihnen etwas ausmachen, fragte ich, die Clips für die Zeit wieder zu löschen?« Zwei Personen antworteten auf ihre Anmerkung. Eine sagte, da es »in meinem [Taylors] Film um Philosophie gehe und da Philosophie … der ganzen Welt gehöre, gelte das auch für meinen Film«. Die andere Person sagte im Wesentlichen das Gleiche, aber mit mehr Schimpfwörtern.[32] Die Reaktion, wenn Künstler

Geld verdienen wollen, erinnert an die Zeilen aus dem Gedicht von Bertolt Brecht: »Bei den Hochgestellten / gilt das Reden vom Essen als niedrig. / Das kommt: sie haben schon gegessen.«

Künstler (oder sollte man lieber sagen »Content-Produzenten«?), die Internet-Plattformen als Alternative zu den bestehenden Strukturen betrachten, werden ähnlich enttäuscht dastehen wie Billy Bragg und Astra Taylor. Ein aktuelles Beispiel bietet Googles Umgang mit unabhängigen Musikern. Die Cellistin Zoë Keating hat einen YouTube-Kanal erstellt, um für ihre Musik zu werben und ein Publikum zu versammeln. Über das Content-ID-System von YouTube beansprucht sie einen Teil der Werbeeinnahmen aus Videos, die ihre Musik verwenden. Aber Google ist dabei, sein Modell für Einnahmen auf YouTube zu verändern, und sagte zu Zoë Keating, wenn sie die Content-ID weiter nutzen wolle, müsse sie eine neue Dienstleistungsvereinbarung unterzeichnen und sich verpflichten, Musik immer zuerst auf YouTube zu veröffentlichen, in all ihren Videos Werbung zu akzeptieren und noch einiges mehr.[33] Die Inhalte mögen offen sein, die Plattform ist es jedenfalls nicht.

Der Aufstieg der Amateure, die Verbreitung von Offenheit und freier Kultur hat den Blockbustern nicht geschadet, aber er hat zum »Verlust der Mitte« geführt. All jene, die auf bescheidene Art und Weise von ihrer Kunst leben wollen (oder als Buchhändler, Verleger und so weiter von ihrer Rolle im kreativen Prozess), mussten feststellen, dass sie bei diesen Veränderungen außen vor blieben. Wie Andrew Franklin vom unabhängigen Verlag Profile 2014 schrieb:

Die Autoren der großen Bestseller haben einen immer größeren Marktanteil. Genau wie in jedem anderen Bereich des postindustriellen Kapitalismus gilt auch hier, dass die Reichen noch reicher werden. Für neue Autoren, Autoren, die nicht viel verkaufen, und Autoren irgendwo auf den hinteren Plätzen wird es schwerer. Das [sind] schlechte Nachrichten für den durchschnittlichen Autor: Er bekommt weniger, damit die Verlage die Bestseller-Autoren mit höheren Vorschüssen halten können.[34]

Die Plattformen des Web 2.0 im Kulturbereich profitieren von den Tendenzen digitaler Märkte, den Gewinnern alles zu geben, um an jeder einzelnen Transaktion zu verdienen (durch Werbung oder durch direkte Verkäufe). Sie haben ihre Vermittlerposition zwischen dem Konsumenten und dem Dienstleister genutzt, um enorme Marktmacht über die Dienstleister zu erlangen.[35] Oft wird es so dargestellt, als handle es sich um einen Konflikt zwischen kleinen Start-ups und großen Platzhirschen (insbesondere Airbnb gegen die Hotelketten), doch die Geschichte zeigt, dass die Großen einen Weg finden, neben den Neulingen zu bestehen. In der Hotelbranche leiden eher die kleinen Pensionen und unabhängigen Hotels. Und die neuen Marktteilnehmer, denen leichter Zugang zu den Kunden versprochen wurde, werden vielleicht feststellen, dass die Plattform, von der sie abhängen, den Löwenanteil des Geldes behält.

◆

Neben Open-Source-Software und Open Content in der Kultur verweisen viele im Zusammenhang mit den Vorzügen der digitalen Offenheit auf die Veränderungen in der öffentlichen Debattenkultur und im Journalismus. Glenn Reynolds' Buch über Blogger heißt *An Army of Davids: How Markets and Technology Empower Ordinary People to Beat Big Media, Big Government, and Other Goliaths*[36] (Eine Armee von lauter Davids: Wie Märkte und Technologie ganz normalen Menschen die Macht geben, die großen Medien, den Staat und andere Goliaths zu schlagen). Zeitungen leiden, und Bürgerjournalismus in Form von Blogs und Kommentaren in sozialen Netzwerken gewinnt immer mehr an Bedeutung. Aber auch hier haben der Vormarsch der Amateure und das Bekenntnis zur Offenheit nicht wie versprochen dazu geführt, mächtige etablierte Branchen auf den Kopf zu stellen und die Debatte zu demokratisieren.

Der letzte Satz in Matthew Hindmans *The Myth of Digital Democracy* lautet:»Es ist vielleicht leichter, im Cyberspace zu sprechen, aber schwieriger, gehört zu werden.«[37] Hindman hat als einer der Ersten große Datenmengen zusammengetragen und analysiert, um Online-Trends im Konsum und in der Produktion zu untersuchen. Er hat sich die Verlinkungen von drei Millionen politischen Websites in Amerika angeschaut und dazu Daten, die zeigen, wie Google seine Nutzer auf politische Websites lotst. Daraus folgerte er, »alle Communities von Websites zu unterschiedlichen politischen Themen werden von einigen kleinen, höchst erfolgreichen Websites dominiert«. Die Online-Konzentration sei derart ausgeprägt, dass die Rede, das Internet »demokratisiere« die Politik, in die Irre führe. So seien beispielsweise die »Top-Blogs mittlerweile die am meisten gelesenen Quellen politischer Kommentare in den Vereinigten Staaten«, aber diese viel gelesenen Blogger seien nur sehr wenige (ein paar Dutzend) und »in der überwältigenden Mehrheit ... gebildete weiße Männer mit akademischen Berufen«. Die Stimmen, die in der politischen Diskussion online gehört werden, sind die gleichen, die auch in den Offline-Medien zu hören sind, und vielleicht finden sie online sogar noch mehr Beachtung. »Die lebhaften Online-Diskussionen in Blogs mögen alles in allem gut für die Demokratie in Amerika sein. Aber während viele weiterhin die demokratische Natur der Blogs preisen, ist es wichtig, sich vor Augen zu halten, dass viele Stimmen dort nicht zu hören sind.«

Aus den Daten über die Muster von Konzentrationen in traditionellen und Online-Nachrichtenmedien (in Amerika) folgert Hindman, dass die Konzentration bei den Online-Medien sogar noch größer ist (einige wenige Seiten haben einen sehr großen Anteil Traffic) als bei den Offline-Medien, insbesondere beim Rundfunk. Der entscheidende Punkt ist wie in der kulturellen Produktion die »fehlende Mitte«, wie Hindman das genannt hat. Er schreibt:

Von Anfang an wurde das Internet als der Robin Hood in der Medienwelt dargestellt, der den großen Print- und Rundfunkhäusern Publikum raubt und es den kleinen schenkt. Aber die Daten ... sprechen dafür, dass die Konsumenten sich in beide Richtungen bewegen. Einerseits erscheint der Nachrichtenmarkt im Cyberspace noch stärker auf die Top 10 oder Top 20 konzentriert zu sein, als es im Printbereich der Fall ist. Andererseits haben selbst die Kleinsten noch eine Menge Aufmerksamkeit auf sich gezogen ... In der Online-Welt verlieren die, die in der Mitte rangieren. Zudem haben überwiegend kleinere, lokale Medienorganisationen gegenüber den nationalen Quellen verloren.[38]

Der Unterschied zwischen Hindman und Andersons *The Long Tail* hängt mit dem zusammen, was verglichen wurde. *The Long Tail* verglich Online-Plattformen mit großen Handelsketten und großen Supermärkten wie Walmart oder dem inzwischen nicht mehr existierenden Blockbuster-Videoshop Tower Records oder dem ebenfalls nicht mehr existierenden Buchhandelsunternehmen Borders. Hindman hingegen vergleicht das Online-Ökosystem mit einem viel größeren Spektrum nicht digitaler nationaler und lokaler Medien. Infolgedessen erfasst er einen wichtigen Aspekt, der Anderson entgeht: In einer Welt, die der »Tyrannei der Geografie« unterliegt, haben immer viele unterschiedliche Institutionen von unterschiedlicher Größe für Vielfalt gesorgt. In der Welt der Bücher entstand die Vielfalt aus der Mischung von Buchhandelsketten, spezialisierten Buchläden, die sich auf ein bestimmtes Genre konzentrierten (vor allem in großen Städten), unabhängigen Geschäften und modernen Antiquariaten, während in der digitalen Welt häufiger Marktstrukturen anzutreffen sind, bei denen der Gewinner alles bekommt. Anderson hat sich nur die großen Ketten angeschaut und die kleineren Läden ausgeblendet, und dadurch sah die digitale Welt bei seinen Vergleichen viel unterschiedlicher und vielfältiger aus.

OPEN DATA

Rund um die Themen digitale Offenheit und Teilen sind noch weitere Bewegungen und Unternehmen entstanden, wie Open-Access-Publishing bei wissenschaftlichen Zeitschriften, Open-Source-Hardware und Open Education (einschließlich der MOOCs, »Massively Open Online Courses«). An dieser Stelle werde ich mir nur eine weitere Bewegung für mehr Offenheit ansehen: Open Government Data oder kurz Open Data.

Die Kampagne für Open Data gleicht in vielerlei Hinsicht anderen Initiativen für Offenheit. Sie verbindet nicht gewinnorientierte Aktivitäten wie »Civic Hacking« und gewinnorientierte Unternehmen; sie appelliert an staatsbürgerliche Freiheitsideale einer transparenten Verwaltung, befürwortet aber auch marktwirtschaftliche Ergebnisse; sie behauptet, es gehe darum, den Machtlosen Macht zu geben, doch allzu oft gibt sie denen, die Macht haben, noch mehr Macht.

Viele dürften die Ursprünge der Open-Data-Bewegung auf die Bemühungen von Carl Malamud zurückführen, Informationen aus dem öffentlichen Bereich wie Gesetze und Vorschriften unterschiedlicher staatlicher Ebenen allgemein zugänglich zu machen und die Datenbank der US Securities and Exchange Commission, EDGAR, ins Netz zu bringen. Die Argumente, warum Verwaltungsdaten offen sein sollen, hat die Open Knowledge Foundation des Vereinigten Königreichs zusammengefasst:[39] mehr Transparenz (die Bürger müssen wissen, was ihre Verwaltung tut), Freigabe gesellschaftlicher und kommerzieller Werte (was die Schaffung innovativer Unternehmen und Dienstleistungen fördert) und die Förderung von Partizipation und Engagement (ein Echo auf Lessigs *Remix,* sodass eine echte »Schreib-/Lese«-Gesellschaft entsteht).

Die Open-Data-Bewegung hat großen Auftrieb bekommen, als Tim O'Reilly sie als Grundlage einer Initiative bezeichnete, die er »Government 2.0« nannte. Dies sei »eine Initiative, Daten der Verwaltung mittels webbasierter Technologien der Allgemeinheit zugänglich zu machen«. O'Reilly beschreibt den Schritt zu Open Data als »Government as Platform«: Offene Daten – zur Verfügung gestellt in einer Form, die Programmierern erlaubt, Software zu schreiben, die sie lesen, analysieren und umwandeln kann – werden die Plattform sein, auf der neue Transparenzinitiativen und innovative Geschäftsmodelle aufbauen können.

Government 2.0 fand in den Vereinigten Staaten starke Beachtung durch ein Memorandum von Barack Obama aus den Anfängen seiner Amtszeit, in dem es um Transparenz und offene Verwaltung ging, und durch die Errichtung der Website data.gov. Das Vereinigte Königreich brachte data.gov.uk ins Netz und verband es mit David Camerons Initiative »Big Society«. Selbst die damalige notorisch geheimniskrämerische konservative Regierung von Kanada startete eine Open-Government-Initiative, und viele Städte bieten Datenfeeds an. Klingt toll? Nun, ja und nein.

Wie bei anderen Bewegungen rund um Offenheit geht es auch bei der Diskussion über Open Data vor allem um die Bemühungen von privaten Bürgern und nicht gewinnorientierten Organisationen, die Verwaltungen den Bürgern gegenüber stärker rechenschaftspflichtig machen wollen. Freiheitsrechte spielen eine große Rolle; es ist die Rede von staatsbürgerlichem Engagement und Bürgerrechten (»den Bürgern Zugang zu ihren Daten geben«), von einer partizipatorischen Gesellschaft, kollaborativer Demokratie, Transparenz und so weiter. Die Beiträge in einem Sammelband mit dem Titel *Open Government*[40] handeln fast alle davon, wie Bürger Einblick in die Vorgänge im Inneren der amerikanischen Verwaltung bekommen können: Informationen über Wahlkampfspenden, über Aktivitäten von Lobbyisten, über das Abstimmungsverhalten im Kongress, über Gesetzgebungsverfahren, Verträge und Ausgaben der Regierung, über gerichtliche Verfahren. Es werden die Bemühungen nicht kommerzieller Gruppen wie Opensecrets.org, maplight.org, followthemoney.org, govtrack.us und so weiter beschrieben, diese Daten zu nutzen, um mehr öffentliche Kontrolle durchzusetzen. Das ist alles gut und schön – obwohl Praktiker in den Gruppen einräumen, dass der Zugang zu Informationen nur ein Schritt in einem Rüstungswettlauf ist und dass all jene, die Informationen verbergen wollen, nun andere Wege suchen, um dies zu erreichen.

Aber die Open-Data-Bewegung hat noch eine zweite Agenda: Sie fordert, dass Daten nicht nur den Bürgern zugänglich gemacht werden, sondern auch privaten Unternehmen. Die Open Knowledge Foundation definiert als Open Data »alle Inhalte, Informationen oder Daten, die Menschen frei verwenden, weiterverwenden und weiterverbreiten können – ohne rechtliche, technologische oder gesellschaftliche Einschränkung«[41].

Wie Open Source und Open Content beeinflusst auch Open Data bestehende Machstrukturen in subtiler Weise. Ein bekanntes warnendes Beispiel kommt aus Indien. Im Bundesstaat Tamil Nadu, unweit der Stadt Marakkanam, liegt gleich neben einem Naturwaldreservat ein Stück Land, dessen Besitzverhältnisse umstritten sind. Aufzeichnungen besagen, die drei Morgen gehörten einem Angehörigen der Kaste der Mudaliar, aber Angehörige der niedrigeren Kaste der Dalits, die ganz in der Nähe leben, fordern, das Stück Land solle Teil des Naturwaldreservats sein, das sich nicht in Privatbesitz befindet. Die Mudaliar hätten sie übers Ohr gehauen und ihre Verbindungen zur örtlichen Bürokratie genutzt, um die Unterlagen zu frisieren. Die Dalits behaupten weiterhin, ältere Aufzeichnungen würden ihre Ansprüche belegen. Noch komplizierter wird der Fall dadurch, dass die Behörden sagen, die Grenzverläufe zwischen den einzelnen Parzellen seien in diesem Gebiet oft schwer zu ermitteln.

Der Entwicklungsökonomin Bhuvaneswari Raman zufolge[42] wurden die Ansprüche der Dalits berührt, als die Regierung des Bundesstaats Tamil Nadu ein Programm auf den Weg brachte, um die Aufzeichnungen über Landbesitz zu standardisieren, zu digitalisieren und zu zentralisieren. Das Programm, das die Weltbank als eine Initiative für die Armen und für mehr Transparenz unterstützte, sollte den Weg bereiten, um vom Boom der nahe gelegenen Hauptstadt des Bundesstaats, Chennai, zu profitieren. Ohne klare Informationen über die Besitzverhältnisse war die Abwicklung großer Grundstücksgeschäfte zeitraubend und teuer, und das hemmte Entwicklungsprojekte. Im Rahmen dieses Programms erklärte die Regierung von Tamil Nadu, künftig würden bei Ansprüchen auf Land vor Gericht nur noch die digitalisierten Unterlagen gelten. Die älteren Besitzunterlagen und weniger genauen Daten, auf die die Dalits ihre Ansprüche gründeten, waren damit wertlos, und ihre Ansprüche wurden abgewiesen.

Eine neue Generation von Landentwicklungsunternehmen ist mit den digitalisierten Aufzeichnungen groß geworden, Firmen, die die Mittel, die Fähigkeiten und die Informationen besitzen, um diese neue Ressource effizient nutzen zu können. Diese Entwickler leisteten erfolgreich Lobbyarbeit, dass Unterlagen und Geodaten allgemein zugänglich gemacht wurden, und dann nutzten sie ihren Vorteil, um kleinere Entwickler zu verdrängen, die, wie Raman schreibt, »sich auf ihr Wissen um die lokalen Geschichten und Verhältnisse verließen, um Land für die Entwicklung auszuwählen«. Die Folgen reichten weit über die drei Morgen nahe Marakkanam hinaus: Neuerdings einsehbare Entwicklungspläne wurden als »Referenz zur Definition legaler und illegaler Räume« verwendet und dienten als Rechtfertigung, um die Armen von dort zu vertreiben, wo sie wohnten und arbeiteten. Die »Initiative für die Armen« erwies sich als das genaue Gegenteil, und Tamil Nadu war nicht der einzige Bundesstaat, der ein Open-Data-Projekt durchführte, das das Leben für die Armen erschwerte. Das Bhoomi-Programm (»Land-Programm«) des angrenzenden Bundesstaats Karnataka, ein weiteres E-Government-Projekt, hatte ähnliche Auswirkungen: Raman und ihre Kollegen kamen zu dem Ergebnis, dass »die Digitalisierung der Unterlagen über Landbesitz zu mehr Korruption und mehr Bestechungszahlungen führte und Transaktionen mit Land deutlich zeitaufwendiger machte. Auf einer anderen Ebene erleichterte sie den großen Playern im Geschäft mit Land, in einer Phase viel Land an sich zu reißen, in der Grundstücksgeschäfte in Bangalore boomen.«[43] Die Geschichte ist ein weiteres Beispiel für die »fehlende Mitte«: Kleine Unternehmen, die sich vor Ort auskennen, werden dank digitaler Technologie durch wenige große Unternehmen verdrängt, die die Mittel und das Wissen haben, strukturierte Datensätze optimal auszuwerten.

Wenn Befürworter von Open Data von Geschäften sprechen, gebrauchen sie gerne Begriffe wie Unternehmergeist und Innovation, stellen die neuen Firmen den in die Jahre gekommenen Geschäftsmodellen gegenüber, die sie ablösen wollen, und präsentieren den kommerziellen Nutzen oft als eine Ergänzung zum staatsbürgerlichen Nutzen.

Michael Gurstein, ein führender Experte auf dem Gebiet der Sozialinformatik, der konstruktiv Zweifel angemeldet hat, ob Open Data wirklich »den Machtlosen Macht verleihen« kann, argumentiert, die Fähigkeiten und die Mittel, die man brauche, um die Daten wirklich »effizient zu nutzen«, seien mit den Daten verbunden.[44] Er zitiert aus einer Untersuchung über die Nutzer der britischen Open-Government-Initiative mySociety/TheyWorkForYou.com:

Menschen über 54 Jahre sind tendenziell überrepräsentiert, Menschen unter 45 Jahren tendenziell unterrepräsentiert im Vergleich zur Internet-Population. In demografischer Hinsicht sind deutlich mehr Männer vertreten und mehr Personen mit einem Hochschulabschluss, was auch in einer starken Beteiligung von Gruppen mit hohen Einkommen zum Ausdruck kommt ... Jeder fünfte Nutzer der Website (21 Prozent) war innerhalb des letzten Jahres nicht politisch aktiv.

Gurstein kommentiert den Besuch einer Konferenz über Open Government Data in einem Beitrag für einen Blog:

Der Versuch, die demokratische Partizipation zu steigern, führt dazu, dass die Personen, die aufgrund ihres Einkommens, ihrer Bildung und der allgemeinen Merkmale eines höheren Status (Alter, Geschlecht usw.) ohnehin die Mittel haben, mit Politikern in Kontakt zu treten und sie zu beeinflussen, eine weitere Chance bekommen, das zu tun. Die zusätzliche Information und ein zusätzlicher Kommunikationskanal haben somit den Effekt, die bereits vorhandene Chancenverteilung zu verstärken, statt die Basis für Partizipation und Einfluss zu verbreitern.[45]

Kentaro Toyama, ein Experte für den Einsatz von Informationstechnologie in der Entwicklung, argumentiert,»in Kontexten, in denen Bildung und soziales Kapital ungleich verteilt sind, tendiert die Technologie dazu, die Ungleichheiten nicht zu vermindern, sondern noch zu vergrößern«[46]. Ein E-Mail-Konto allein bringt nicht mehr Kontakte, wenn man kein soziales Netzwerk hat, das man nutzen kann.

Der Entwicklungsforscher Kevin Donovan sieht Parallelen zwischen Bemühungen um Open Data und James Scotts Buch *Seeing Like a State*.[47] Offene Standards und strukturierte, maschinenlesbare Daten sind zentrale Bestandteile des Open-Data-Programms, und für Donovan ist diese Formalisierung und Standardisierung »viel mehr mit Werten aufgeladen, als man gemeinhin annimmt«. Open-Data-Programme wollen wie der Staat »eine Gesellschaft durch Vereinfachung lesbar machen«. Standardisierte Daten »agieren« wie der Staat »über eine Vielzahl von Gemeinschaften hinweg und versuchen, kulturelle Normen durch Standardisierung zu eliminieren«. Er schreibt:

Wenn auf diese Weise die Nicht-Lesbarkeit eliminiert wird, verringert das die politische Autonomie der Öffentlichkeit, weil es mächtigen Institutionen eine viel größere Reichweite für ihr Handeln gibt. Scott argumentierte: »Eine perfekt lesbare Gesellschaft beseitigt lokale Informationsmonopole und schafft eine Art nationale Transparenz durch die Uniformität von Codes, Identitäten, Statistiken, Vorschriften und Maßstäben. Gleichzeitig werden wahrscheinlich neue Positionsvorteile für die an der Spitze entstehen, die das Wissen und den Zugang haben, um das neue, vom Staat geschaffene Format leicht entziffern zu können.«[48]

Open Data unterminiert die Macht derjenigen, die »von den Idiosynkrasien und Komplexitäten von Gemeinschaften« profitieren; »die Menschen vor Ort, [die] die Komplexität ihrer Gemeinschaft verstehen, weil sie sie seit Langem kennen«. Das Bhoomi-Programm für die Unterlagen über Landbesitz ist ein Beispiel dafür: Es wertet explizit informelles Wissen über bestimmte Orte und geschichtliche Fakten ab, indem es sie rechtlich irrelevant macht; in der schönen neuen Welt von Open Data gerät solches Wissen ins Hintertreffen, weil man viel effizienter in den »offenen Aufzeichnungen über Landbesitz« suchen kann. Es gehört zum Wesen aller Bemühungen um Open Data, dass technologische Möglichkeiten mehr zählen als idiosynkratisches und informelles Wissen.

Optimistischer wird das Bild, wenn Donovan berichtet, wie ein paar »Daten-Fans beim Map-Kibera-Projekt ihre eigene Kurzsichtigkeit erkannt haben«, das als gemeinschaftliches Projekt begann, um den riesigen Slum von Nairobi zu kartieren. Einige stellten die Notwendigkeit des Projekts infrage, weil »die Einheimischen ihre Umgebung [bereits] sehr gut kennen«. Informationen aus Karten würden eher Außenstehenden nützen als den Bewohnern selbst.

Die Probleme, die das Projekt anpacken will, sind, wie Donovan es nennt, »vertrackt: schlecht definiert, verwickelt, und sie widersetzen sich technischen Lösungen«. Trotzdem:

Obwohl es als Beispiel begann, wie ein schlimmes Problem (die Armut und Ausgrenzung in Kibera) zu einem harmlosen (unzureichende Verfügbarkeit von Informationen) umdefiniert wird, ist Map Kibera bewundernswert über den reduktionistischen Ansatz hinausgewachsen, hat andere Formen von Aktivitäten einbezogen, wie Graswurzel-Journalismus, und Schritte unternommen, die es tatsächlich zu einem Projekt der Bewohner machten. Es hat sich über das technologische Ziel hinaus zu einer Reihe von sozialen Zielen hin entwickelt. Auf der Liste der Sponsoren stehen interessanterweise nur nicht kommerzielle Organisationen.

Donovan stellt die Entwicklung von Map Kibera anderen, stärker auf die Technologie konzentrierten Kartierungsprojekten gegenüber wie Googles Map-Maker-Initiativen, denen man vorgeworfen hat, sie würden unethische »Ausbeutung von offenen Communities« betreiben.[49] Die Gefahr solcher Projekte ist, dass sie durch die digitale Erschließung den Wissensvorsprung der Einheimischen gegenüber den Außenstehenden aufheben und damit unter Umständen den bereits Mächtigen Zugang zu Wissen der Gemeinschaft verschaffen, das bisher vor ihnen verborgen war: indem sie ihnen ermöglichen, zu »sehen wie der Slum selbst«.

Mit Blick auf Entwicklungsprogramme folgert Donovan, Open Data sei unzureichend und dürfe nicht der primäre Fokus sein. Stattdessen müsse Transparenz mit überlegter Entwicklung verknüpft werden: Will man gesellschaftliche Veränderungen bewirken, kommt man nicht umhin, sich um die der Macht zugrunde liegende Dynamik zu kümmern. Eine besonders wertvolle Ergänzung zu Open Data sind andere Daten: Ein Busfahrplan ist wertvoller, wenn man ihn mit einer Karte kombinieren kann. Das wirft Probleme bei vom Staat gesammelten Daten auf, wie die Juristinnen Teresa Scassa und Lisa M. Campbell betont haben. Denn die Gesetzgebung zum Datenschutz »verlangt typischerweise, dass Informationen, die für bestimmte Zwecke gesammelt wurden, ohne Erlaubnis nicht für andere Zwecke verwendet werden dürfen«[50].

Scassa und Campbell zeigen, warum Datenschutz oder Privatrecht »sogar auf relativ simple räumliche Daten angewendet werden muss, insbesondere wenn sie mit anderen Datensätzen verglichen oder kombiniert werden«. Sie untersuchten zum Beispiel das Projekt zur Verbrechenskartierung (»Crime Mapping«) der Polizei von Ottawa, das eine Karte der bei der Polizei eingegangenen Notrufe mit Daten von Public Engines, einer amerikanischen Firma, kombiniert. Wenn Versicherungsgesellschaften anhand von Verbrechenskarten entscheiden, wen sie versichern oder nicht und zu welchem Preis, oder wenn Sicherheitsfirmen bestimmte Viertel für Werbekampagnen ins Visier nehmen, dann könnte der Datenschutz verletzt sein.

Der Glaube an die Märkte geht manchmal noch weit über die Forderung nach offenen Daten hinaus. Offene Daten *können* nicht nur neue Märkte entstehen lassen; dem Drängen, Daten freizugeben, liegt oft explizit der Wunsch zugrunde, neue Märkte als Alternative zu staatlichen Dienstleistungen zu schaffen. Der Politikwissenschaftler Jo Bates hat aufgezeigt, wie Open-Government-Programme als eine Form der Privatisierung und Deregulierung verwendet werden können: als gezielter Versuch, durch die Weiterverwendung von Informationen des öffentlichen Sektors (Public Sector Information, PSI) neue Märkte zu errichten, statt staatliche Dienstleistungen zur Verfügung zu stellen. Hier ein zusammenfassendes Zitat:

[D]ie aktuelle »Transparenz-Agenda« [der englischen Regierung, die von prominenten Befürwortern von Open Data unterstützt wird] sollte als eine Initiative gesehen werden, die auch darauf abzielt, öffentliche Dienstleistungen zu vermarkten, was für den durchschnittlichen Beobachter nicht unmittelbar ersichtlich ist. Mehr noch: Gerade wenn man sich auf demokratische Ziele beruft und vorgibt, man wolle »die Öffentlichkeit« in die Lage versetzen, »den Staat« zur Verantwortung zu ziehen, ist es problematisch, wenn man dem Staat einen Begriff von »Öffentlichkeit« gegenüberstellt, der nicht zwischen staatsbürgerlichen und kommerziellen Interessen unterscheidet ... Diese Konstruktion ... ermutigt all jene, die in Bürgerbewegungen mitmachen wollen, sich auf eine Kombination von Solidarität und Profitinteressen einzulassen, die sich von dem stets verdächtigen Begriff des Staates distanziert.[51]

Hier einige Beispiele, die mittlerweile unter den Begriff »Open-Data-Initiative« fallen (wiederum nach Bates):

[D]ie Finanzbranche hat in erheblichem Umfang Lobbyarbeit geleistet, um verbesserten Zugang zu den britischen Wetterdaten zu bekommen, damit sie auf dem Markt [der Wetterrisikoversicherungen] wettbewerbsfähig ist. Verbände wie das Lighthill Risk Network, zu denen auch Lloyds in London gehört, haben bei der Regierung Lobbying für bessere Wetterdaten betrieben, damit sie Produkte rund um Wetterrisiken anbieten können. In ähnlicher Weise hat die Versicherungswirtschaft um Echtzeitinformationen gebeten unter dem Vorwand, sie wolle möglichst schnell auf extreme Wetterereignisse wie Überschwemmungen reagieren können. Meine eigenen Forschungen und die jüngsten Ankündigungen sprechen dafür, dass einflussreiche politisch Verantwortliche in der Regierung, die in Großbritannien einen Markt für Wetterderivate aufbauen wollen, diese Anfragen begeistert aufgenommen haben.

Das Geschäft mit Wetterrisiken mag auf den ersten Blick seltsam erscheinen, aber Bates berichtet: »Der Markt für Geschäfte mit Wetterrisiken ist weitaus größer als der amerikanische Markt für kommerzielle Wetterprodukte, der im Jahr 2000 auf rund 500 Millionen Dollar pro Jahr geschätzt wurde«; 2005/2006 waren es bereits über 45 Milliarden Dollar.

Wenn Unternehmen bei Open-Data-Initiativen die Hände im Spiel haben, werden neue Amazons und Apples entstehen, während das gemeinschaftliche Engagement ausgehöhlt wird, das die Stärke der Bewegung ausmacht. Eine der führenden Firmen bei Open Data ist Palantir Technologies. Ich wurde durch die überparteiliche, gemeinwohlorientierte Organisation Code for America darauf aufmerksam; sie sponserte O'Reillys Gipfel zum Thema Government 2.0 und hat seine Terminologie von »Government as Platform« übernommen, außerdem war sie ein früher Partner der Food Security Open Data Challenge der amerikanischen Entwicklungsbehörde USAid.[52] Palantir erhielt schon in den Anfängen Geld von In-Q-Tel, der Wagniskapitalfirma der CIA, und von Peter Thiels Founders Fund, beides Unternehmen, von denen jedermann weiß, wie sehr ihnen Offenheit und Gleichheit am Herzen liegen. Peter Thiel ist Verwaltungsratsvorsitzender von Palantir: Vielleicht verfolgt er Open-Data-Projekte für die geheimnisumwitterte Bilderberg-Gruppe, in deren Steuerungsausschuss er ebenfalls sitzt?

Es wäre schön, sich vorzustellen, dass der Übergang zu offenen Daten einige etablierte Interessen aushebelt, ohne dass es zu Verhältnissen wie auf der *Farm der Tiere* führt; aber die Aussichten dafür stehen nicht gut.

Eine Lektion der Kulturökonomie ist, dass kreative Arbeiten, für die es auf einem kleinen Markt eine signifikante Nachfrage gibt, durch Importe von großen Märkten, deren Grenzkosten gegen null tendieren, weggeschwemmt werden können. Es ist für Fernsehsender profitabler, auf kleinen Märkten billige amerikanische Shows zu senden als teureres, selbst produziertes Material, *sogar wenn Letzteres höhere Einschaltquoten erzielen würde,* weil die Kulturproduzenten ihre Kosten auf dem heimischen Markt decken wollen und in die übrigen Märkte in der Regel billiger exportieren.[53]

174

Um auf Märkten, wo der Gewinner alles bekommt, die kulturelle Vielfalt zu erhalten, haben die Regierungen kleinerer Länder eine Reihe von Interventionsmöglichkeiten ersonnen. Dazu gehören die finanzielle Förderung der Produktion, Quotenregelungen für Sendungen, Regeln für Ausgaben, Schutz des staatlichen Eigentums und Wettbewerbspolitik. Solche Maßnahmen finden im Allgemeinen bei Anhängern einer linken Weltsicht Anklang.

Bedauerlicherweise fordert die Open-Data-Bewegung, dass Daten ohne Rücksicht auf Grenzen und immer auf die gleiche Weise zur Verfügung gestellt werden: maschinenlesbar, jedermann zugänglich und lizenzfrei. Sie verlangt eine nicht diskriminierende Lizenzvergabe, konzentriert sich auf standardisierte Formate und beharrt ganz allgemein darauf, dass die Daten Reichen und Armen gleichermaßen zugänglich sind, genau wie die Justiz und das Hotel Ritz. Weiter beharrt sie darauf, dass Maßnahmen, die Staaten gerne ergreifen würden, um zum Beispiel nicht kommerzielle oder lokale Nutzer zu begünstigen, nicht ergriffen werden. Damit offene Daten tatsächlich ein öffentliches Gut sein können, sind jedoch gesellschaftliche Veränderungen nötig. Wenn es das Ziel der Bewegung ist, Gleichheit durchzusetzen, wird sie darauf drängen müssen, sehr viel mehr mit Standards, Lizenzierung und der selektiven Freigabe von Daten auf allen staatlichen Ebenen zu arbeiten. Sonst wird eine potenziell wertvolle öffentliche Ressource einfach von denen geplündert werden, die die digitalen Fähigkeiten und die Mittel besitzen, den meisten Nutzen daraus zu ziehen.

◆

Viele erfolgreiche Bewegungen für Offenheit entwickeln sich nach dem gleichen Muster.

Die Bewegung beginnt mit dem Appell an egalitäre Ideale und setzt dann auf Behauptungen, dass Offenheit das Gleichgewicht gegenüber mächtigen Institutionen wie »etablierten« Konzernen oder dem Staat wiederherstellen könne.

Wenn eine Bewegung für Offenheit wächst, lernt das »Smart Money« (Business Angels und Wagniskapitalgeber), wie es dabei mitmischen kann. Manchmal kommt das Geld sogar von denen, die bedroht zu sein schienen: IBM war eine etablierte Software-Firma mit einem eigenen Betriebssystem, die Linux lieben lernte, und die Musikindustrie lernt, wie sie Werbung auf (und in) Musikvideos von YouTube unterbringt. So werden rund um die offenen Gemeingüter Geschäfte gemacht.

Große Unternehmen sind oft in einer besseren Position, um die Entwicklung der Bewegung zu beeinflussen, als die Amateure, die immer in den Geschichten auftauchen. Allianzen mit solchen Unternehmen (»Blockbuster-Strategien«, wie Anita Elberse das nennt) können für Initiativen rund um das Thema Offenheit verlockend sein, und oft gehen sie mit einer Veränderung in der Sprache einher. Visionen von Gemeinschaftlichkeit werden durch Argumente abgelöst, dass Offenheit für die Konsumenten besser sei oder eine effizientere Produktionsmethode darstelle. In der Welt von Open Data werden Argumente für bürgerschaftliches Engagement gern durch das Argument verlockender neuer Konsumangebote ersetzt (Google Maps, Immobilienangebote). Das Ziel von Linux, Nutzern mehr Kontrolle über ihr Computerumfeld zu geben, tritt zurück hinter dem Argument, die Wall Street und den amerikanischen Sicherheitsapparat zu stärken.

Das Muster wiederholt sich auf den Online-Plattformen. EBay ist der Urahn der Unternehmen der Sharing Economy, und viele Menschen stellen es sich immer noch als »Garagenflohmarkt für jedermann« vor, aber eBay selbst schildert seine Unternehmensgeschichte inzwischen in drei Phasen.[54] Die erste Phase war die der Garagenverkäufe, die zweite die Phase, in der professionelle kleine Verkäufer auf dem Marktplatz ihren Lebensunterhalt verdienten. Auch diese Phase ist inzwischen vorbei, weil mittlerweile die großen Marken eBay nutzen. Das Geschäftsmodell der Auktionen, dem eBay seine informelle, an einen Trödelladen erinnernde Atmosphäre verdankte, gehört schon lange der Vergangenheit an, heute werden überwiegend Neuwaren und nicht mehr Gebrauchtwaren verkauft. Wie bei den Unternehmen der Sharing Economy läuft der Glaube, die Gesetze der freien Marktwirtschaft seien mit Gemeinschaftsgütern und gemeinschaftsbasiertem sozialen Tausch vereinbar, darauf hinaus, dass kommerzieller Erfolg und der Wunsch zu wachsen genau die Merkmale zerstören, die anfangs den Reiz der Unternehmen ausgemacht haben.

Open-Source-Optimisten und andere Befürworter von »Offenheit« stützen sich gern auf kommunitaristische Ideen und heben hervor, auf welche Weise Offenheit eine Alternative zu profitorientierten Unternehmen sein kann. Diese Richtung der Bewegung für Offenheit ist in Europa besonders stark. Aber der Bezug auf die kommunitaristischen Wurzeln kaschiert mittlerweile, dass in Wahrheit eine Bewegung dahintersteckt, die für das freie Spiel der Marktkräfte und Deregulierung kämpft und für Regierungen sowie all jene, die Unternehmertum als soziale Verantwortung ansehen, nur Zynismus übrig hat. Nach vielen Gesprächen mit Aktivisten und Entwicklern in Europa und Nordamerika habe ich den Verdacht, dass man in Europa den »Deregulierungsflügel« der Bewegungen für Offenheit unterschätzt. Deshalb finden neue, gewinnorientierte Initiativen dort bei fortschrittlich gesinnten Menschen weiterhin viel Beifall; sie sollten aber, wie ich meine, unbedingt gründlicher darüber nachdenken, vor was für einen Karren sie sich spannen lassen. Große Teile der »Open-Data-Bewegung« genau wie neuere Subkulturen rund um Bitcoin und die selbst ernannte »Maker-Kultur« sind alles andere als fortschrittlich. Die Sharing Economy hat sich rasch in eine kommunitaristische Fassade für eine marktliberale Bewegung verwandelt, die einer antidemokratischen Agenda der Deregulierung anhängt. Genauso präsentieren die Anhänger der digitalen Währung und der »Maker-Kultur« das Image romantischer Rebellen, während sie tatsächlich in den Fußstapfen der Wall Street wandeln, die Regulierung unbedingt verhindern will, und von Amazon, das wesentlich mehr daran interessiert ist, Drohnen vor unserer Haustür landen zu lassen, als eine wirklich alternative, gemeinschaftsorientierte Kultur aufzubauen.

Diese neue Welt kann für uns in unserer Rolle als Konsumenten gut sein, aber sie ist schlecht für die Produzenten und Lieferanten, die mit ihrer Arbeit Geld verdienen wollen und nun so hingestellt werden, als behinderten sie den Fortschritt. Open-Source-Entwickler sind oft insofern in einer relativ guten Position, als sie dafür bezahlt werden, wenn sie auf den neuen Geschäftsfeldern rund um Open-Source-Software arbeiten. Aber für Journalisten, Fotografen und Filmemacher lautet die Botschaft, dass sie sich von der Vorstellung verabschieden müssen, sie verdienten es, für ihre Arbeit entlohnt zu werden. Die neue Welt ist die beste aller möglichen Welten für alle Inhaber von Plattformen im Web 2.0, die guten Grund haben, sich nicht zu fragen, wie das, was sie liefern, mit dem übereinstimmt, was sie versprochen haben.

8 GANZ WEIT OFFEN

Im Silicon Valley ist man zutiefst davon überzeugt, dass Teilen und Kommerz miteinander vereinbar sind. Jenseits der Sharing Economy gibt es dafür viele Beispiele, einige haben wir in Kapitel 7 vorgestellt: Lawrence Lessigs Idee der »Hybrid-Ökonomie«[1] baut darauf, dass Amateure und Profis Seite an Seite arbeiten, meist auf gewinnorientierten Plattformen; Sozialunternehmen wenden kommerzielle Strategien an, um möglichst große Verbesserungen für die Menschen und die Umwelt zu erzielen; Benefit Corporations wie Etsy, der Online-Marktplatz für Handwerksdienste, stellen sich als Firmen dar, »die in ihren Entscheidungsprozessen Gesellschaft und Umwelt gleichermaßen berücksichtigen wollen«.

Die damit verwandte Idee des sozialen Unternehmertums baut bei den Bemühungen, Gutes für die Allgemeinheit zu schaffen, auf die Märkte. Organisationen wie Markets for Good (ein Zweig der Bill and Melinda Gates Foundation) und Google.org, der karitative Ableger von Google, setzen solche Ideen in die Praxis um.

In Kapitel 1 haben wir Steven Berlin Johnsons Idee der »Peer Progressives« erwähnt. Er betont, wie wichtig profitorientierte und nicht profitorientierte Peer-to-Peer-Netzwerke gleichermaßen für die Lösung gesellschaftlicher Probleme sind, und will digitale Plattformen und ihre Communities zum Wohl der Gesellschaft nutzen.[2]

Pierre Omidyar gehört zu den entschiedensten Befürwortern des sozialen Unternehmertums. Omidyar hat eBay gegründet, einen direkten Vorfahren der Sharing Economy. EBay ging von einer nachbarschaftlichen Aktivität aus (dem Garagenflohmarkt) und entwickelte sie durch das Internet in großem Stil und mit gewaltigem Erfolg weiter. EBay hat Pierre Omidyar zum Multimilliardär gemacht, und er lässt das Geld für neue Zwecke arbeiten. Zusammen mit seiner Frau Pam Omidyar hat er das Omidyar-Netzwerk geschaffen, das die Grenze zwischen Spenden und Investieren verwischt (er selbst spricht von einer »philanthropischen Investmentfirma«), ebenso die Grenze zwischen Profit und Gemeinwohl (das Netz unterstützt »Unternehmen, die unsere Verpflichtung teilen, das Wohlergehen der Gesellschaft zu fördern«). Es widmet sich der Aufgabe, »die Macht der Märkte dafür zu nutzen, Chancen für Menschen zu schaffen, ihr Leben zu verbessern«.

Gemeinsam ist vielen Initiativen, dass sie mit erfolgreichen Unternehmern aus der Technologiebranche verbunden sind. Sie alle eint die Vorstellung, dass unternehmerisches Handeln (statt, beispielsweise, sozialem Engagement) der richtige Weg ist, soziale Probleme zu lösen. Sie glauben, dass Profit und gesellschaftliches Wohlergehen nicht nur nebeneinander existieren, sondern voneinander profitieren können, sofern die Verantwortlichen aus anständigen Motiven handeln.

In der Welt außerhalb des Silicon Valley sind die Ansichten über die Wirkungen von Märkten auf andere Formen der sozialen Interaktion eher gemischt. Zwei Traditionen reichen zurück bis ins 18. Jahrhundert und zu den Ideen von Adam Smith. Die einen sehen den Markt als zivilisierende Kraft, anknüpfend an Adam Smiths berühmten Satz: »Nicht vom Wohlwollen des Metzgers, Brauers und Bäckers erwarten wir das, was wir zum Essen brauchen, sondern davon, dass sie ihre eigenen Interessen wahrnehmen.« Für die anderen korrumpiert der Markt; sie berufen sich ebenfalls auf ein Zitat von Adam Smith: »Geschäftsleute des gleichen Gewerbes kommen selten, selbst zu Festen und Zerstreuung, zusammen, ohne dass das Gespräch in einer Verschwörung gegen die Öffentlichkeit endet oder irgendein Plan ausgeheckt wird, wie man die Preise erhöhen kann.«[3] Unter einem anderen Blickwinkel betrachten manche den Markt als »schwach«, was seine Wirkungen auf die Gesellschaft angeht, weder sonderlich zivilisierend noch zerstörerisch, während Märkte für wiederum andere wie Omidyar Mechanismen darstel-

len, um erwünschten gesellschaftlichen und politischen Wandel herbei-
zuführen.[4]

In diesem Kapitel untersuchen wir, wie Bestrebungen, Profit und
Teilen zu verbinden, in zwei Bereichen funktionieren, die für die Sharing Economy besonders wichtig sind: dem Internet und in den Städten.

VERDRÄNGUNGSWETTBEWERB

Transaktionen im Rahmen der Sharing Economy haben angeblich zwei
Komponenten. »Economy« bezieht sich darauf, dass es um einen Austausch auf einem Markt zwischen einem Dienstleister und einem Konsumenten geht, wogegen »Sharing« an einen eher persönlichen, empa-
thischen Austausch denken lässt wie bei Nachbarn, die sich gegenseitig
helfen. Zwar kann Geld fließen, aber bei der Transaktion geht es um
mehr als Geld: Es geht um Verbundenheit und Gemeinschaftlichkeit.

Weiter oben haben wir festgestellt, dass Technologie-Kommentato-
ren und Unternehmer aus dem Silicon Valley regelmäßig drei Stadien
der Geschichte schildern: An das Zeitalter des persönlichen Austauschs
und staatsbürgerlichen Engagements schließt sich die Ära des entfrem-
denden Massenkonsums und der Massenproduktion an. Darauf folgt
die Wiederauferstehung des staatsbürgerlichen, gemeinschaftsorien-
tierten Bewusstseins, angetrieben durch die neuen Technologien. Der
Bogen, der dabei gespannt wird, setzt oft bei renommierten Forschungen zum Rückgang des staatsbürgerlichen Engagements Ende des 20.
Jahrhunderts an, insbesondere Robert Putnams Studie *Bowling Alone,*
endet aber allzu oft in der Karikatur.[5] Das ist Brian Cheskys Version:

> Städte waren im Allgemeinen Dörfer, und jeder war so etwas wie ein Un-
> ternehmer. Man war entweder Bauer oder hat als Schmied in der Stadt ge-
> arbeitet oder irgendeinen Handel betrieben. Und dann kam die Industrielle
> Revolution … [Es folgte der Zweite Weltkrieg, und] auf einmal wurden die
> Städte immer mehr zu Massenprodukten. Und wir hörten auf, unseren
> Nachbarn zu vertrauen.[6]

Selbst nach diesem Kollaps der Gemeinschaft sind nicht kommerzielle Tätigkeiten weiterhin so fest in unser alltägliches Leben hineinverwoben, dass man sie leicht übersieht.

Sowohl unsere Stadtviertel wie die Städte insgesamt funktionieren weiterhin auf der Basis staatsbürgerlichen Engagements, und all jene, die über Profit und Teilen in der digitalen Welt nachdenken, können von unseren Städten und ihrer Kultur eine Menge lernen. Vor ein paar Jahren schrieb Clay Shirky, 100 Millionen Arbeitsstunden seien erforderlich gewesen, um Wikipedia zu erschaffen, und fragte sich, was wir mit diesem neu entdeckten »kognitiven Überschuss« anfangen könnten.[7] Die Zahl ist eindrucksvoll, aber wie viele große Zahlen ist sie nicht mehr ganz so eindrucksvoll, wenn wir sie in Beziehung zu anderen Zahlen setzen. Ein Beispiel: Die Kanadier leisteten allein im Jahr 2010 2,1 Milliarden Stunden Freiwilligenarbeit, und es gibt keinen Grund anzunehmen, dass in Kanada Freiwilligenarbeit höher im Kurs steht als in anderen Ländern.[8] 2,1 Milliarden Stunden entsprechen einer Million Fulltime-Jobs oder 20 kompletten Wikipedias, mit dem Unterschied, dass die Zeit Krankenhäusern, dem Sport, wohltätigen Organisationen oder der Kunst zugutekam. Beispiele für nicht kommerzielles Teilen und Kooperation gibt es in unseren Städten nach wie vor zuhauf; für vieles von dem, was wir »Kultur« nennen, ist seit Langem eine Mischung aus freiwilligem Teilen und bezahlter Arbeit typisch, ob es um Sport geht oder die Künste oder um alltägliches soziales Engagement.

In einer simplifizierenden ökonomischen Sicht ist Geld gegen andere Motive austauschbar, deshalb klingt die Idee einleuchtend, den sozialen Austausch durch monetäre Anreize zu stärken. Dieses Argument hat besonders nachdrücklich der mit dem Nobelpreis ausgezeichnete Ökonom Gary Becker vertreten, einer der einflussreichsten Ökonomen des 20. Jahrhunderts.

Aber beim sozialen Austausch ändert Geld alles, wie es Cyndi Lauper in einem Song ausdrückt. Richard Titmuss hat in einer berühmten Untersuchung mit dem Titel *The Gift Relationship* die amerikanische und die britische Praxis bei Blutspenden miteinander verglichen und kam zu dem Schluss, dass die Einführung monetärer Anreize die Häufigkeit der Spenden verringern würde, denn »das soziale Verständnis einer Blutspende von einem ›Geschenk des Lebens‹ [würde sich] zu einem bloßen Barwert verändern, wenn wir die Einrichtung eines Blutmarkts zuließen«[9]. Wenn man Blut spendet ohne Bezahlung, kann man sich gut fühlen, beim Blutspenden gegen Geld geht das nicht. Statt den Anreiz für diese soziale Tat zu steigern, hat das Geld die intrinsischen Motive, die Menschen zum Blutspenden bewegten, »verdrängt«.

Titmuss zeigte, dass finanzielle Anreize auch die Qualität des gespendeten Bluts verschlechterten. Menschen, die aus sozialen Gründen Blut spenden, werden das automatisch unterlassen, wenn sie die erforderlichen Kriterien nicht erfüllen. Aber Menschen, denen es um das Geld geht, werden eher geneigt sein, auch dann Blut zu spenden, wenn es für die Empfänger gefährlich sein kann. Dadurch wird die Untersuchung des Bluts sehr viel wichtiger.

Es gibt noch viele weitere Beispiele, dass Geld und Geschenke nicht austauschbar sind. Nach einer Verabredung Blumen zu schicken hat eine bestimmte Bedeutung, eine 50-Dollar-Note auf den Tisch zu legen, eine andere. Jemandem an der Supermarktkasse Geld anzubieten, damit er mich in der Schlange vorlässt, wird wahrscheinlich keinen Erfolg haben. Wählerstimmen mit Geld zu kaufen ist mit dem demokratischen Prozess unvereinbar.

Das »Ultimatumspiel«, ein einfaches Spiel mit zwei Beteiligten, das kulturell geprägte Vorstellungen von Fairness illustriert, zeigt, warum die Entfremdung wächst, wenn Geld involviert ist. Bei dem Spiel bekommt ein Spieler 100 Dollar, und er muss einem zweiten Spieler einen Teil des Geldes anbieten; der andere hat nur die Wahl, das Angebot anzunehmen oder abzulehnen. Wie viel der erste Spieler anbietet, ist seine Entscheidung. Wenn der zweite Spieler das Angebot annimmt, bekommen beide ihren Anteil an den 100 Dollar, aber wenn der zweite Spieler ablehnt, muss das Geld zurückgegeben werden, und beide bekommen nichts. Es zeigt sich, dass viele zweite Spieler eher niedrige Angebote ablehnen, obwohl sie dadurch Geld verlieren, als dass sie den ersten Spieler mit seiner Gier durchkommen lassen. Bestimmte Vorstellungen, was fair ist, veranlassen Menschen, dass sie ein Angebot ausschlagen, das unter anderen Umständen gar nicht schlecht gewesen wäre (10 Dollar einfach so).

Unternehmen der Sharing Economy kümmern sich nicht darum, dass Geld soziale Motive verdrängt.

Uber ist bekannt für sein »Surge Pricing«: Bei hoher Nachfrage steigen die Preise. An dem Preissystem hat es einige Kritik gegeben, und Kunden, die hohe Preise zahlen mussten, haben ihrem Unmut Luft gemacht. Aber Ökonomen[10] wie auch Uber selbst sind schnell mit der Erklärung bei der Hand – oft klingt es, als sprächen sie mit einem etwas begriffsstutzigen Kind –, dies seien nun einmal die natürlichen Gesetze von Angebot und Nachfrage:

> Mit »Surge Pricing« will Uber mehr Autos auf die Straße bekommen und seinen Dienst zu den Zeiten mit der höchsten Nachfrage sicherstellen. Wenn genug Autos auf der Straße sind, gehen die Preise wieder auf das normale Niveau zurück.[11]

Uber verteidigt sich damit, dass seine nachfrageabhängigen Preise keineswegs neu seien, nicht einmal im Beförderungsgewerbe. Bus- und Zugfahrten kosten in vielen Städten zu Stoßzeiten mehr, und Fluglinien passen ihre Preise an, je nachdem wie viele Sitze sie verkaufen wollen. Aber Uber und mit ihnen allzu viele Ökonomen sind blind für einen anderen Aspekt der Debatte: Die Preise zu Neujahr anzuheben oder in der Hauptverkehrszeit, ist eine Sache, sie jedoch während eines Schneesturms zu erhöhen, eine andere.

In Zeiten der Not vertrauen wir als Gemeinschaft darauf, dass andere Menschen sich aufraffen und uns durch die Krise helfen: Wir erwarten, dass Menschen sich um ihre Nachbarn kümmern (ohne Bezahlung), dass sie anderen helfen, die in Schwierigkeiten sind (ohne eine Rechnung zu stellen), dass sie generell mit anpacken und das Wohl der

Gemeinschaft im Auge haben. Wir erwarten, dass andere ihre Zeit und ihren Besitz teilen.

Wenn in einer Krise die finanziellen Anreize betont werden, verdrängt das die mitmenschlichen Motive. Wenn mein Nachbar und ich jemandem dabei helfen, sein Auto aus einer Schneewehe zu ziehen, dann tun wir einfach nur das Richtige. Aber wenn mein Nachbar Geld dafür bekommt und ich nicht, stehe ich als Trottel da. Es hat einen Grund, warum man von Wucher spricht, wenn jemand eine Notlage ausnützt. Unser Zusammenleben erfordert eine mitmenschliche Reaktion, und die wird durch die finanziellen Anreize von Angebot und Nachfrage ausgehöhlt, unabhängig davon, welche Wirkung sie auf die Zahl der Uber-Fahrzeuge hat, die unterwegs sind.

In kritischen Zeiten mag »Surge Pricing« mehr Autos auf die Straße bringen, aber die Autos nützen all jenen nichts, die sich die Preise nicht leisten können. Wir lehnen diese Art der Preisgestaltung dann aus denselben Gründen ab, aus denen wir auch Anstoß daran nehmen, dass auf der Titanic nur den Passagieren der ersten Klasse Rettungsboote zur Verfügung standen: In der Not müssen alle Zugang zu Hilfe bekommen.[12] Uber ist taub für solche Argumente, wie man es von einer Firma, die von einem Anhänger Ayn Rands gegründet wurde, vielleicht nicht anders erwarten kann.

Aber selbst Uber musste nach der Geiselnahme im Hauptgeschäftsviertel von Sydney im Jahr 2014 einlenken, einer Tragödie, bei der drei Menschen starben. In der allgemeinen Verwirrung direkt nach der Geiselnahme, als die Menschen fluchtartig das Stadtzentrum verließen, erhöhte Uber die Preise um den Faktor vier, zu einem bestimmten Zeitpunkt verlangte es einen Mindestpreis von 100 Dollar.[13] Zunächst verteidigte Uber seine Politik noch auf Twitter und erklärte: »Die Fahrpreise wurden erhöht, um mehr Fahrer zu motivieren, zu kommen & Passagiere aufzunehmen.« Dann, angesichts anhaltender Kritik, schwenkte Uber um. Bevor die lautstarke Reaktion der Bewohner von Sydney eine Entschuldigung erzwang, war das Unternehmen nicht in der Lage zu erkennen, warum das ökonomische Einmaleins der Logik von Angebot und Nachfrage in einer gesellschaftlichen Krise nicht angemessen ist.

Schneestürme sind ein weiteres Beispiel für eine gemeinschaftliche Krise. Im Winter 2014/15 kletterten die Preise von Uber hin und wieder auf das Sieben- bis Achtfache des Normalpreises. Die Bundesstaaten New York und Washington erklärten Uber, seine Preise verstießen gegen das Wucherverbot, und Uber willigte ein, bei nationalen Notfällen Preisobergrenzen zu beachten.[14] Für Uber sind Teilen und Gemeinschaft ganz offensichtlich Fremdworte. Sein Beharren darauf, dass Austausch immer auf Markttransaktionen hinausläuft, ist ein ideologischer Fehler; diese Denkweise illustriert, welche implizite politische Agenda sich oft hinter den Apps und Algorithmen der Geschäftsmodelle in der Sharing Economy verbirgt, und sollte uns veranlassen, ihren Behauptungen zu misstrauen, sie würden sich verantwortungsbewusst selbst kontrollieren. Die Tatsache, dass es einer entschlossenen Verwaltung gelungen ist, das Verhalten des Unternehmens zu verändern, erinnert uns daran, dass die Entwicklung der Sharing Economy keineswegs zwangsläufig ist.

GEMEINGÜTER IN DER STADT

David Harvey erwähnt in seinem Buch *Rebellische Städte*[15] nicht ein einziges Mal digitale Technologien, aber seine Analyse ist sehr lehrreich, wenn man über die Sharing Economy nachdenkt. Harvey geht es um die »Gemeingüter« in der Stadt im alltagssprachlichen Sinn: alles, was in geteiltem oder gemeinschaftlichem Besitz und damit dem privaten Eigentum entzogen ist. Das ist eine breitere Definition als die technische, die manche Wissenschaftler benutzen.[16] Ein Stadtpark ist ein Gemeingut, und in der digitalen Welt ist der Code, aus dem ein Open-Source-Projekt besteht, ebenfalls ein Gemeingut. Als Marxist nimmt Harvey eine dialektische Perspektive ein: Gemeingüter sind weder gut noch schlecht, sondern »Fragen der Gemeingüter [sind] widersprüchlich und daher stets umstritten. Hinter diesen Kontroversen verbergen sich gegensätzliche soziale und politische Interessen.«[17] Diese in Konflikt stehenden Interessen werden in der Sicht des Silicon Valley allzu oft übersehen oder ausgeblendet, nach der Märkte und soziale Güter sehr wohl harmonieren. Aber sie sind der Kern des Problems, wenn es um Kultur geht, ob online oder offline.

Die Sharing Economy ist für viele Menschen attraktiv, die von der zentralistischen staatlichen Bürokratie und den alles durchdringenden Marktgesetzen gleichermaßen desillusioniert sind und nach alternativen Modellen der Organisation und Kooperation Ausschau halten, nach neuen Modellen für ein demokratisches Zusammenleben. Das Konzept der Gemeingüter, bei dem Teilen im Mittelpunkt steht, bietet faszinierende Visionen gleichberechtigter, nicht hierarchischer Formen der Zusammenarbeit.

Aber wie sich herausgestellt hat, ist es schwierig, Gemeingüter nachhaltig zu verwalten, besonders im großen Maßstab, und deshalb wurden viele Gemeingüter aufgegeben, legitim oder illegitim ersetzt durch private Ressourcen, die wie Waren verwaltet werden (umzäunte Ackerflächen, Kohlenstoffzertifikate, handelbare Fischquoten), oder durch öffentliche Ressourcen, für die eine zentrale Behörde zuständig ist (Straßen, öffentliche Gesundheitsvorsorge). Trotzdem öffnen urbane Gemeingüter (in der Stadt) und digitale Gemeingüter (online) Räume für neue Formen der Produktion und Kooperation: In diesem Sinn sind sie stetige Quellen der Hoffnung und des Hypes.

Gemeingüter und Gemeinschaft sind eng miteinander verwoben. Es gibt kein Gemeingut ohne eine Gemeinschaft, die sich darum kümmert, und es gibt keine Gemeinschaft ohne ein Gemeingut, das sie verwaltet. Mit anderen Worten: Ein Gemeingut ist etwas, um das sich eine Gemeinschaft bildet. Gemeingüter können auf viele verschiedene Arten lebendig gehalten werden; Elinor Ostrom hat den Nobelpreis für ihre Pionierarbeit zum Umgang mit Gemeingütern bekommen, in der sie einen Rahmen für die Analyse der diversen Institutionen und Praktiken entworfen hat. Aber die Pflege eines Gemeinguts ist definitionsgemäß eher kollektiv als privat und eher geteilt als kommerzialisiert, sie entzieht

sich der Logik von Privateigentum und Marktbeziehungen.[18] Elinor
Ostroms Vortrag anlässlich der Verleihung des Nobelpreises trug den
Titel »Jenseits von Staat und Markt«.

Die meisten von uns sind mit ökologischen Gemeingütern vertraut:
reine Luft, sauberes Wasser, Stille oder Fischbestände – knappe Ressourcen, die allen gehören. Auch viele Aspekte der Kultur sind Gemeingüter, aber mit einem Unterschied: Ökologische Gemeingüter müssen
sorgfältig verwaltet und bewahrt werden, kulturelle Gemeingüter hingegen erschöpfen sich offenkundig nicht durch den Gebrauch – sie sind
»nicht rivalisierende« Güter, zumindest bis zu einem gewissen Punkt:
Wenn ich mir einen Song anhöre, hindere ich niemanden daran, ihn
sich auch anzuhören; der Konsum »erschöpft« die Ressource nicht. Bei
kulturellen Gemeingütern besteht die Herausforderung eher darin, ein
ausreichendes Niveau bei Produktion und Beteiligung zu erreichen, als
dass man sich über übermäßigen Konsum Gedanken machen müsste.

Unsere Städte sind voller kultureller Gemeingüter, die Elemente von
geteiltem Besitz und Partizipation aufweisen. Beispiele sind Parks, Bür-
gersteige, Straßenzüge, Sportanlagen und städtische Innovationsberei-
che. Andere Beispiele sind weniger greifbar, aber nicht weniger wichtig:
die Dynamik von Manhattan, die »Kaffeekultur« Roms, die katalani-
sche Geschichte und die Architektur von Barcelona, die einzigartige
symbolische Bedeutung von Berlin nach dem Ende des Kalten Krieges,
die zentrale Rolle des Tahrir-Platzes während des »ägyptischen Früh-
lings« 2011 oder des New Yorker Zucotti-Parks während der Besetzung
durch die Occupy-Bewegung im Jahr 2012.

Städte sind Orte, an denen sich Menschen aller Hautfarben und
Schichten mischen. Die soziale, kollektive Produktion von Kultur trägt
ganz wesentlich zu dem bei, was eine Stadt ausmacht. Harvey zitiert
Hardt und Negri: »[D]ie Metropole [ist] sozusagen eine Fabrik zur Produktion des Gemeinsamen.«

Die kommerziellen Kulturindustrien spielen auch in der Wirtschaft
eine immer wichtigere Rolle: »Die Anzahl der Menschen, die in kulturelle Aktivitäten eingebunden oder in der kulturellen Produktion tätig

sind, ist in den letzten Jahrzehnten deutlich angestiegen.«[19] Aber Kultur unterscheidet sich von Waren wie Hemden und Schuhen[20] insofern, als der Handel mit ihr nur die Spitze des kulturellen Eisbergs ist. Die große Masse kultureller Aktivitäten unterhalb der Wasserlinie machen nicht kommerzielle Gemeingüter aus: Wir beteiligen uns als Amateure an kulturellen Aktivitäten, weil es Spaß macht, weil wir uns persönliches Wachstum erhoffen, an die Wichtigkeit des gemeinsamen Ziels glauben oder aus anderen intrinsischen Motiven. Ob sportliche, künstlerische und kreative Angebote in einem Stadtviertel funktionieren, hängt weitgehend von nicht kommerziellen Aktivitäten und Motiven ab. Ganz ohne Kommerz geht es normalerweise nicht – Menschen verdienen Geld mit Musikunterricht, mit dem Verkauf von Büchern und so weiter –, aber nur oberhalb der Wasserlinie ist ohne schlechtes Gewissen und vorrangig von Geschäften die Rede: Wir sprechen von der »Kulturindustrie«, vom kulturellen Marktplatz und bezeichnen Sportteams und Filmproduktionen als »Franchise-Unternehmen«.

Viele kulturelle Aktivitäten haben ihre Wurzeln in Internet-Plattformen und Open-Source-Projekten und weisen eine ähnliche Eisberg-Struktur auf: Viele Menschen beteiligen sich zum Spaß daran, einige verdienen ihren Lebensunterhalt damit und ein paar machen ein Vermögen. Die Gemeingüter, um die herum sich Gemeinschaften bilden, gehören zu den spannendsten Aspekten der Internet-Landschaft. Als Beispiele wären der Quellcode des Webkit-Browsers zu nennen; die Syntax der Programmiersprache Python; der Content von Wikipedia; die geografischen Daten von Open Street Map; die Ratings und Kommentare, mit denen Bewertungssysteme arbeiten; die Rezensionen und Bewertungen von Büchern bei Amazon, GoodReads und LibraryThing; die Beiträge zur Strick- und Häkelgemeinschaft von Ravelry; die Nachrichten-Threads in Foren wie 2+2 (Online-Poker), Reddit, 4chan, Something Awful und GardenWeb; die Fragen, Antworten und das Nutzer-Feedback auf Auskunftsseiten wie Stack Overflow, Server Fault und Quora.

Kultur und Computernutzung als Gemeingüter zu bezeichnen,

erfasst nicht all ihre Aspekte: Bei den Gemeingütern gibt es eine große Bandbreite bei Zugang, Besitz und Verwaltung. Wenn man genau hinschaut, werden vielfältige Kombinationen von Praktiken erkennbar, die sich einer Verallgemeinerung entziehen.[21] Hier ein kurzer Überblick über diese vielgestaltige Landschaft.

Kulturelle Gemeingüter sind häufiger offen zugänglich als Gemeingüter aus schnell erschöpften Ressourcen, einfach weil sie durch den Gebrauch nicht erschöpft werden. Aber nicht alle kulturellen Gemeingüter sind offen. Wikipedia und der Times Square mögen allen zugänglich sein, doch der Zugang zu Angie's List, Ravelry und Gemeinschaftsgärten ist auf Mitglieder der Gemeinschaft beschränkt, die sich um diese Gemeingüter kümmert. Bei Stack Overflow kann jeder die Antworten lesen, aber nur Mitglieder können Fragen posten, und es gibt ein kompliziertes Geflecht von Zugangsregeln je nachdem, wie viel jemand beiträgt: Je mehr man beiträgt, desto mehr kann man auf der Seite tun. Die Straßenzüge in den Innenstädten stehen allen offen, aber die Infrastruktur liegt in der Verantwortung der Stadtverwaltung, die Gestaltung der Schaufenster ist Sache der Ladeninhaber, das Ambiente hängt vom Verhalten der Bürger ab, und Händlerverbände haben ein besonderes Interesse und besondere Mitspracherechte bei den Standards und Praktiken in diesen Bereichen.

Diese Bandbreite der Praktiken ist ein Zeichen dafür, dass Gemeingüter komplex und potenziell gefährdet sind. Während die Offenheit von Wikipedia und Linux den Gründungsmythos der Sharing Economy ausmacht, ist die Verwaltung dieser Gemeingüter im Lauf der Zeit komplexer geworden; sie zeigt einen stetigen Zuwachs an formellen Verfahren und Hierarchiestufen bei Verantwortung und Einfluss. Kontroverse Seiten auf Wikipedia werden durch eine komplexe Schutzpolitik gesperrt, Veränderungen am Kernel-Code von Linux müssen nun über mehrere Ebenen von »Committern« und »Maintainern« abgesegnet werden.

Nicht alle öffentlichen Räume sind Gemeingüter. Wie Harvey schreibt: »Öffentliche Räume und Güter in der Stadt waren schon immer eine Angelegenheit der Staatsmacht und der öffentlichen Verwaltung«; als Beispiele nennt er sanitäre Einrichtungen, Gesundheitswesen, Bildung, asphaltierte Straßen. [22] Aber die Grenzen können fließend sein.

Manche Räume (wie der Tahrir-Platz) sind in Krisenzeiten von öffentlichen Räumen zu urbanen Gemeingütern (im kollektiven Besitz derjenigen, die den jeweiligen Platz besetzt halten) geworden: Sie wurden »durch gesellschaftliches Handeln zu einem Gemeingut revolutionärer Bewegungen transformiert«[23]. Andere Räume verwandeln sich von Gemeingütern in öffentliche Räume, wenn sie zu wesentlichen Dienstleistungen werden und wenn der allgemeine Zugang Priorität hat; das gilt zum Beispiel für Bildung und Wohlfahrt, die früher in vielen Gemeinwesen von den Kirchen zur Verfügung gestellt wurden.

Manche Gemeingüter wie Kooperativen im Besitz der Beschäftigten oder der Kunden gehören einer Gemeinschaft, die sie unterhält, aber viele kulturelle Gemeingüter haben keinen eindeutigen Besitzer. Ein zentrales Merkmal vieler digitaler Gemeingüter im Web 2.0 ist, dass sie von einer Community gepflegt werden, aber letztlich einer einzelnen Instanz gehören: Der Wert von TripAdvisor mag in den Inhalten liegen, die seine Nutzer beisteuern, aber das Portal selbst gehört seinen Anteilseignern und Investoren.

Mit den Institutionen und Praktiken der Verwaltung von Gemeingütern wird ständig experimentiert. Manche Institutionen sind informell (Verhaltensnormen, die informell von der Gemeinschaft durchgesetzt werden), andere stärker formalisiert (gewählte Räte, ernannte Funktionäre und so weiter).

Es ist verlockend, Gemeingüter mit ihren Praktiken des nicht kommerziellen Teilens mit egalitären und vage progressiven Idealen zu verknüpfen, und für viele Menschen gehört der Glaube an offene kulturelle Gemeingüter fest zu ihren politischen Überzeugungen. Aber die Gleichsetzung von egalitär und Gemeingütern ist zu einfach: Liberale sehen die Gemeingüter als eine Alternative zu staatlicher Regulierung, während Sozialisten und Sozialdemokraten die Gemeingüter als Alternative zum Markt betrachten. Harvey schreibt über gesicherte Wohnanlagen: »Die Megareichen sichern ihre gemeinsamen Wohnanlagen schließlich ebenso erbittert wie alle anderen.«[24] Ein renommierter, konservativer Golfklub kann auch ein Gemeingut im Besitz seiner Mitglieder sein; gemeinschaftlichen Besitz von Arbeitsplätzen gibt es in Anwaltsfirmen ebenso wie bei Produktionsgenossenschaften.

GEMEINGÜTER UND KAPITAL

Die Gemeingüter zu *pflegen* ist dem Wesen nach eine kollektive, nicht kommerzielle Tätigkeit, aber »das Gemeingut, selbst – und sogar ganz besonders – wenn es sich nicht einhegen lässt, kann stets ausgebeutet werden, auch wenn es an sich keine Ware ist«[25]. Wenn wir zu Kapitel 3 und meinen Erlebnissen in Rom zurückkehren, ist das Ambiente in Trastevere ein Gemeingut: ein kollektives Produkt der Bürger, die dort wohnen und arbeiten, und der Gebäude, die sie ererbt haben und erhalten. Viele Bewohner leben von diesem Gemeingut, betreiben Restaurants und Geschenkläden für die Touristen, die das Ambiente anzieht.

Oft ist es gar nicht wünschenswert, Geld vollkommen aus Gemeingütern herauszuhalten. Die finanziellen Möglichkeiten, »von den Gemeingütern zu profitieren«, sind oft ein Teil dessen, was eine Gemeinschaft und damit ihre Gemeingüter erhält. Wenn die Bewohner von Trastevere nicht mit den Touristen Geld verdienen könnten, wäre es schwierig, den Charakter des Stadtviertels zu konservieren. Einzelne Mitglieder der Gemeinschaft spielen oft eine entscheidende Rolle dabei, den Wert eines Gemeinguts zu bewahren, während sie zugleich von dem Gemeingut leben und versuchen werden, zu kontrollieren, wie damit Geld verdient wird. Ein anderes Beispiel aus einem ganz anderen Bereich: Die literarische Kultur gedeiht aufgrund eines komplexen Ökosystems von Autoren und Lesern, Verlagen und Buchhändlern, Rezensenten und Herausgebern, Literaturagenten und Verwertern – viele verdienen Geld mit ihrer Arbeit und tragen gleichzeitig zu dem Gemeingut bei.

Es gehört zu den Merkwürdigkeiten der Ökonomie von Kulturgütern, dass sie zugleich einzigartig sind (ein Roman kann nie ein perfekter Ersatz für einen anderen Roman sein) und Waren (es gibt einen »Buch-Markt«). Mit Monopolgütern verdient man Geld (»Monopolrente«), und je unverwechselbarer ein Kulturgut ist, desto mehr Kapital zieht es an. Literarische Bestseller bringen ihren Autoren und ihren Verlegern Geld ein, weil sie nicht leicht zu ersetzen sind. Das Geschäft mit Gemeingütern steht immer in einem Spannungsfeld. Je erfolgreicher es einer Gemeinschaft gelingt, ein funktionierendes Gemeingut zu schaffen – je unverwechselbarer und einzigartiger das Gemeingut ist –, desto mehr Kapital zieht es an, das es in eine Ware zu verwandeln versucht, die gekauft und verkauft werden kann.

Erfolgreiche Gemeingüter entstehen aus einer Distanz zum Markt, werden aber stetig vom Markt angezogen. Die Vorstellung, dass all jene, die den Kommerz ablehnen, sich aus voller Überzeugung für Gemeingüter entscheiden sollten und dass »Open Source« eine Antwort der Gegenkultur auf proprietäre Software sei, ist nur eine weitere nette Idee, die sich, wie wir bereits gesehen haben, als zu simpel erweist. In ähnlicher Weise stellt sich auch der Glaube der Sharing Economy an die natürliche Synergie von Gemeingütern und Kommerz als schlichte Schutzbehauptung heraus: Die Beziehung zwischen Gemeingütern und Kapital steckt voller Widersprüche.

Das soll anhand von drei Widersprüchen zwischen Gemeingütern und Kommerz weiter konkretisiert werden: Entfremdung, Erosion und Verzerrung.

ENTFREMDUNG

Entfremdung hat viel mit der Verdrängung sozialer Motive gemein, die wir weiter oben diskutiert haben. Sie tritt auf, wenn manche Beiträger bezahlt werden und andere nicht oder wenn der Inhaber eines Gemeinguts in Privatbesitz es als Quelle von Profit ansieht oder wenn andere sich die Kreativität und die Beiträge von Kulturproduzenten zu ihrem Vorteil aneignen.

Der mögliche Interessenkonflikt tritt bereits bei kleinen Beispielen zutage. Der Inhaber eines Lokals, der Musiker gegen Bezahlung spielen lässt, fördert das Musikleben und verdient zugleich Geld damit; rund um diese doppelte Rolle gibt es in kulturellen Gemeinschaften regelmäßig Spannungen zwischen Musikern, Barbesitzern und Gästen.

Auch wenn ein Gemeingut durch den Gebrauch nicht direkt geschwächt wird, kann es trotzdem in Gefahr geraten, wenn das Kapital zu viel Geld daraus zieht, weil die Gemeinschaft das Gefühl bekommt, für eine Instanz zu arbeiten, die ihren Einsatz nicht verdient, und sich dann womöglich nicht mehr um das Gemeingut kümmert.

Dazu ein Beispiel aus der Sharing Economy. Couchsurfing ist eine Website für Reisende und für Menschen, die Reisende beherbergen; sie hat vor Airbnb das Internet für zwangloses Reisen populär gemacht. Bei Couchsurfing kann man »in jedem Land der Welt bei Einheimischen wohnen. Reise wie ein Einheimischer, übernachte bei jemandem zu Hause und erfahre die Welt auf eine Weise, die man mit Geld nicht kaufen kann.« In seinen Anfängen war Couchsurfing eine nicht profitorientierte Organisation, die das Ziel verfolgte, junge Rucksackreisende zusammenzubringen. Aber im August 2011 änderte Couchsurfing seine Organisationsstruktur in ein gewinnorientiertes Unternehmen und bekam 7,6 Millionen Dollar vom Omidyar-Netz und anderen Investoren.[26] Dieser Schritt führte dazu, dass viele Mitglieder sich abwandten, die nicht nur dazu beigetragen hatten, die Gemeinschaft lebendig zu halten, sondern auch an der Software mitgearbeitet hatten, mit der die Website von Couchsurfing funktioniert.

Der Gemeinschaftsaspekt von Couchsurfing hat in dem Maß gelitten, wie der Marktwert gestiegen ist. Solange Couchsurfing noch nicht profitorientiert war, waren die Treffen »Events, Lagerfeuer, eine wöchentliche Zusammenkunft in einer Bar, Zusammenkünfte im Café, Essen, zu denen jeder etwas mitbringt«,[27] und dieses Erleben von Gemeinschaft sorgte für ein eindrucksvolles Maß an Sicherheit bei den Begegnungen von Fremden, wie Clay Shirky in seinem Buch *Cognitive Surplus* hervorgehoben hat. Das gute Klima bei Couchsurfing verdankte sich nicht technologischen Instrumenten, sondern den lokalen Mitglieder-Communities. Wie es in einem Kommentar auf Quora heißt: »Das alte Couchsurfing florierte mit ziemlich planlosen und unterfinanzierten Managementstrukturen genau deshalb, weil Freiwillige vor Ort überall auf der Welt glaubten, Teil von etwas Größerem als Gewinnstreben zu sein. Die lokalen Gruppen waren sehr eng mit den lokalen Communities verbunden … Die technische Architektur des neuen Systems ist viel besser, aber paradoxerweise repariert die ›professionelle‹ Produktentwicklung Dinge, die absichtlich nicht so perfekt funktionierten. Mit anderen Worten: Couchsurfing hat sich rund um verschiedene Marotten und ineffiziente Prozesse entwickelt, die letztlich entscheidend dafür waren, dass die Plattform, die auf sozialem Vertrauen aufbaut, so erfolgreich war.«

Die Entfremdung der Mitglieder der Couchsurfing-Community ist unübersehbar[28], der Gemeingut-Aspekt der Organisation wurde beschädigt. Wie David Bollier, ein Verfechter von Gemeingütern, schrieb, spiegeln die Veränderungen wider, wie ein System ethischer Normen durch ein anderes ersetzt wurde, als der Kommerz an die Stelle des Teilens trat.

Seit der Kommerzialisierung der Website haben sich der Umgang miteinander und die Atmosphäre verändert. Das war unvermeidlich, als Investoren auf den Plan traten, weil Wagniskapitalgeber in der Regel eine anständige Rendite aus ihrer Investition ziehen wollen. Und das verlangt Werbung, Aktionen zur kulturübergreifenden Markenbildung, Sonderpreise für verschiedene Reiseunternehmen und so weiter. Mit anderen Worten: neue Spielregeln, eine neue Art impliziter Beziehungen zu den Menschen, maximale Aufmerksamkeit für die Markenidentität. Aber die Couchsurfer hatten gerade geschätzt, dass es all die üblichen Werbetricks und Marktbeziehungen bei Couchsurfing nicht gab.[29]

Stellen wir die Geschichte von Couchsurfing einmal dem langjährigen Wirken einer Institution gegenüber, die eindeutig nicht profitorientiert geblieben ist. Jugendherbergen haben eine über hundertjährige Geschichte und erfreuen sich weltweit immer noch großen Zulaufs. Hostelling International, das weltweite Netzwerk von Hostels und Jugendherbergen, verzeichnet jährlich 35 Millionen Übernachtungen in über 4000 Herbergen in mehr als 80 Ländern. Es gibt Menschen, die an Jugendherbergen verdienen – einige arbeiten in der Organisation, andere werden dafür bezahlt, dass sie eine Jugendherberge leiten –, aber das Geld, das sie verdienen, erscheint dafür, dass sie sich um das Gemeingut kümmern, angemessen. Wenn auf einmal Wagniskapitalgeber kämen und Millionen Dollar investieren würden, wäre das eine ganz andere Größenordnung.

Couchsurfing ist kein Einzelfall. In Kapitel 4 haben wir geschildert, wie Zipcar daran gescheitert ist, ein Gemeinschaftsgefühl zu bewahren, nachdem es die kommerzielle Schiene verstärkt hatte, und wie das auf Gemeinschaftlichkeit fokussierte Modell von Lyft ebenfalls kollabierte, als Lyft nach finanziellen Anreizen Ausschau hielt, um Fahrer zu gewinnen, und Risikokapital einsammelte, um Uber die Stirn bieten zu können. Erfolgreiche Musik- und Kulturfestivals sind oft ein oder zwei Jahre lang alternativ und cool, bis sich die Monopolrente, die das Festival generiert, mit dem Gemeinschaftsgeist vieler Festivals nicht mehr verträgt und der Kommerz sich breitmacht. Bewegungen der Gegenkultur sind typischerweise kurzlebig und werden bald in den kommerziellen Mainstream integriert. Wenn man den Erfolg von nicht kommerziellen Initiativen abschätzen will, ist es oft besser, in Augenblicken zu denken statt in langfristigen Bewegungen.

Andere große Online-Communities haben vergleichbare Dollarschocks erlebt. Die Inhaber der Leser-Community GoodReads verkauften die Website 2013 an Amazon – ein Schritt, den die Leser bestraften, die in ihrer Gesamtheit einen Großteil des Werts der Website ausmachen. Einige Wochen später zog Mendeley, ein Literaturverwaltungsprogramm für wissenschaftliche Texte, den Zorn seiner Nutzer auf sich, als es sich von Elsevier übernehmen ließ. Der Kontrast zwischen der Rhetorik von Mendeley, in der es immer um Offenheit und Gemeinschaftlichkeit ging, und dem Verkauf an ein Unternehmen, das im Ruf steht, Open-Access-Publikationen wann immer möglich zu verhindern, war für manche zu viel. GoodReads und Mendeley waren keineswegs die Ersten, die das erlebten. Frühe kollaborative Websites wie IMDB (verkauft an Amazon) und die Compact Disc Database CDDB, eine Datenbank mit Informationen über auf dem Markt befindliche Musik-CDs (inzwischen im Besitz der Sony Corporation), begannen als Gemeingüter und wurden dann gewinnbringend verkauft, woraufhin viele Nutzer ihnen den Rücken kehrten.

Neue Kapitalzuflüsse verändern unweigerlich das kommerzielle und nicht kommerzielle Umfeld und drängen diejenigen ins Abseits, die vorher mit den Gemeingütern Geld verdienten. Die Invasoren, die vom Wert eines Gemeinguts profitieren wollen, betonen die Widersprüche des bestehenden Systems, sprechen von Ineffizienz und von maschinenstürmerischem Widerstand gegen den Fortschritt.

Technikfans haben Buchhändler und Verleger als »Torwächter« und »etablierte Platzhirsche« bezeichnet und beschreiben sie als Parasiten, die vom Gemeingut der literarischen Kultur profitieren, Schriftsteller wie Leser ausbeuten und den Zugang zum Markt kontrollieren. All jene, die mit neuen Formen des Musikvertriebs Geld verdienen wollen, stellen die alten Rentiers als profitgierige Dinosaurier dar. Aber die besten Buchhändler und Verleger sind nicht nur Torhüter, sondern auch Hüter des Feuers, Beschützer der Gemeingüter genauso wie amtierende Monopolisten. Und das neue Kapital ist nicht einfach nur der Freund von Autoren und Lesern, es hat auch seine eigene kommerzielle Agenda. Wie Clay Shirky schrieb:»Die Institutionen werden versuchen, das Problem zu erhalten, dessen Lösung sie sind.« Aber eine Konsequenz ist dann auch, dass neue Institutionen versuchen werden, neue Probleme zu schaffen, für die sie dann die Lösung sind.[30]

In den Debatten über geistiges Eigentum und kulturelle Produktion – über die Legitimität von Piraten-Websites oder -Plattenlabeln beispielsweise – erkennen beide Seiten an, dass zwischen Kapital und Gemeingütern ein Konflikt besteht, indem sie die Gegner als geldgierig darstellen, während sie selbst in der Sprache der Gemeinschaftlichkeit die Gesundheit der Gemeingüter beschwören. Bei der kulturellen Produktion geht es immer »um« etwas, aber es geht nie »um« Geld: Das Drehbuch verlangt, dass beide Seiten nicht über ihre jeweiligen kommerziellen Motive sprechen dürfen.

Hollywood schätzt in der Debatte über kulturelle Gemeingüter auf einmal die Leistungen der kleinen Kameraleute und Techniker; Inhaber von Software-Plattformen rufen zu Offenheit auf, schweigen aber über ihre eigenen kommerziellen Motive (Einnahmen aus Werbung beispielsweise). Auf den Websites der Sharing Economy gibt es dafür reichlich Beispiele: »Couchsurfer teilen ihr Leben mit den Menschen, die sie kennenlernen, was den kulturellen Austausch und gegenseitigen Respekt fördert.«»Unsere Community besteht aus leidenschaftlichen Nutzern, die darauf brennen, die Welt durch das Teilen von Raum zu bereichern. Wir laden dich ein, dich der Bewegung anzuschließen und Teil unserer Story zu werden.« (Airbnb).»Willkommen in der Community von TaskRabbit, einem Marktplatz, der Menschen helfen will zu tun, was sie lieben.« Für die Besitzer von Zipcar geht es laut dem Unternehmen »nicht nur um Carsharing; es geht um die Menschen, die es zur Realität werden lassen: ein Team, das hart arbeitet, Mitglieder, die daran glauben, und Organisationen, die bewusste Entscheidungen für die Zukunft treffen«. Vielleicht glauben sie, dass es nicht um Geld geht, aber sie hatten keine Skrupel, ihr Unternehmen an Avis zu verkaufen, als der Preis stimmte, obwohl der Verkauf sie der Community entfremdete, über die sie so emphatisch sprechen.

◆

Mikrokredite sind Kleinkredite für arme Leute in Entwicklungsländern, die mangels Sicherheiten früher allenfalls von Kredithaien Geld bekamen, allerdings zu halsabschneiderischen Zinssätzen. Die wichtigste Persönlichkeit im Bereich der Mikrokredite war lange Zeit Mohammed Yunus, der 1976 seine Grameen Bank gründete. Die Grameen Bank vergab als Erste Kredite an Gruppen, überwiegend Frauen. Yunus stellte fest, dass die Rückzahlungsquoten bei diesen Krediten hoch waren, weil der Gruppendruck dafür sorgte, dass die Mitglieder ihre Verpflichtungen einhielten.

Der Erfolg der Grameen Bank brachte Mohammed Yunus den Friedensnobelpreis ein und weckte breites Interesse an Mikrofinanz-Institutionen. 2006 entbrannte in der Welt der Mikrofinanz eine Debatte zwischen »reinen Wohltätern und gewinnorientierten Wohltätern«, speziell zwischen Mohammed Yunus und Pierre Omidyar. Die Grameen Bank ist ein gewinnorientiertes, aber nicht börsennotiertes Unternehmen: Sie befindet sich im Besitz der Geldgeber, sodass die Gewinne an sie zurückfließen. Omidyar hatte andere Vorstellungen:

Omidyar und viele andere betrachten Yunus mittlerweile als den archetypischen Gründer, der zu sehr an seiner ursprünglichen Vision hängt. In den letzten Jahren haben jüngere, wendigere Akteure die Mikrofinanz – ihr bevorzugter Begriff – zu der Idee weiterentwickelt, einen vollständigen kommerziellen, gewinnorientierten Bankenservice aufzubauen. Der Konflikt zwischen den reinen Wohltätern und den gewinnorientierten Wohltätern bestimmt die aktuelle Debatte in der Welt der Mikrofinanz.[31]

Ein paar Jahre später schilderte Hugh Sinclair, der lange Zeit für Mikrofinanz-Institutionen gearbeitet hatte, eindrücklich seine Enttäuschung und seinen Ärger über die Entwicklung der Branche in seinem Buch *Confessions of a Microfinance Heretic*[32] (Bekenntnisse eines Mikrofinanz-Häretikers). Als das große Geld in die Mikrofinanz-Institutionen zu fließen begann, so schreibt Sinclair, seien sie immer mehr wie die Kredithaie geworden, die sie abgelöst hatten.

Im Mittelpunkt seines Buchs steht die Lift Above Poverty Organization (LAPO), eine nigerianische Mikrofinanz-Institution (MFI), die betrügerisch hohe Zinsen verlangte und vom Bruder des CEO kontrolliert wurde, der Geld in viele ohnehin schon volle Taschen geleitet hatte. LAPO war über mehrere Jahre ein wichtiger Partner des »Peer-to-Peer«-Kreditgebers Kiva, bis Kiva 2010 die Verbindung kappte.[33] Diese Episode beleuchtete eine Tatsache, die einige Beobachter beunruhigte: »Peer-to-Peer«-Kreditvergabe ist keine Kreditvergabe unter Gleichrangigen, vielmehr arbeitet Kiva mit Intermediären zusammen, die Kredite vergeben, und zwar keineswegs zinsfrei, wie viele dachten.[34]

Während der Bereich Mikrofinanz wuchs, ist ein ganzes Netz von Kooperationen entstanden. Mikrofinanz-Fonds investieren in Mikrofinanz-Institutionen, die von Mikrofinanz-Ratingagenturen bewertet werden und über andere Partner Kredite vergeben. Prinzipal-Agent-Probleme (Probleme mit unterschiedlichen Wissensständen) seien allgegenwärtig, und ohne einen regulatorischen Rahmen gebe es überall Anreize, die nicht nur Korruption förderten, sondern, wie Sinclair schreibt, die Teilnehmer auch dazu drängten, Korruptionsfälle zu vertuschen – sie irgendwie unauffällig zu regeln, um nicht den Ruf der gesamten Branche zu gefährden. Aus Wohltätigkeit ein Bankgeschäft zu machen sei, so Sinclair, eine großartige Methode, Vermögenswerte anzuhäufen und dann Geld damit zu verdienen.

Das Omidyar-Netzwerk war eine treibende Kraft hinter der Verwandlung des Mikrofinanz-Sektors in eine Industrie, die nach Marktgesetzen funktioniert. Konkreter gesagt: Omidyar hatte viel Geld in den Mikrofinanz-Fonds Unitus investiert. Unitus war 2010 in einen Skandal um die indische Mikrofinanz-Institution SKS verwickelt, die Vikram Akula, Träger des Preises »Young Global Leader« des Weltwirtschaftsforums, als »Sozialunternehmen« gegründet hatte. 2010 gab es eine Kontroverse, als SKS an die Börse ging und mit seinem Börsengang 350 Millionen Dollar verdiente, woraufhin sich Unitus aus dem Bereich Mikrofinanz zurückzog.[35] »In Wohltäterkreisen fragte man sich, was wohl die Motive der Verwaltungsräte von Unitus gewesen sein mochten. Mindestens vier von ihnen hatten selbst in SKS investiert und würden bei dem Börsengang ordentlich Geld verdienen.«[36] Weitere Kontroversen folgten 2012 nach neuen Enthüllungen:

Nach Medienberichten, die die Regierung von Andhra Pradesh zusammengestellt hatte, brachten sich Ende 2010 über 200 arme, hoch verschuldete Einwohner dieses südindischen Bundesstaats um. Die Regierung machte die Mikrofinanz-Unternehmen dafür verantwortlich – die kleine Kredite an die sehr Armen vergeben –, weil sie die Menschen in eine besinnungslose Verschuldung getrieben und die Schuldner dann so rücksichtslos bedrängt hatten, dass manche sich das Leben nahmen.[37]

Die Unternehmen einschließlich des Marktführers SKS bestritten das. Doch interne Dokumente, die sich Associated Press beschaffte, sowie Interviews mit über einem Dutzend noch tätiger oder früherer Angestellter, mit unabhängigen Forschern sowie per Video aufgezeichnete Aussagen von Familienangehörigen der Toten zeigen, dass die Verantwortlichen an der Spitze von SKS Informationen besaßen, wonach Angestellte des Unternehmens in manche Suizidfälle verwickelt waren.

Sinclair schlussfolgert: »Ehrlich gesagt, ich denke, der einzige Weg, diese Gruppen in die Schranken zu weisen, besteht darin, sie formellen Regulierungen zu unterwerfen.«[38] Weiter merkt er an, dass »Impact Investing« (»Ethisches Investieren«), der neueste Schwerpunkt des Omidyar-Netzwerkes, ähnliche Probleme aufwerfe: »Ich glaube nicht, dass es Patentrezepte gibt, um die Armut zu verringern – es ist harte Arbeit und verlangt den klugen und koordinierten Einsatz vieler verschiedener Instrumente.«[39] Weil die Ziele von Teilen und Kommerz im Widerspruch zueinander stehen, kann es passieren, dass gerade das Besondere des sozialen Handelns zerstört wird, wenn man auf Märkte setzt, um es zu fördern.

Mikrofinanz-Institutionen bewegen sich auf der Grenzlinie zwischen Wohltätigkeit und Geschäft. Die Gründer von GlobalGiving, einem von Omidyar finanzierten[40] »internetbasierten Dienstleistungsunternehmen, das die internationale Wohltätigkeit effizienter und wirkungsvoller machen will«, haben ebenfalls erfahren, wie ungemütlich diese Grenze sein kann. GlobalGiving begann damit, Technologie und Kapital einzusetzen, um Spenden für wohltätige Zwecke zu mobilisieren, genau wie Omidyar Kapital und Handel nutzen wollte, um Mikrofinanz im großen Maßstab zu betreiben. Getreu Omidyars Vision, mit »marktbasierten Anstrengungen den wirtschaftlichen und sozialen Wandel voranzutreiben«, wählte GlobalGiving das »Hybrid-Modell« mit einem zweiten Unternehmen (ManyFutures), das die technologische Plattform für seine wohltätige Arbeit zur Verfügung stellte. Aber ManyFutures verdiente nie Geld, sodass das Geld von GlobalGiving zu ManyFutures floss und nicht umgekehrt, was unweigerlich zu Konflikten führte. Wie bei der Mikrofinanz scheiterte auch hier die faszinierende Idee, Kapital und Teilen würden sich auf natürliche Weise ergänzen.

EROSION

Das Kapital entfremdet nicht nur die Gemeinschaft, es kann auch das Gemeingut aushöhlen, von dem es profitieren möchte. Entfremdung ist Folge eines Zusammenpralls unterschiedlicher Motive bei denen, die das Gemeingut pflegen oder die Gemeinschaft aufbauen. Aber manchmal zerstören auch die Handlungen des Kapitals selbst das Gemeingut.

Mit einem Gemeingut Geld zu verdienen ist dann ein Widerspruch, wenn die Interessen derjenigen, die an dem Gemeingut verdienen, nicht mit den Interessen derer vereinbar sind, die sich um das Gemeingut kümmern. Kulturelle Gemeingüter sind vielleicht keine knappen Ressourcen, die aufgebraucht werden wie Fischbestände, aber sie können dennoch durch bestimmte Formen kommerzieller Aktivitäten beeinträchtigt werden.

Gentrifizierung ist ein Beispiel dafür. Harvey schreibt:

Eine Gemeinschaftsinitiative, die für die Erhaltung der ethnischen Vielfalt und gegen die Gentrifizierung ihrer Nachbarschaft kämpft, muss plötzlich feststellen, dass die Immobilienpreise (und die Steuern) in ihrem Viertel steigen, weil Makler den Wohlhabenden den »Charakter« des Viertels als multikulturell, lebendig und vielfältig anpreisen. Wenn der Markt sein zerstörerisches Werk erst einmal vollbracht hat, sind nicht nur die ursprünglichen Bewohner des Gemeinguts beraubt worden, das sie einst produzierten (oftmals werden sie durch steigende Mieten und Grundsteuern vertrieben), sondern das Gemeingut selbst hat an Wert verloren.[41]

Das Kapital verlangt Einzigartigkeit, so wie es auch Homogenisierung verlangt. Damit das globale Kapital mit der Einzigartigkeit einer Stadt Geld verdienen kann, muss es in der Lage sein, die Stadt in seine weltweiten Geschäfte einzubinden. Hotelketten müssen ihre (am besten standardisierten) Hotels bauen können; Chartergesellschaften brauchen Flughäfen; Marketingabteilungen brauchen Botschaften mit weltweitem Wiedererkennungseffekt. Je besonderer eine Stadt ist, desto größer ist der Druck, sie in die vereinheitlichenden Schablonen des weltweiten Tourismus und Handels hineinzupressen. Barcelonas Aufstieg zu einer besonders beliebten Stadt in Europa »beruhte zum Teil auf der stetigen Anhäufung von symbolischem Kapital und der Ansammlung von Distinktionsmerkmalen«[42] von seinem architektonischen Erbe bis zur katalanischen Geschichte. Diese einzigartigen Qualitäten sind die Quelle, aus der die Tourismusindustrie ihre Renditen schöpft, die wiederum eine vereinheitlichende Kommodifizierung mit sich bringt. Deshalb gilt:»Die Gebäude, die im Zuge der späteren Bauphasen im Hafengebiet errichtet wurden, sehen genauso aus wie überall in der westlichen Welt: Die lähmenden Verkehrsstaus erzwingen den Bau von breiten Straßen durch Teile der Altstadt, Geschäfte multinationaler Konzerne verdrängen lokale Läden ... [und] die Stadt verliert einige ihrer Distinktionsmerkmale.«[43]

Die bedeutendsten Touristendestinationen der Welt sind Gemeingüter, und Airbnb höhlt sie durch die Gentrifizierung seiner größten Märkte aus. Was Harvey über Hotels sagt, gilt genauso auch für Airbnb: Barcelona verliert sein besonderes Gesicht, wenn die Bewohner vertrieben werden, weil immer mehr Wohnungen zu Ferienapartments werden. Zwar bezahlt Airbnb Steuern für seine Gastgeber, aber es weigert sich, der Stadtverwaltung deren Namen und Adressen zu nennen, und macht es damit praktisch unmöglich, dass demokratisch gewählte Stadtoberhäupter die Auswirkungen des Tourismus auf einige ihrer wertvollsten Stadtviertel kontrollieren können. Auch Airbnb verlangt Standardisierung: Das Unternehmen agiert in 34.000 Städten und reibt sich an der Uneinheitlichkeit der Bestimmungen. Aber jede Stadt ist anders, und die mangelnde Konsistenz oder Unterschiedlichkeit der Bestimmungen ist ein Merkmal der Städte, kein Fehler.

Die Gedanken der Autorin und Stadtforscherin Jane Jacobs haben viele unserer Vorstellungen vom Wert von Gemeingütern im Alltagsleben beeinflusst. Technologiezentrierte Organisationen wie Code for America, die Jacobs' Ideen mit Software verbinden wollen und daran arbeiten, »die Art und Weise zu verändern, wie Städte durch Technologie und öffentlichen Dienst wirken«, steuern jedoch einen widersprüchlichen Kurs. Sie wollen die Besonderheit der einzelnen Städte in einen standardisierten Rahmen zwängen, um Software entwickeln zu können, die in vielen Städten funktioniert. Allein der Gedanke, dass es eine Einheitslösung geben könnte, um Innovationen in der Stadt zu unterstützen, geht in die Irre, weil jede Anwendung, die erfolgreich in vielen Städten implementiert wird, die Besonderheiten der einzelnen Städte aushöhlt. Abgesehen davon unterschlägt die Vorstellung, »zivilgesellschaftliche Start-ups« seien etwas anderes als andere Unternehmen, die Geld verdienen wollen, dass Teilen und Geldverdienen unterschiedliche Anforderungen stellen und unweigerlich zu einer Erosion der zivilgesellschaftlichen Gemeingüter führen werden.

Gemeingüter bedingen sich wechselseitig. Kollektive Verwaltung verlangt Vertrauen und die Erhaltung des guten Rufs, aber Vertrauen ist selbst eine geteilte Ressource, die gepflegt werden muss; also sind informelle Managementformen selbst Gemeingüter (man spricht von »Selbstorganisation«). Ein Gemeingut kann durch ein Gemeingut verwaltet werden. Genau wie eine gemeinsame Ressource auf nicht kommerzielle Weise geteilt werden kann, werden Kontrolle und Vollstreckung gemeinschaftlicher Normen in nicht kommerzieller Weise zwischen denen aufgeteilt, die ein starkes Interesse daran haben, die Gemeingüter, um die es geht, zu bewahren.

Unternehmen der Sharing Economy nutzen softwaregestützte Bewertungssysteme, um den »Ruf auf dem Marktplatz« als Gemeingut zu verwalten. Das Bewertungssystem mit all seinen Evaluierungen und Ratings wird selbst zu einer wertvollen gemeinsamen Ressource. Bewertungen einzelner Gastgeber auf Airbnb tragen dazu bei, dass auf nicht kommerzielle Weise gemeinsam vertrauenswürdige Informationen über die Standards der Unterkünfte gepflegt werden. Wie bei allen anderen Gemeingütern sind marktgetriebene Motive mit fairen Bewertungen nicht vereinbar. Wenn man sich von einem Gastgeber bezahlen lässt, um ihm eine gute Bewertung zu geben, höhlt das automatisch den Wert des Bewertungssystems aus, und ein manipuliertes Bewertungssystem höhlt den Wert der gesamten Website aus und die Gemeinschaft der Gastgeber und Gäste gleich mit.

VERZERRUNG

Weil ein erfolgreiches Gemeingut Kapital anzieht, wird die Natur des Gemeinguts oft selbst zum Gegenstand der Kontroverse. Harvey illustriert das am Beispiel des Wiederaufbaus eines historischen Hafenbereichs in Liverpool: »Als zu Beginn der Rekonstruktion des Albert Docks in Liverpool jegliche Erwähnung des Sklavenhandels getilgt wurde, hatte das Proteste der ausgegrenzten Einwohner mit karibischen Wurzeln zur Folge.«[44] In den Auseinandersetzungen über den Wiederaufbau historischer Gebäude in Berlin nach der Wiedervereinigung gab es ebenfalls Themen, die eingeschlossen oder ausgeschlossen werden sollten, als die konkurrierenden Lager versuchten, die Kultur und Bedeutung der Stadt nach ihren Vorstellungen zu formen. »Die türkischstämmigen Einwohner, von denen mittlerweile viele in Berlin geboren wurden, mussten etliche Demütigungen erleiden und wurden bereits größtenteils aus dem Stadtzentrum vertrieben. Ihr Beitrag zur Stadt Berlin wird ignoriert.« Eine weitere Quelle von Konflikten waren die »internationalen Vertreter der modernen Architektur, die von den multinationalen Konzernen engagiert wurden, um mit ihren Bauten am

Potsdamer Platz ihre Dominanz zu demonstrieren (größtenteils im Widerspruch zu lokalen Architekten)«. Die Berliner waren gefangen zwischen der Skylla einer globalisierten Ästhetik (die Verwandlung der Mauer in ein »Disneyland des Kalten Krieges«[45]) und der Charybdis eines »Kirchturm-Nationalismus«, der die Gefahr einer »heftigen Ablehnung von Fremden und Immigranten« barg.[46] Das Kapital muss »sich … in das Dickicht von Multikulturalismus, Mode und Ästhetik begeben«, wenn es seinen Wunsch nach Monopolrenten verfolgt, denn das »sind die Mittel zu ihrer Erlangung – Interventionen im Bereich von Kultur, Geschichte, Erbe, Ästhetik und Bedeutung«[47].

Open Data ist ein digitales Gemeingut, das unter Verzerrung leidet. Das Omidyar-Netzwerk ist eng in eine Open-Government-Partnerschaft auf internationaler Ebene eingebunden, in Code for America in den USA, und es ist der wichtigste Investor des britischen Open Data Institute. Bei Code for America, das sich selbst als eine neue Art von öffentlicher Dienstleistung beschreibt, hat Omidyar eine Accelerator-Schiene finanziert, die in Start-ups investiert. Passenderweise reicht er die Idee der »Dienstleistung« mit der konträren Idee des »Unternehmertums« an und verwischt die Grenzen zwischen denen, die mit Regierungsverträgen Geld verdienen wollen, und anderen, die den zivilgesellschaftlichen Raum stärken wollen. Wie in Kapitel 7 beschrieben, wurde die Open-Data-Initiative von mächtigen finanziellen Interessen kolonisiert: Große Software-Unternehmen haben die wichtigsten Konferenzen gesponsert. Was als Initiative begann, den Bürgern Daten zugänglich zu machen – ein Beitrag zu mehr Transparenz der Verwaltung –, läuft inzwischen darauf hinaus, dass zivilgesellschaftliche Ressourcen in die Hände von Daten-Brokern und Versicherungsunternehmen gelangen, die sie nutzen können, um ihre Geschäftsmodelle zu optimieren.

Im Jahr 2012 legte sich die Website Change, die Petitionen hostet und durch Aktionen vieler progressiver Organisationen bekannt wurde, die ihre Kampagnen auf der Website führten, wie Couchsurfing den Domain-Namen ».org« für eine nicht kommerzielle Seite zu – eine irreführende Selbstpräsentation. Im Mai 2013 bekam Change.org Wagniskapital vom Omidyar-Netzwerk und ließ »Werbung von Unternehmen, PR der Republikanischen Partei, angebliche Graswurzelkampagnen, Propaganda gegen Abtreibung und gegen Gewerkschaften und andere umstrittene gesponserte Aktionen zu«[48]. Den Kurswechsel schilderten Lindsay Beyerstein in *In These Times* und Ryan Grim in der *Huffington Post*.[49] Die gemeinsame Presseerklärung von Omidyar und Change.org verwendet die üblichen Floskeln des sozialen Unternehmertums: vage inspirierend und inhaltsleer. Jedes Problem ist eine Herausforderung, kein Konflikt.

»Sozialunternehmen können dazu beitragen, einige der größten Probleme der Welt zu lösen«, sagte Rattray. »Diese Finanzierung wird uns helfen, unsere Stärkungsinstrumente weltweit zu verbreiten und gleichzeitig neue Produkte zu entwickeln, die das Potenzial haben, grundlegende gesellschaftliche Veränderungen zu bewirken.«

Als letztes Beispiel für die Verzerrung eines Gemeinguts sei noch der Werdegang des Peer-to-Peer-Kreditvermittlers Lending Club angeführt. Das 2007 gegründete Unternehmen ist mittlerweile der Anführer einer ganzen Welle von Innovationen, die Rachel Botsman mit dem typischen Enthusiasmus beschreibt:

[E]ine neue Generation von direkter, gemeinschaftlicher Finanzierung, von Kreditvergabe, von Peer-to-Peer- und Crowd-Dienstleistungen rund um Währungen und Investments, wird das Finanzwesen, Geld und Banking dezentralisieren und demokratisieren ... Das Thema fasziniert mich. Wie können wir erreichen, dass das Bankwesen wieder eine vertrauenswürdige Säule der Gesellschaft ist? Wie können wir Geldsysteme schaffen, bei denen die echten Gewinne zu den einzelnen Menschen zurückfließen und nicht zu den Giganten der Finanzbranche? Wie können wir unterversorgten Gruppen Zugang zu Finanzdienstleistungen verschaffen?[50]

Das Modell von Lending Club knüpft an die Ideen von Mikrofinanz und sozial motivierten Investments an und überträgt sie auf die private Kreditvergabe. *The Economist* schildert die Funktionsweise so:

> Fans vergleichen Peer-to-Peer-Kreditgeber mit anderen Pionieren der »Sharing Economy«. Wie Uber bei Autos und Airbnb bei Übernachtungen machen auch hier die Neulinge eine Ware verfügbar, die sie nicht selbst zur Verfügung stellen: in dem Fall Geld. Statt eine Bank zwischen Sparer und Kreditnehmer zu schalten, haben die beiden Parteien direkt miteinander zu tun. Die Plattformen ermitteln einen Kredit-Score und verdienen daran, dass sie beide Seiten zusammenführen, nicht von der Spanne zwischen Kreditzinsen und Sparzinsen.[51]

Wie andere Bereiche der Sharing Economy will auch Lending Club Herz und Brieftasche gleichzeitig ansprechen. Die *New York Times* beschreibt die »Mischung aus Altruismus und Renditestreben« so:

> Weil die Banken außen vor bleiben, müssen die Kreditnehmer üblicherweise weniger Zinsen bezahlen, als sie bei einer Kreditkarte oder einem Darlehen ohne Sicherheiten bezahlen müssten. Und die individuellen Kreditgeber bekommen mehr Zinsen – in der Regel im hohen einstelligen Bereich –, als sie bekommen würden, wenn sie ihr Geld auf einem Sparkonto oder in einem Sparbrief angelegt hätten.[52]

Wie andere Bereiche der Sharing Economy boomt auch die Peer-to-Peer-Kreditvergabe. *The Economist* schreibt weiter:

> Der Sektor ist rasch gewachsen; die fünf größten Plattformen für Konsumentenkredite – Lending Club, Prosper und SoFi in San Francisco, Zopa und RateSetter in London – haben bisher fast eine Million Kredite vermittelt und generieren über 10 Milliarden Dollar jährlich … Das ist immer noch sehr viel weniger als die 3 Billionen Dollar Schulden, die Konsumenten allein in Amerika haben. Aber der Sektor verdoppelt sein Volumen un-

gefähr alle neun Monate, und nahezu alle erwarten, dass er auch weiterhin rasch wachsen wird.

Das alles klingt zu schön, um wahr zu sein, und tatsächlich ist es nicht wahr. Lending Club bewertet potenzielle Kreditnehmer und verwaltet damit eine gemeinschaftliche Ressource für die Kreditgeber. Sobald klar war, dass Lending Club eine Quelle potenzieller Kreditnehmer darstellte, erkannten die großen Finanzinstitute, dass sie von diesem Gemeingut profitieren konnten. Die Hedgefonds ergriffen als Erste die Gelegenheit, und inzwischen»dominieren große Finanzinstitute und nicht kleine Investoren die Kreditvergabe auf den beiden Plattformen [Lending Club und sein Konkurrent Prosper]«[53]. Ursprünglich waren Peer-to-Peer-Kredite»fraktioniert«: Mehrere kleine Geldgeber finanzierten gemeinsam einen Kredit. Aber im März 2015 galt:»65 Prozent der über 3 Milliarden Dollar-Kredite auf den beiden Plattformen [Lending Club und Prosper] kamen von Investoren, die komplette Kredite zur Verfügung stellten, und fast in allen Fällen waren es institutionelle Investoren und nicht Einzelpersonen.«[54]

Die Entwicklung von Lending Club verlief ähnlich wie die von eBay, die wir in Kapitel 7 diskutiert haben. EBay begann als Marktplatz für Einzelpersonen und ist mittlerweile eine weitere Möglichkeit, wie große Ketten Kunden erreichen können. Beide Unternehmen verfolgten eine Blockbuster-Strategie und gingen auf Kosten ihres ursprünglichen Modells Partnerschaften mit großen Unternehmen ein.

Prominente Partnerschaften wie die von Lending Club im April 2015 mit Citigroup, um weitere Kredite über 150 Millionen Dollar vergeben zu können, zeigen einmal mehr, wie ein Unternehmen, das angetreten war, das Establishment zu erschüttern, mittlerweile selbst im Establishment angekommen ist, und wie sich das Versprechen, alles anders zu machen als das traditionelle Bankensystem, letztlich in eine weitere Spielart des Systems verwandelt hat.[55] Marktplätze für Peer-to-Peer-Kredite haben sich in»Kredit-Originatoren und Underwriter für traditionelle Banken verwandelt«[56] und jeden Gedanken der»Demokratisierung« von Finanzdienstleistungen fallen gelassen. Kürzlich haben sich die Unternehmen, die Peer-to-Peer-Kredite vergeben, umbenannt in »Kreditmarktplätze«.

Die großen Institute übernehmen nicht nur die Mehrheit der Kredite, vor allem nehmen sie die besten Kreditrisiken. Wenn Computer Investitionsentscheidungen treffen, können die Institute mit den besten Computern die besten Kredite anbieten, und so bekommen die Großen die Rosinen, und für die individuellen Investoren, das ursprüngliche Publikum von Lending Club, bleibt der Bodensatz.

Einige große Namen der Wall Street mischen bei den Kreditmarktplätzen mittlerweile im Verwaltungsrat oder als Investoren mit, und die Investmentbanken rangelten darum, wer den Börsengang von Lending Club im Dezember 2014 begleiten durfte.[57]

Jonathan McMillan, ein Anhänger der Peer-to-Peer-Kreditvergabe, stellte 2015 nach einem Besuch der Branchenkonferenz LendIt fest: »Die ursprüngliche Idee, Geldgeber und Kreditnehmer direkt zusammenzubringen, hat man aufgegeben. Inzwischen nutzen Hedgefonds, Vermögensverwalter und Banken bei ihrer Jagd nach Rendite die Kreditmarktplätze als Kreditlieferanten ... Vermögensverwalter haben begonnen, aus Krediten solcher Marktplätze forderungsbesicherte Wertpapiere zu machen, und Hedgefonds setzen große Summen geliehenen Geldes ein, um ihre Investments zu hebeln. Manche Investoren sprechen bereits davon, Kreditausfallversicherungen für Marktplatz-Kredite zu schaffen.«[58]

◆

Alle Probleme von Entfremdung, Erosion und Verzerrung verschärfen sich, sobald mehr Geld im Spiel ist. Anhänger der Sharing Economy, die zu der egalitären, nachhaltigen und gemeinschaftsbezogenen Zielsetzung zurückkehren wollen, die so viele dazu gebracht hat, bei der Bewegung mitzumachen, können das nur erreichen, wenn sie der Versuchung widerstehen, für gesellschaftliche Probleme technologische

Lösungen zu suchen, die mit Wagniskapital finanziert und an den Gesetzen des freien Marktes ausgerichtet sind. Der Einfluss des Kapitals fördert die Bemühungen rund um Sharing Economy nicht, sondern führt nur zu gebrochenen Versprechen.

9 DEINS IST MEINS

Innerhalb weniger Jahre ist die Sharing Economy von der großzügigen Haltung »meins ist deins« zum Egoismus von »deins ist meins« übergegangen. Die nicht kommerziellen Werte, die in dem Begriff einer »Wirtschaft des Teilens« stecken, wurden aufgegeben oder sind nur noch Marketingparolen.

Der Hauptantrieb, dieses Buch zu schreiben, war das Gefühl, betrogen worden zu sein: Was als Aufruf zu Gemeinschaftlichkeit begonnen hatte, zu direkten persönlichen Beziehungen, Nachhaltigkeit und Teilen, ist zum Spielplatz von Milliardären, der Wall Street und Wagniskapitalgebern geworden, die ihre marktwirtschaftlichen Vorstellungen auf immer mehr Bereiche unseres Lebens ausdehnen. Das Versprechen einer persönlicheren Alternative zur Welt der Unternehmen treibt in Wahrheit eine noch härtere Form des Kapitalismus voran: Deregulierung, neue Formen anspruchsvollen Konsums und eine neue Welt prekärer Arbeitsverhältnisse. Es ist viel von Demokratisierung und Netzwerken die Rede, aber tatsächlich werden das Risiko (geteilt zwischen Dienstleistern und Kunden) und der Gewinn, der den Besitzern der Plattformen zufällt, voneinander getrennt. Allen Behauptungen von ökologischer Nachhaltigkeit zum Trotz, die Ideen wie »Zugang statt Besitz« und Nutzung überschüssiger Kapazitäten verkörpern sollen, fördert die Branche der Wirtschaft auf Abruf eine neue Form des privilegierten Konsums: »Lifestyle als Dienstleistung«.

Besonders traurig dabei ist, dass viele wohlmeinende Menschen, die die naive Zuversicht hegen, dass das Internet automatisch egalitäre Gemeinschaftlichkeit und Vertrauen bringen wird, unwissentlich diese

Anhäufung privaten Wohlstands und die Schaffung neuer, ausbeuterischer Beschäftigungsverhältnisse unterstützen und dazu beitragen.

TRENDS

Gegen Ende des Jahres 2015 hat sich die Spannung zwischen Kapital und Gemeingütern in der Sharing Economy, die wir in Kapitel 8 geschildert haben, bis zum Zerreißen gesteigert, weil der Geldfluss in diesen Bereich von einem Rinnsal zu einer Flutwelle angeschwollen ist. Nehmen wir das Beispiel von Airbnb, das all seinen Fehlern zum Trotz die Aura der ursprünglichen Ideen des Teilens aufrechterhält. Mitfahrerzentralen und Unternehmen, die Dienstleistungen auf Abruf anbieten, bieten prekäre Arbeitsverhältnisse, aber die Gastgeber von Airbnb fallen im Allgemeinen nicht in diese Kategorie. Und eine sanfte Form des Reisens, bei der Menschen Unterkünfte teilen und Wohnungen tauschen, hat durchaus ihren Platz. Der Wunsch nach billigen, persönlichen Formen des Reisens außerhalb des üblichen Tourismus hat zu unterschiedlichen Zeiten unterschiedliche Formen angenommen: Jugendherbergen, informelles Teilen von Ferienwohnungen, meine Ferien in der Kindheit bei Miss Whitaker und Couchsurfing sind allesamt Beispiele dafür. Aber Airbnb will diese Wünsche aufnehmen und über seine Plattform in großem Stil umsetzen: Und indem Airbnb diesen Weg einschlägt, läuft es Gefahr, die Kultur auszuhöhlen, aus der es hervorgegangen ist.

Airbnb spricht weiterhin von Gemeinschaft, kitzelt aber zugleich den Erwerbsinstinkt seiner Gastgeber. Trotz der warm getönten Fotos auf der Website geht es bei dem Geschäftsmodell des Unternehmens nicht mehr darum, Fremde zu einem selbst gekochten Essen um einen großen Tisch zu versammeln; es geht darum, »ganze Unterkünfte« zu vermieten, in denen sich Gastgeber und Gast womöglich nie begegnen. Kürzlich hat das Unternehmen angekündigt, in das lukrative Segment der Geschäftsreisen vorstoßen zu wollen, aber nur Gastgeber, die »ganze Unterkünfte« anbieten, werden dabei mitmachen dürfen, und diese

Gastgeber sollen mehr Professionalität entwickeln. Wir können erwarten, dass es in Zukunft mehr Professionalität geben wird, weniger persönlichen Kontakt, und dass Airbnb sich im Zuge seines Wachstums mit anderen Giganten der Reisebranche zusammenschließen wird (vielleicht sogar mit großen Hotelketten). Gleichzeitig beharrt Airbnb darauf, dass seine Gastgeber die Regeln (und die Kosten) nicht auf sich nehmen müssen, die mit einer Professionalisierung einhergehen.

Das Bild des intimen Austauschs im kleinen Rahmen ist ein Schlüssel für die Behauptungen der Sharing Economy zum Thema ökologische Nachhaltigkeit, aber solche Behauptungen entpuppen sich immer öfter als Teilwahrheiten aus den Marketingabteilungen der Unternehmen. Airbnb brüstet sich mit seinem ökologischen Verhalten, indem es vergleicht, wie viel Energie Airbnb-Reisende im Vergleich zu Reisenden verbrauchen, die in Hotels übernachten. Doch wenn es um die wirtschaftlichen Auswirkungen geht, vergleicht es seine Reisenden mit einer entsprechenden Zahl von Menschen, die zu Hause bleiben. Uber und Lyft vergleichen den ökologischen Fußabdruck ihrer Kunden mit Menschen, die mit dem eigenen Auto fahren, und nicht mit denen, die den Bus oder die U-Bahn nehmen. Sie behaupten, ihr relativ kleines Geschäft mit Fahrgemeinschaften zeige, wie wichtig ihnen die Umwelt sei. Aber sie sprechen nicht davon, wie sich ihre Geschäfte auf die Staus und die durchschnittliche Geschwindigkeit auswirken, mit der in New York City gefahren wird.[1]

Es gibt viele Bereiche der Sharing Economy, mit denen ich mich nicht im Detail befasst habe, weil sie bis heute relativ klein sind. Außerdem wird der Gemeinschaftsaspekt bei ihnen oft übertrieben. Der führende Anbieter im Heimtierbereich, DogVacay, taucht regelmäßig in Artikeln über die Sharing Economy auf und hat mittlerweile 20.000 Gastgeber in Nordamerika. Auf der Website bekommt man vielleicht den Eindruck, dass es um Gemeinschaftsgefühl geht, aber Giana Eckhardt, die sich mit der Branche beschäftigt hat, meint ausgehend von ihren Erkenntnissen aus der Untersuchung von Zipcar (siehe Kapitel 4), dass der Erfolg eher von anderen Mechanismen herrührt, mit denen Vertrauen erzeugt wird. Sie sagt:»In der Sharing Economy erwarten die Konsumenten von den Firmen, dass sie Überwachung wie bei Big Brother leisten, um Vertrauensprobleme zu lösen, und das spielt eine noch größere Rolle, wenn es um Lebewesen geht.«[2]

Social Dining ist ein Bereich, der demnächst den Durchbruch erleben könnte. Feastly, VizEat, EatWith und mindestens noch 20 weitere Start-ups laden Menschen ein, in Privatwohnungen zu essen, die Gastgeber kennenzulernen, Geschichten auszutauschen und selbst gekochtes Essen zu genießen. Sie alle stellen es so dar, als ginge es um Austausch in einer informellen, privaten Atmosphäre. Und bis zu einem gewissen Punkt stimmt das sogar: Schon immer gab es Gelegenheiten, Essen zu einem gemeinsamen Erlebnis zu machen, neue Leute zu treffen; Dining Clubs haben eine lange Geschichte. Als weitgehend nicht kommerzielle Aktivität von geringer Intensität (vergleichbar etwa mit den rund 5 Millionen Amerikanern, die einem Buchklub angehören) unterliegen sie keiner Regulierung.

Problematisch wird es, wenn eines dieser Unternehmen erfolgreich weltweit expandiert, gelenkt durch Wagniskapitalgeber mit entsprechenden Erfahrungen, und aus dem gemeinsamen Essen ein Geschäftsmodell macht, indem es für jedes Essen eine Gebühr kassiert und den Gastgebern einredet, das sei eine Gelegenheit zum Geldverdienen. Die Geschichte erfolgreicher Unternehmen in der Sharing Economy lehrt uns, wie wahrscheinlich diese Entwicklung ist. Ein Unternehmen, das in diesem Bereich den Durchbruch schafft, hat wahrscheinlich ein Geschäftsmodell, bei dem die Mahlzeiten als privater Austausch deklariert werden, und wird behaupten, dass Veranstaltungen, die über seine Plattform zustande kommen, keine Gesundheits- und Sicherheitskontrolleure brauchen und dass dafür keine Umsatzsteuer bezahlt werden muss. Gleichzeitig wird es Anbieter auf seine Plattform locken und dann schauen, wie es von jedem dort vereinbarten Geschäft etwas abbekommen kann. Vielleicht verfolgt es sogar eine Blockbuster-Strategie und sieht sich nach großen Partnern um, mit denen es sich zusammenschließen kann. Und je erfolgreicher sie werden, desto mehr höhlen sie das Prinzip ihres Geschäftsmodells aus. Intimität in großem Stil ist keine Intimität mehr.

◆

Uber hat seinen kometenhaften Aufstieg im Jahr 2015 weiter fortgesetzt. Sein Wachstum gilt zusammen mit dem von Airbnb als Beweis für die Überlegenheit dieser Unternehmensform, in der die Angestellten durch selbstständige Unternehmer ersetzt werden und die Manager durch Bewertungssysteme. Tim O'Reilly schreibt, dies zeige, »wie Netzwerke über traditionelle Unternehmensformen triumphieren«[3]; er begrüßt grundsätzlich den unaufhaltsamen Aufstieg solcher technologiegetriebener Firmen. Aber die Anziehungskraft der reibungslosen Geschäftsabwicklung per App verdeckt eine Fülle weniger schöner, jedoch nicht weniger wichtiger Triebkräfte für den Erfolg solcher Firmen, die hinter den Kulissen wirksam sind. Technologie bringt Effizienzgewinne, aber sie bietet auch eine Chance, neue Geschäftsmodelle aufzubauen, die die Kosten externalisieren, indem sie Regulierungen über den Haufen werfen, die Firmeninteressen und Gemeinschaftsinteressen ausbalancieren sollen oder die Interessen von Unternehmen und Dienstleistern.

Airbnb stellt gnadenlos den Tourismus über jeden anderen Aspekt des Wohlergehens einer Stadt; das zeigt, dass seine Verpflichtung gegenüber Städten und Gemeinschaften da endet, wo seine Finanzen betroffen sind. Während das Unternehmen gegenüber lokalen Verwaltungen zu einigen Zugeständnissen bereit ist wie beispielsweise der Einziehung von Beherbergungsabgaben, weigert es sich strikt, die Namen der Gastgeber mitzuteilen. Auf diese Weise behindert Airbnb alle Versuche, in besonders beliebten Stadtvierteln die Zahl der Vermietungen an Touristen zu begrenzen oder die Gentrifizierung zu vermeiden, die mit dem plötzlichen Zustrom vieler Touristen einhergeht. In Städten wie Barcelona und Amsterdam, wo der Tourismus ein zweifelhafter Segen ist, hat das zu permanenten Konflikten mit den Stadtverwaltungen geführt. Airbnb behindert auch realistische Untersuchungen, welche Auswirkungen sein Geschäftsmodell auf das Angebot an bezahlbarem Wohnraum und Flächennutzungspläne hat. Airbnb verdient Geld damit, dass es den Kommunen, in denen es aktiv ist, eine Menge Kosten aufbürdet.

Dass Uber seinen Kunden etwas anbieten kann, was für sie von Wert ist, hängt nicht nur mit seiner Technologie zusammen, sondern auch, wie wir in Kapitel 4 gesehen haben, damit, dass es Kosten externalisiert. Darüber hinaus hält das Unternehmen die Kosten dadurch niedrig, dass es Verluste in Kauf nimmt, um das Wachstum voranzutreiben. Diese Taktik zieht sich wie ein roter Faden durch die Sharing Economy.

In Abschnitt 230 des amerikanischen Communications Decency Act, einer Art Verhaltenskodex für den Kommunikationsbereich, heißt es:»Kein Provider oder Nutzer eines interaktiven Computerangebots darf so behandelt werden, als wäre er der Verbreiter oder Autor von Informationen, die von einem anderen Informationsanbieter stammen.«[4] Das Gesetz zielt darauf ab, dass Blogger rechtlich nicht dafür verantwortlich sind, was Kommentatoren auf ihrer Seite schreiben, dass YouTube nicht für Videos haftet, die Nutzer hochladen, Facebook nicht für Postings und so weiter. Aber das Gesetz wurde immer wieder so weit ausgelegt, dass sich sein Schutz auf alle Online-Plattformen erstreckte.[5] Unternehmen der Sharing Economy haben argumentiert, das Gesetz bedeute, dass sie nicht für die Handlungen ihrer Dienstleister verantwortlich seien und für das, was zwischen Dienstleistern und Kunden passiere. Wenn sie sich als Marktplätze und Technologiefirmen präsentieren, nicht als Dienstleister, können sie sich auf Abschnitt 230 berufen. Taxiunternehmen mögen für Taxifahrten verantwortlich sein, aber ein Anbieter, der Mitfahrgelegenheiten vermittelt, möchte diesen Aufwand nicht haben; Hotels und Pensionen mögen für das Wohl ihrer Gäste verantwortlich sein, aber Airbnb übernimmt keinerlei Haftung.

Es mag weit hergeholt klingen, dass ein Unternehmen wie Uber, das mittlerweile damit experimentiert, bei jeder Fahrt rund 30 Prozent des

Fahrpreises einzubehalten und das bei seinen Preisen einen Dollar »Sicherheitsgebühr« mit einrechnet, keine Verantwortung tragen soll, wenn bei der Fahrt etwas schiefgeht. Als Uber in Kalifornien als Transportation Network Company registriert wurde, blieb die Frage offen.[6] Aber für Unternehmen der Sharing Economy ist Abschnitt 230 eine gute Sache, solange die Gerichte nicht anders entscheiden. Parlamentarier wie Liz Krueger, die im Senat des Bundesstaats sitzt, sind frustriert über das Gesetz. Mit Blick auf Airbnb sagte sie:

> Es ist uns als Regierung des Staates nicht gelungen zu erklären: »Airbnb, wir wissen, dass ihr Gesetze brecht, und wir werden euch aufhalten.« Deshalb, das muss ich so direkt ausdrücken, sagen mir diese Unternehmen ins Gesicht: »Du bist eine Fliege an der Wand. Du zählst nicht. Du bist machtlos gegen uns. Jawohl, du kannst gegen die Leute vorgehen, die illegal Wohnungen vermieten. Du kannst gegen die Leute vorgehen, die als Touristen illegal mieten. Aber gegen uns, gegen diejenigen, deren Geschäftsmodell es ist, eine illegale Aktivität zu fördern und zu unterstützen, kannst du nichts ausrichten.«[7]

Erfolgreiche Firmen der Sharing Economy vermeiden Ausgaben für Sicherheit. Sie verkünden öffentlich, dass Sicherheit ihnen wichtig ist, und machen ein paar Gesten in diese Richtung – Airbnb stellt Gastgebern kostenlos Rauchmelder zur Verfügung, Uber behauptet, dass die Fahrzeuge auf ihre Sicherheit überprüft würden –, aber sie tun auch alles, was sie können, um zu verhindern, dass kommunale Vorschriften wie die Überprüfung des Feuerschutzes bei Pensionen auf sie angewendet werden, und sie sorgen dafür, dass sie nicht haften, wenn etwas passiert.

Erfolgreiche Unternehmen der Sharing Economy sparen sich auch die Kosten, zu gewährleisten, dass jeder die entsprechende Dienstleistung in Anspruch nehmen kann. In Kapitel 4 haben wir geschildert, dass Uber und Lyft behaupten, es sei nicht ihr Problem, ob Behinderte die Fahrdienste nutzen können. Äußerungen, dass die Plattform von

Airbnb unbeabsichtigt eine Auswahl nach Hautfarbe ermöglicht, wurden auf die gleiche Weise beantwortet.

Erfolgreiche Unternehmen der Sharing Economy vermeiden außerdem die Ausgaben für Löhne, indem sie dafür sorgen, dass die Dienstleister nicht auf ihrer Gehaltsliste stehen. Stattdessen bezeichnen sie sie als selbstständige Unternehmer, in Amerika mit dem Kürzel »1099er« nach dem Steuerformular, das sie ausfüllen müssen. Zu dieser Strategie gehört auch, dass die Unternehmen nicht für Sozialleistungen und für Ausrüstung bezahlen, auch nicht für Warte- und Fahrzeiten, dass sie die Dienstleister nicht gegen Unfälle versichern und keinerlei Rentenverpflichtungen übernehmen.

Vor mehr als zehn Jahren schaffte es Amazon, in den meisten Bundesstaaten über viele Jahre keine Umsatzsteuer bezahlen zu müssen und sich damit einen natürlichen Preisvorteil gegenüber dem stationären Buchhandel zu sichern. Die großen Internetfirmen wie Google und Apple sind allesamt Experten darin, ihre Geschäfte über Niederlassungen in Steuerparadiesen wie Irland oder Luxemburg abzuwickeln, um ihre Steuerbelastung zu minimieren.

Erfolgreiche Unternehmen der Sharing Economy haben aus diesen Beispielen gelernt. Taxikunden in Toronto bezahlen Umsatzsteuer an die Provinz Ontario, der Taxifahrer bezahlt Einkommensteuer auf seine Einnahmen, und das Taxiunternehmen (sofern vorhanden) zahlt ebenfalls Steuern. Kunden von Uber zahlen ihre Gebühr an Uber BV, eine Tochtergesellschaft in den Niederlanden, sodass Uber in Kanada keine Steuern zahlen muss. Uber kümmert sich auch nicht darum, ob und wie die Fahrer ihr Einkommen versteuern; dabei weiß das Unternehmen sehr genau, dass viele finanziell klamme Fahrer es möglichst vermeiden werden, Steuern zu zahlen. Airbnb behauptet, dass es bereit sei, wenn nötig Beherbergungsabgaben für seine Gastgeber zu entrichten, und dass es seine Gastgeber auffordert, sich registrieren zu lassen, wenn die jeweilige Stadtverwaltung das verlangt. Aber etliche Beispiele zeigen (siehe Kapitel 3), dass das Unternehmen sich in der Praxis so eigennützig verhält, dass viele Städte frustriert sind.

Erfolgreiche Unternehmen der Sharing Economy haben gelernt, ihre Ausgaben für Versicherungen auf ein Minimum zu reduzieren. Uber und Lyft argumentierten am Anfang, für private Fahrten sei keine gewerbliche Versicherung erforderlich, und in der Zwischenzeit haben sie nach Kräften daran gearbeitet, die Absicherung, die sie auf Drängen der Städte leisten müssen, möglichst niedrig zu halten. Versicherungsverpflichtungen auf die Fahrer abzuwälzen, ohne zu überprüfen, ob die Fahrer den Verpflichtungen nachkommen, in dem vollen Wissen, dass viele versucht sein werden, sich die Ausgaben für eine komplette Versicherung zu sparen, ist ein Weg.

Erfolgreiche Unternehmen der Sharing Economy konnten zwar nicht alle diese Verantwortlichkeiten umgehen, aber sie orientieren sich an einem Ansatz von Peter Thiel, der in viele Branchenführer investiert hat. Thiel sah Probleme mit Steuervorschriften voraus und verfolgte daher bei seinem Unternehmen PayPal von Anfang an eine aggressive Strategie: viel Geld verdienen, rasch expandieren und die Gesetzgeber vor vollendete Tatsachen stellen. Wir sind die Zukunft, seht zu, wie ihr damit klarkommt.

Die Preisvorteile von Unternehmen der Sharing Economy – der Grund, warum so viele Investoren sich für diesen Sektor interessieren, und der Grund für die entsprechend gigantischen Marktbewertungen der Branchenführer – verdanken sich also nicht nur ihrer effizienten Technologie, sondern auch dem Geschick der Unternehmen, Regulierungen auszuhebeln oder zu verändern. Deshalb haben Uber und Airbnb im ganzen Land massiv in hochkarätige, gut vernetzte Lobbyisten investiert und betreiben in wichtigen Städten intensiv Lobbyarbeit. Karen Weise von Bloomberg schildert die eindrucksvollen Lobbyanstrengungen von Uber in Portland:

> Im letzten Jahr hat Uber eine der größten und mächtigsten Lobbyorganisationen im Land aufgebaut, die in beinahe jedem Parlament vertreten ist. Uber verfügt über 250 Lobbyisten und 29 Lobbyfirmen, die bei Regierungen im ganzen Land registriert sind, mindestens ein Drittel mehr als Walmart.

Dabei sind die Lobbyisten bei den Kommunen noch nicht mitgezählt. In Portland, Platz 28 der Großstädte in Amerika, ließen sich mittlerweile zehn Personen als Lobbyisten für Uber registrieren. Sie sind zu einer festen Größe in der City Hall geworden. Vertreter der Stadtverwaltung sagen, sie hätten etwas Derartiges noch nie erlebt.[8]

Tim O'Reilly schreibt: »Die Diskussion um Firmen wie Uber und Airbnb greift zu kurz. Es geht nicht nur um Arbeitsbedingungen, sondern um einen grundlegenden wirtschaftlichen Wandel durch Software und Vernetzung.« Aber das Thema nur unter dem Aspekt Software und Vernetzung zu betrachten, greift ebenfalls zu kurz: Es geht auch um Macht, Geld und Einfluss.

◆

Die Rede von Vertrauen zwischen Gleichrangigen, die in vielen Geschichten so großen Raum einnimmt, ist ebenfalls einseitig. Bewertungssysteme sind eine Fassade für Unternehmen, die Nutzer »deaktivieren« und ihre eigenen Regeln durchsetzen können: Airbnb schließt Gastgeber von seiner Plattform aus, wenn es politisch nützlich ist (wie kürzlich in Los Angeles geschehen[9]), und Uber feuert Fahrer nach Lust und Laune der Manager.

Die Sharing Economy bietet die Möglichkeit, gewählten Institutionen die Entscheidungsgewalt zu entziehen und sie in neue, extravagant verglaste, aber trotzdem undurchsichtige Büros in San Francisco zu übertragen. Teure Lobbyisten reden Regierungsvertretern in Washington ein, die neuen Unternehmen könnten das Verhalten ihrer Dienstleister besser regulieren als die Regierungen, Algorithmen seien zuverlässiger als altmodische Regeln, und der freie Markt werde dafür sorgen, dass die Unternehmen, die mit Algorithmen arbeiten, ihren Einfluss verantwortlich und im Sinne des Gemeinwohls einsetzen.

In der Welt der Sharing Economy wird die Leistungsfähigkeit von

Bewertungssystemen und Ratings mithilfe von Algorithmen, um eine solide Basis für Vertrauen zu schaffen, systematisch übertrieben.

Webseiten, die Ratings mit Algorithmen verwenden, sind mit Problemen von Fairness und Integrität konfrontiert, zum Beispiel Lending Club, der Marktplatz für Darlehen. Weil die beteiligten Firmen darüber entscheiden, wer als potenzieller Kreditnehmer zu dem Marktplatz zugelassen wird, begeben sie sich auf das Feld der Bonitätsbewertung. Die Datenwissenschaftlerin Cathy O'Neil sagt, ein Grund, warum Lending Club und andere Marktplätze für große Finanzinstitute von Interesse seien, liege darin, dass sie einen Weg eröffnen, die üblichen Regeln beim Kreditscoring zu umgehen, wie etwa in Amerika den Federal Trade Commission's Equal Opportunities Act (ECOA), der Diskriminierungen bei der Kreditvergabe aufgrund von Rasse, Hautfarbe, Religion und anderen Faktoren verbietet, und den Fair Credit Reporting Act (FCRA). In ihren Anfängen haben Lending Club und andere Peer-to-Peer-Kreditvermittler argumentiert, dass sie selbst keine Kredite vergeben, genau wie Uber keine Fahrten durchführt, Handy nicht selbst putzt und Airbnb niemanden beherbergt. Deshalb falle ihre Geschäftstätigkeit in eine regulatorische Lücke.[10] Inzwischen ist, vor allem nach einer erheblichen Zahl von Kreditausfällen im Jahr 2008, die amerikanische Börsenaufsichtsbehörde Securities and Exchange Commission eingeschritten und verlangt etwas mehr Rechenschaft, aber ein Großteil des Geschäftsmodells dieser Marktplätze findet immer noch außerhalb jeglicher Regulierung statt.

Genau wie der Suchalgorithmus von Airbnb ein Ranking der Gastgeber beinhaltet und wie Uber die detaillierten Daten über alle Personen auf seiner Plattform dafür verwendet, den Fahrern vorzuschreiben, wie sie sich zu verhalten haben, nutzt Lending Club ein proprietäres mathematisches Modell, um die Kreditwürdigkeit potenzieller Kreditnehmer zu bewerten, und lehnt rund 90 Prozent der Interessenten ab.[11] Die Daten werden teils bei Daten-Brokern wie Acxiom und Experian eingekauft; in der Frühzeit der Peer-to-Peer-Kredite haben sich die Unternehmen auch die Profile in den sozialen Netzwerken angeschaut und

andere Erkenntnisse wie Surfverhalten im Netz und bisherige Arbeitsverhältnisse berücksichtigt: einfach alles, was sie in die Hände bekamen.
Aber dieser Datenhunger kann leicht (und vielleicht sogar unbeabsichtigt) mit Bestimmungen des ECOA und des FCRA kollidieren. Es kann
sein, dass Indikatoren verwendet werden, die auf rassistischen und anderen Diskriminierungen basieren; Personen, deren Kreditwünsche ab-
gelehnt werden, haben keine Möglichkeit, die Gründe dafür herauszu-
finden und sich gegen die Entscheidung von Lending Club zu wehren:
Der Algorithmus ist eine Black Box, in die weder die Regulierer noch
die Bewerteten hineinschauen können.[12]

DIE GEGENBEWEGUNG

Angesichts des Einflusses und der weitgespannten Pläne der Sharing
Economy haben zahlreiche Gruppen ihre Stimme wiedergefunden und
wehren sich. In Europa, wo Airbnb den Großteil seiner Erlöse erwirt-
schaftet und Uber sein Wachstum aggressiv vorantreibt, gab es allein im
Juni 2015 zwei wichtige Entwicklungen. Besonders spektakulär waren
die Protestaktionen der Taxifahrer in Frankreich: Ubers Dienst Uber-
Pop (das Äquivalent zu UberX in Nordamerika) wurde bereits 2014 für
illegal erklärt. Aber Uber wies seine Fahrer an, weiterzumachen, während das Unternehmen gegen die Entscheidung Einspruch einlegte.
Zusammenstöße zwischen frustrierten Taxifahrern und der Bereit-
schaftspolizei veranlassten die Regierung in Paris, gegen den Dienst vorzugehen.[13] Ähnlich verhielt sich Uber auch in anderen Ländern: Im
August teilte das Unternehmen mit, dass es in Costa Rica Fahrer unterstützen werde, gegen die Strafen verhängt worden waren. Dieser Schritt
kam nicht gut an in einem Teil der Welt, in dem amerikanische Firmen
aktiv beim Sturz von Regierungen mitgewirkt haben.[14] Die Proteste und
juristischen Schritte haben erfolgreich Zweifel an der Vorstellung gesät,
Ubers Geschäftsmodell sei ein Fait accompli, die unvermeidliche Zukunft, der sich allenfalls Maschinenstürmer in den Weg stellen. Dass
Uber, wie in Kapitel 4 geschildert, seinen Dienst UberPop auf mehreren

großen europäischen Märkten eingestellt hat, zeigt, dass über die Bedingungen, unter denen Unternehmen der Sharing Economy Geschäfte machen, weiterhin diskutiert werden kann und muss.

Uber und Airbnb warten jedoch nicht tatenlos ab. Die beiden Unternehmen treten nach außen hin zwar in vielerlei Hinsicht unterschiedlich auf, aber sie beobachten sich gegenseitig und lernen voneinander, was ihren Umgang mit den Behörden betrifft. Uber war es kürzlich wichtig zu betonen, dass von seinen Fahrern viele nur ab und zu fahren: Das Image passt viel besser zu dem Bild des Modellgastgebers von Airbnb als zu dem mittlerweile diskreditierten Image eines Vollzeit-Fahrers, der 90.000 Dollar im Jahr verdient. Beide Unternehmen arbeiten inzwischen auch mit namhaften Wissenschaftlern zusammen und veröffentlichen mit ihnen gemeinsam Berichte, die die soziale Bedeutung ihres Geschäfts betonen; dabei stellen sie als intellektuellen Anreiz sogar interne Daten zur Verfügung. Uber hat als erstes Unternehmen der Sharing Economy den Wert von Lobbyisten entdeckt, um auf Stadtverwaltungen Einfluss zu nehmen, und Airbnb folgte dem Beispiel mit seinen erfolgreichen Bemühungen, »Proposition F« in San Francisco zu bekämpfen, ein Gesetz, das Kurzzeitvermietungen in der Innenstadt verbieten sollte. Uber hat wiederum von Airbnb gelernt, wie wichtig es ist, die eigene Kundenbasis zu mobilisieren: Während einer Debatte in New York baute das Unternehmen Links in seine Smartphone-App ein, über die Uber-Kunden direkt eine Botschaft an den Bürgermeister schicken konnten.

Aber die Städte wehren sich gegen Uber und Airbnb. Barcelona hat eine neue Bürgermeisterin gewählt, die radikale Aktivistin Ada Colau, die 2009 eine Schutzplattform für Betroffene der Immobilienspekulation gegründet hat. Ein großes Thema in ihrem Wahlkampf war der Tourismus: Die Zahl der Touristen, die alljährlich Barcelona besuchen, übersteigt mittlerweile die Zahl der Einwohner um das Vierfache, und »ständiger Ärger mit Lärm, illegaler Beherbergung von Touristen und steigenden Immobilienpreisen haben erschöpfte Einwohner veranlasst, in letzter Zeit Barrikaden gegen eine anscheinend unaufhaltsam ansteigende Flut kameraschwenkender, biertrinkender Besucher zu errichten«[15]. Colau gelobte, sie werde Barcelona nicht zu einem »zweiten Venedig« werden lassen, einer Stadt, in der die Einwohner vor den Touristen fliehen. Vor diesem Hintergrund klingen die Behauptungen von Airbnb, es biete die Chance, »zu leben wie ein Einheimischer«, die ständigen Hinweise darauf, wie viel Geld es in die Stadt bringe, ebenso wie die hartnäckige Weigerung, nicht nur auf die Zahlen zu schauen, sondern auch staatsbürgerliches Verantwortungsbewusstsein an den Tag zu legen, wie Hohn.

Auch in den Vereinigten Staaten wächst inzwischen der Widerstand gegen die Übergriffe der Sharing Economy.

Der Status der angeblich selbstständigen Uber-Fahrer und der Reinigungskräfte auf Abruf hat die Justiz auf den Plan gerufen. In Kapitel 5 wurde beschrieben, was dieses Thema für Reinigungsdienste wie Homejoy und Handy bedeutet, aber sehen wir uns einmal das umfassendere Bild an. Wenn die Reinigungskräfte Angestellte wären, müsste das Unternehmen in Kanada Steuern zahlen und Beiträge zur Arbeitslosenversicherung und zur Rentenversicherung entrichten; indem es sie als selbstständige Unternehmer deklariert, vermeidet es diese enormen Kosten. Kevin Hipkins von Molly Maid, einer Reinigungsfirma in Ontario mit 1200 Angestellten, sagt: »Wenn wir einen Zauberstab hätten, könnten wir unsere Kosten um 30 Prozent senken und uns den lästigen Steuerkram sparen. Steuern zahlen ist eine moralische Verpflichtung, und ich denke, wir erzeugen eine Kultur des Steuerbetrugs.«[16]

So, wie die Plattformen der Sharing Economy funktionieren, bleibt es den Reinigungskräften überlassen, Steuern zu zahlen, und natürlich ist es für schlecht entlohnte Dienstleister eine Versuchung, dabei zu schummeln. Dienstleistungen wie Putzen wurden lange schwarz erledigt, gegen Barzahlung. Neu ist heute, dass Milliarden-Dollar-Unternehmen auf diesem Modell errichtet werden. Kevin Hipkins von Molly Maid meint, »es ist ein Unterschied, ob es sich um ein Geschäft unter der Hand zwischen einem Kunden und einer einzelnen Reinigungskraft handelt oder um ein großes amerikanisches Unternehmen mit einem Marktwert von mehreren Millionen«.

Im Oktober 2014 verklagten zwei ehemalige Reinigungskräfte von Handy das Unternehmen. Der Reporter Kevin Montgomery schreibt: »In der Klageschrift heißt es, das Unternehmen weigere sich, Mindestlöhne zu bezahlen, Pausen und Überstunden zu entlohnen und behalte Trinkgelder ein, neben anderen Verstößen. Die Arbeiter behaupten auch, dass das Start-up, das 45,7 Millionen Dollar eingesammelt hat, ihnen absurde Auflagen mache, zum Beispiel vorschreibe, wie sie die Toilette zu benützen hätten.«[17]

Plattformen der Sharing Economy sind schneller gewachsen, als es sonst möglich gewesen wäre, weil sie behaupten, dass ihre Dienstleister keine Angestellten sind. Sie können ihre Dienstleistungen billiger anbieten, weil sie keine Sozialabgaben bezahlen und die Arbeitskräfte nicht für Zeiten entlohnen müssen, in denen sie nicht arbeiten. Aber es gibt ein Problem für die Plattformen: Handy betont zwar, dass es keine Putzdienste leistet, will aber eine erfolgreiche Marke etablieren, und das bedeutet, dass das Unternehmen kontrollieren muss, was es liefert (oder nicht). Im Einkommensteuergesetz gibt es einen 20 Punkte umfassenden Test, ob eine Arbeitskraft angestellt ist oder nicht, der entscheidende Satz lautet:

Allgemein gilt, dass ein Individuum dann ein selbstständiger Unternehmer ist, wenn die Person, für die die Dienstleistungen erbracht werden, nur das Recht hat, das Ergebnis der Arbeit zu kontrollieren oder zu bestimmen, und nicht die Mittel und Methoden zum Erreichen des Ergebnisses.

Ellen Huet hat das Verfahren verfolgt, das noch nicht entschieden ist, und schreibt:

Für selbstständige Unternehmer gelten bestimmte Einschränkungen. Sie können ihnen nicht vorschreiben, wie sie ihre Arbeit zu machen haben – was sie anziehen müssen, wie viel sie berechnen dürfen, was sie zu den Kun-

226

den sagen müssen, welche Materialien sie zu verwenden haben. Für Startups, die ihre Kunden zufriedenstellen und an sich binden wollen, ist das ein erheblicher Nachteil.[18]

Dieses Argument betrifft nicht nur Unternehmen der Sharing Economy. Nach vielen Prozessen hat ein Berufungsgericht in Oakland entschieden, dass FedEx seine Fahrer von 2000 bis 2007 zu Unrecht als selbstständige Unternehmer eingestuft hat; die Entscheidung kostete das Unternehmen 228 Millionen Dollar.[19] Ebenfalls in Kalifornien wurden Lkw-Fahrern einer Logistikfirma 2,2 Millionen Dollar zugesprochen, nachdem ein Gericht befunden hatte, dass sie Angestellte waren und keineswegs selbstständige Unternehmer.[20]

Die Anwältin Shannon Liss-Riordan aus Boston hat viele Klagen im Zusammenhang mit dem Status von Beschäftigten in der Sharing Economy geführt. In ihrer Klage gegen Uber verwies sie darauf, dass Uber-Fahrer sich an strikte Regeln halten müssen, wenn sie auf der Plattform bleiben wollen, etwa dass sie 90 Prozent der Aufträge annehmen und bei den Kundenbewertungen einen bestimmten Mindestwert erreichen müssen, und dass Uber Fahrer entlassen (»deaktivieren«) kann. »Nur weil Ihre Dienstleistung über ein Smartphone beauftragt wird, sind Sie noch kein Technologieunternehmen … Sie sind eine Autovermietung, und es ist Ihre Verantwortung, der Arbeitgeber für die Menschen zu sein, die die Autos fahren.«[21] Liss-Riordan vertritt auch Klagen gegen Lyft, Handy, Homejoy und Instacart.

Im Juni 2015 wies die für die Einhaltung des Arbeitsrechts zuständige Behörde von Kalifornien Uber an, der Fahrerin Barbara Ann Berwick etwas mehr als 4000 Dollar als Entschädigung zu zahlen, weil Berwick eine Angestellte des Unternehmens sei.[22] Uber wird dagegen Widerspruch einlegen, aber es ist ein gutes Zeichen für die Klagen von Liss-Riordan gegen Uber und Lyft, die (mit Stand Mai 2015) wohl vor Gericht gehen werden. Der Streit, welchen Status die Dienstleister haben, wird sich zweifellos lange hinziehen und womöglich in einer Grauzone enden, sodass die Beschäftigten je nachdem, wie viele Stunden sie arbeiten und für wie viele Auftraggeber, in unterschiedliche Kategorien fallen.

Airbnb hat Gegenwind von mehreren Seiten bekommen. Eine viel beachtete Auseinandersetzung in New York endete mit der Gründung von Share Better, einem Zusammenschluss von Mietervereinen, Nachbarschaftsvereinigungen, Gruppen, die sich für bezahlbaren Wohnraum einsetzen, gewählten Amtsträgern und Hotelangestellten, die gemeinsam gegen die Veränderungen angehen wollen, die Airbnb in ihre Stadt gebracht hat; das Thema schlug im Stadtrat hohe Wellen. Eine ähnliche Gruppe, ShareBetter SF, wurde in San Francisco gegründet, und in Los Angeles hat LAANE, eine Interessengruppe, die gegen Armut und für die Berücksichtigung einkommensschwacher Bevölkerungsschichten bei der Stadtentwicklung kämpft, das Thema Kurzzeitvermietungen in ihre Aktionen im Bereich Wohnen aufgenommen. Ähnliche Koalitionen entstehen gerade auch in anderen Städten.

Angesichts der Veränderungen, die das rasche Wachstum und die Ausrichtung der Giganten der Sharing Economy gebracht haben, machen sich mittlerweile sogar ihre Befürworter Gedanken über die Zukunft. OuiShare ist eine in Frankreich beheimatete globale Community rund um das Thema Kooperation mit einem starken Fokus auf Technologie. In seinen Anfängen war OuiShare ein entschiedener Befürworter der Sharing Economy, aber das Thema der Jahreskonferenz 2015 lautete »Lost in Transition?« (»Verloren im Wandel?«). Neal Gorenflo vom Non-Profit-Unternehmen Shareable schreibt, das Thema »brachte auf den Tisch, was überall präsent war, aber nie angesprochen wurde – den eklatanten Widerspruch zwischen den utopischen Möglichkeiten und den hyperkapitalistischen Realitäten der Sharing Economy«[23].

Wenn die neuerdings skeptischen Teilnehmer der Konferenz von OuiShare einen Weg finden wollen, um die Sharing Economy in etwas Nützliches zu verwandeln, etwas, das die Versprechen von Gemeinschaftlichkeit und Austausch nach menschlichem Maß tatsächlich erfüllt, müssen sie ihre Identifikation mit der Technologie aufgeben. Es gibt wenig Anzeichen, dass sie dazu bereit sind: Gorenflo berichtet, dass die »Blockchain«-Technologie, die Bitcoin zugrunde liegt, die neue große Sache sei: »Überall ging es um Blockchain, als Vortragsthema wie in den Gesprächen am Rand.« Die Suche nach einer technischen Lösung, nach einem automatischen Mechanismus zur Beseitigung gesellschaftlicher Probleme, wird immer die gleiche Entwicklung nehmen. Bitcoin hat selbst bereits den vertrauten Weg zurückgelegt: von der rebellischen Alternative, die mit dem Versprechen angetreten ist, eine vom Staat unabhängige Währung zu schaffen, zu einem mit Wagniskapital finanzierten Anlageinstrument, bei dem 0,1 Prozent der Beteiligten 50 Prozent der Coins besitzen. Die Diskussion muss sich von der ausschließlichen Fixierung auf Technologiefirmen lösen. Sie muss anerkennen, dass es keine einfachen Lösungen für komplexe gesellschaftliche Probleme gibt und schon gar nicht für die realen Konflikte und Ungerechtigkeiten, die eine Gesellschaft durchziehen. Dass die Sharing Economy die Geschichte kollaborativer und kooperativer Bewegungen vollkommen ignoriert, ist ein Grund, warum viele Unternehmen so bereitwillig mitmachen.

Menschen, die Teilen gut finden, sollten lieber mit den Städten zusammenarbeiten, als sich mit Wagniskapitalgebern einzulassen. Die Städte waren bei vielen nicht kommerziellen Sharing-Initiativen sehr innovativ. Im Verkehrsbereich gibt es Carsharing und die vielfach imitierten Initiativen zum Fahrrad-Sharing in Paris; es gibt neue Ideen rund um den öffentlichen Nahverkehr; neue Initiativen rund um grüne Taxidienste. Ein Vorteil der Initiativen, die von Städten ausgehen, ist, dass die Bürger sehen, was sich andernorts bewährt hat, und sich dafür einsetzen können, dass es in ihrer Stadt übernommen wird; so lernen Städte voneinander.

Evgeny Morozov bezeichnet die Vorstellung, dass die Technologie Lösungen für komplexe gesellschaftliche Probleme liefern wird, als »Solutionismus«, und dieser Lösungswahn ist bei allen Propagandisten der Sharing Economy leider sehr verbreitet.[24] Gefordert wäre stattdessen etwas mehr Bescheidenheit bei denen, die sich mit neuen Technologien identifizieren. Es geht nicht darum, ob Technologie gut oder schlecht ist; sie ist einfach nicht die Antwort auf komplexe gesellschaftliche Fragen. Es würde uns weiterbringen, wenn die Technologieanhänger akzeptieren könnten, dass Technologie bei sozialen Bewegungen eine zwar hilfreiche, jedoch nachgeordnete Rolle spielen kann. Aber die Naivität 26-jähriger CEOs, die Hybris ihrer Berater, die ihnen Wagniskapital beschaffen, und die beschränkte Sichtweise der Hacktivisten, die immer noch die Schlachten der 1990er-Jahre schlagen und Open Source propagieren, verheißen nichts Gutes.

DANKSAGUNG

Dieses Projekt begann im November 2014 zu einem Buch zu werden, als mich Trebor Sholtz zu einer Konferenz über digitale Arbeit an die New School in New York City einlud, Astra Taylor ein Mittagessen mit John Oakes arrangierte, als wäre das gar nichts Besonderes (es war dann auch ganz zwanglos), und er sich auf das Projekt einließ. Die freundlichen Menschen bei OR Books nahmen mein Manuskript und lektorierten und produzierten es, bis es sehr viel professioneller aussah als das, was sie bekommen hatten.

Zuvor hatte ich die Berichterstattung etlicher Journalisten verfolgt, die kritisch, klug und unterhaltsam über die im Entstehen begriffene Sharing Economy schrieben und sie zu einem Thema machten, das es wert war, dass man sich damit beschäftigte. Hier sind allen voran Johanna Bhuyian, Sam Biddle, Susie Cagle, Liz Gannes, Ellen Huet, Andrew Leonard, Andrew Orlowski, Nancy Scola und Nitasha Tiku zu nennen. Inzwischen habe ich in Gesprächen mit Frank Pasquale, James Grimmelmann, Cathy O'Neil, Karen Gregory, Tom Lee und Denise Cheng viel gelernt und viel Stoff zum Nachdenken bekommen.

Die Kapitel 7 und 8 dieses Buchs sind zuerst in *The New Inquiry* erschienen und haben den Anmerkungen und der Bearbeitung durch Rob Horning viel zu verdanken. *The Jacobin* räumte mir Platz ein, um einige frühe Ideen zu erläutern, die über das ganze Buch verstreut sind. Teile von Kapitel 7 wurden als Posting, um das man mich gebeten hatte, in dem Blog *Crooked Timber* veröffentlicht, als Beitrag für ein Seminar über Open Government Data, das Henry Farrell organisiert hatte, der für mich eine Quelle der Unterstützung und Inspiration ist.

In Waterloo zeigen mir die Ingenieure von SAP Waterloo und meine Kollegen im Produktmanagement jeden Tag, wie klug Menschen im Technologiebereich sein können (alle in diesem Buch geäußerten Meinungen sind natürlich meine persönlichen und unabhängig von meinem Arbeitgeber). Es war ein großes Vergnügen, die Fortschritte bei der Arbeit an dem Buch mit der Seminargruppe am Freitagabend diskutieren zu können.

In meinem heimischen Umfeld habe ich von jahrelangen hilfreichen Gesprächen mit John, Jeff und Liz Slee profitiert; Jamie Supeene und Simon Slee haben mich immer ermutigt und mich damit beeindruckt, wie sie sich bemühen, in wirtschaftlich schwierigen Zeiten ihr Leben zu meistern. Lynne Supeene hat viele kluge Bemerkungen zu dem Manuskript gemacht und ist darüber hinaus eine wundervolle Lebenspartnerin.

Etwaige Mängel und Fehler, die trotz der Bemühungen aller Genannten noch stehen geblieben sind, fallen ganz allein in meine Verantwortung.

BIBLIOGRAFIE

AIRBNB, »Airbnb Economic Impact«, *The Airbnb Blog – Belong Anywhere*, abgerufen am 9. Mai 2015, http://blog.airbnb.com/economic-impact-airbnb/.

DERS., »Airbnb's Economic Impact on New York City«, *The Airbnb Blog – Belong Anywhere*, abgerufen am 9. Mai 2015, http://blog.airbnb.com/airbnbs-economicimpact-nyc-community/.

DERS., »Building Trust with a New Review System«, 10. Juli 2014, http://blog.airbnb.com/building-trust-new-review-system/.

DERS., »One Way Forward: After the Crash, Keeping the Roof Overhead, Airbnb Stories«, *Airbnb*, abgerufen am 9. Mai 2015, https://www.airbnb.com/stories/newyork/one-way-forward.

DERS., »Sandy's Impact: Opening Doors in a Time of Need, Airbnb Stories«, *Airbnb*, abgerufen am 9. Mai 2015, https://www.airbnb.com/stories/newyork/sandysimpact.

»ALEX«, »Happy New Year!« *Uber Global*, 30. Dezember 2013, http://newsroom.uber.com/2013/12/happy-new-year/.

ANDERSON, CHRIS, *The Long Tail – Der lange Schwanz. Nischenprodukte statt Massenmarkt. Das Geschäft der Zukunft*, München 2007.

»ANDREW«, »Three Septembers of uberX in New York City«, *Uber Company Blog*, 29. Oktober 2014, http://blog.uber.com/nyc-three-septembers-uberX.

DERS., »What Does a Typical New York uberX Partner Earn in a Week?«, *Uber Company Blog*, 1. Dezember 2014, http://blog.uber.com/how-much-nyc-uberX-partnerdrivers-earn-per-week.

ASAY, MATT, »For 50 Percent of Developers, Open Source Is a 9-to-5 Job«, 2. September 2014, http://www.techrepublic.com/article/for-50-percent-of-developersopen-source-is-a-9-to-5-job/.

DERS., »The Effects of Commercialization on Open-Source Communities«, 4. März 2008, http://www.cnet.com/news/the-effects-of-commercialization-on-opensource-communities.

ASSOCIATED PRESS, »SKS Under Spotlight in Suicides«, *Wall Street Journal*,

24. Februar 2012, Sektion World News, http://www.wsj.com/articles/SB10001 4240529702039183045772426022966683134.

BAKER, DEAN, »Ubernomics«, *CEPR* »*Beat the Press*« *Blog*, 23. Januar 2015, http://www.cepr.net/blogs/beat-the-press/ubernomics.

BAKER, MICHAEL B., »Barclays: Airbnb Usage To Surpass Hotel Cos., But Not For Business Travel«, *Business Travel News*, 16. Januar 2015, www.http://businesstravelnews.texterity.com/businesstravelnews/february_2__2015_?folio=17&pg=19#pg19.

BAKER, VICKY, »Not-for-Profit Couchsurfing Becomes a Company (with a Conscience)«, *The Guardian*, 26. August 2011, http://www.theguardian.com/travel/2011/aug/26/couchsurfing-investment-budget-travel.

BANJO, SHELLY, »Citgroup Has Finally Thrown Its Lot in with Online Lending«, *Quartz*, 14. April 2015, http://qz.com/383160/citgroup-has-finally-thrown-its-lot-inwith-online-lending/.

DIES., »Wall Street Is Hogging the Peer-to-Peer Lending Market«, *Quartz*, 4. März 2015, http://qz.com/355848/wall-street-is-hogging-the-peer-to-peer-lendingmarket/.

BARBROOK, RICHARD, und ANDY CAMERON, »The Californian Ideology«, *Mute*, August 1995, http://www.imaginaryfutures.net/2007/04/17/the-califor nianideology-2/.

BARDHI, FLEURA, und GIANA M. ECKHARDT, »Access-Based Consumption: The Case of Car Sharing«, *Journal of Consumer Research* 39 (Dezember 2012), S. 881–898.

BATES, JO, »›This Is What Modern Deregulation Looks like‹: Co-Optation and Contestation in the Shaping of the UK's Open Government Data Initiative«, 8, Nr. 2 (2012), http://ci-journal.net/index.php/ciej/article/view/845/916.

BENJAMIN, SOLOMON, BHUVANESWARI RAMAN, P. RAJAN, und B. MAN-JUNATHA, »Bhoomi: ›E-Governance‹, Or, An Anti-Politics Machine Necessary to Globalize Bangalore?«, CASUM-M Working Paper, Bangalore: International Institute of Information Technology, 2005.

BENKLER, YOCHAI, »Coase's Penguin, or Linux and the Nature of the Firm«, *Computing Research Repository* cs.CY/0109 (2001).

DERS., *The Wealth of Networks: How Social Production Transforms Markets and Freedom,* New Haven; London: Yale University Press, 2006.

BERCOVICI, JEFF, »Uber's Ratings Terrorize Drivers And Trick Riders. Why Not Fix Them?«, *Forbes*, 14. August 2014, http://www.forbes.com/sites/jeffbe rcovici/2014/08/14/what-are-we-actually-rating-when-we-rate-other-people/.

BERDOU, EVANGELIA, »Managing the Bazaar: Commercialization and Peripheral Participation in Mature, Community-Led Free/Open Source Software Projects«, London School of Economics and Political Science, 2007, http:// flosshub.org/sites/flosshub.org/files/PhD_Berdou.pdf.

BERMAN, MARK, »Why Uber Will Limit Its Surge Pricing during the Snow Emergency«, *The Washington Post*, 26. Januar 2015, http://www.washington post.com/news/post-nation/wp/2015/01/26/why-uber-will-limit-its-surge-pricing-during-thesnow-emergency/.

BEYERSTEIN, LINDSAY, »Change.org Quietly Changing Course«, *In These Times*, 23. Oktober 2012, http://inthesetimes.com/duly-noted/entry/14070/ change.org_quietly_changing_course.

BHUIYAN, JOHANA, »What Uber Drivers Really Make (According To Their Pay Stubs)«, *BuzzFeed*, 19. November 2014, http://www.buzzfeed.com/johana bhuiyan/whatuber-drivers-really-make-according-to-their-pay-stubs.

DIES., »Uber Sought To Hire Opposition Researcher To ›Weaponize Facts‹«, BuzzFeed, 20. November 2014, http://www.buzzfeed.com/johanabhuiyan.

DIES., und CHARLIE WARZEL, »›God View‹: Uber Investigates Its Top New York Executive For Privacy Violations«, *BuzzFeed*, abgerufen am 23. Mai 2015, http://www.buzzfeed.com/johanabhuiyan/uber-is-investigating-its-top-newyork-executive-for-privacy.

BIDDLE, SAM, »Here Are the Internal Documents That Prove Uber Is a Money Loser«, *Gawker*, 5. August 2015, http://gawker.com/here-are-the-internal-do cumentsthat-prove-uber-is-a-mo-1704234157.

DERS., »Uber Calls Woman's 20-Mile Nightmare Abduction an ›Inefficient Route‹«, *Valleywag*, 14. Oktober 2014, http://valleywag.gawker.com/uber-calls-womans-20-mile-nightmare-abduction-an-ineff-1645819700.

DERS., »Uber Driver: Here's How We Get Around Background Checks«, *Valleywag*, 27. Juni 2014, http://valleywag.gawker.com/uber-driver-heres-how-we-getaround-background-checks-1596982249.

BINGHAM, JONATHAN, »The Sharing Economy: Q&A With Airbnb's Chip Conley«, 10. April 2015, http://www.realbusiness.com/2015/04/trendspotting /the-sharingeconomy-qa-with-airbnbs-chip-conley/.

BISBY, ADAM, »›Airbnb for Dogs‹: Do Pet Services Go a Step Too Far in Today's Sharing Economy?«, *The Globe and Mail*, 9. Juli 2015, http://www.the globeandmail.com/life/relationships/dog-sharing-an-uber-contentious-ex tension-of-sharingeconomy/article25391657/.

BOLLIER, DAVID, »Lessons from the Corporatization of Couchsurfing«, 14. Februar 2014, http://bollier.org/blog/lessons-corporatization-couchsurfing.

BOOTH, ROBERT, »Uber Whistleblower Exposes Breach in Driver-Approval

Process«, *The Guardian*, 15. Juni 2015, http://www.theguardian.com/techno logy/2015/jun/12/uber-whistleblower-exposes-breach-driver-approval-pro cess.

BOTSMAN, RACHEL, »Collaborative Finance: By the People, For the People«, *Collaborative Consumption*, 31. Juli 2014, http://www.collaborativeconsump tion.com/2014/07/31/collaborative-finance-by-the-people-for-the-people/.

DIES., »The Sharing Economy Lacks A Shared Definition«, *Co.Exist*, 21. November 2013, http://www.fastcoexist.com/3022028/the-sharing-economy-lacks-ashared-definition.

DIES., Transkript von »The Currency of the New Economy Is Trust«, TED-Konferenz, September 2012, http://www.ted.com/talks/rachel_botsman_the_ currency_of_the_new_economy_is_trust/transcript.

DIES., »Welcome to the New Reputation Economy«, *Wired*, September 2012, http://www.wired.co.uk/magazine/archive/2012/09/features/welcome-to-the-newreputation-economy.

DIES., und ROO ROGERS, *What's Mine Is Yours: The Rise of Collaborative Consumption*, New York 2010.

BOWLES, NELLIE, »Tech Titans on Income Inequality and Their ›Stingy, Stingy‹ Industry«, *Re/code*, 31. Mai 2014, http://recode.net/2014/05/31/tech-titans -onincome-inequality-and-their-stingy-stingy-industry/.

BRADSHAW, TIM, »Lunch with the FT: Brian Chesky«, 26. Dezember 2014, http://www.ft.com/intl/cms/s/0/fd685212-8768-11e4-bc7c-00144feabdco.ht ml?siteedition=intl#axzz3UxDunrnM.

BRAUN, STUART, »Help! The Post-Tourism Tourists Are Here …«, *Exberliner*, 1. Juli 2010, http://www.exberliner.com/features/lifestyle/help-the-post-tour ism-tourists-are-here/

BROOKS, DAVID, »The Evolution of Trust«, *The New York Times*, 30. Juni 2014, http://www.nytimes.com/2014/07/01/opinion/david-brooks-the-evo lution-of-trust.html.

BRUCE, CHRIS, »Uber Miami Accused of Coaching Drivers to Circumvent Airport Laws«, *Autoblog*, 14. November 2014, http://www.autoblog.com/2014/1 1/14/ubercoaching-airport-drivers-violate-rules/.

BULAJEWSKI, MIKE, »The Cult of Sharing«, 5. August 2014, http://www.mrtea cup.org/post/the-cult-of-sharing.html.

BURKHARDT, PAUL, und CHRIS WARING, »An NSA Big Graph Experiment«, 20. Mai 2013, http://www.pdl.cmu.edu/SDI/2013/slides/big_graph_ nsa_rd_ 2013_56002v1.pdf.

CALIFORNIA PUBLIC UTILITIES COMMISSION, »Transportation Network

Companies«, abgerufen am 22. Mai 2015, http://www.cpuc.ca.gov/PUC/En forcement/TNC/.

CARHART, KEVIN, »The Ten Ninety Nihilists«, 6. November 2013, https://lib com.org/blog/ten-ninety-nihilists-06112013.

CBC NEWS, »Airbnb Renters Who Trashed Calgary House Used Fake Credit Cards to Fuel Party«, 7. Mai 2015, http://www.cbc.ca/1.3065243.

CHESKY, BRIAN, »Shared City«, 26. März 2014, https://medium.com/@bchesky/shared-city-db9746750a3a.

DERS., »Who We Are, What We Stand for«, 3. Oktober 2013, http://blog.air bnb.com/who-we-are/.

CHESTERS, GRAEME, und DAVID SMITH, »The Neglected Art of Hitch-Hiking: Risk, Trust and Sustainability«, 6, Nr. 3 (2001), http://www.socresonline. org.uk/6/3/chesters.html.

CHU, PATRICK, »Fedex's $228 Million Settlement Could Dent Uber, Lyft, Postmates, Homejoy, Caviar and Other San Francisco Companies Using Low-Cost Independent Contractors for Labor«, San Francisco Business Times, 16. Juni 2015, http://www.bizjournals.com/sanfrancisco/morning_call/2015/06/fedex settlement-uber-lyft-caviar-homejoy-labor.html.

CLAMPET, JASON, »Airbnb CEO Responds to Illegal Rentals Story«, Skift, 11. Januar 2013, http://skift.com/2013/01/11/airbnb-responds-to-illegal-rentals-storyfirst-of-all-its-not-illegal-everywhere/.

CLARK, SHELBY, »A Transition at Peers to Create Greater Impact«, 11. Dezember 2014, http://blog.peers.org/post/104965337094/a-transition.

CLEMONS, ERIC, »What An Antitrust Case Against Google Might Look Like«, TechCrunch, abgerufen am 17. Mai 2015, http://social.techcrunch.com/2009/ 03/01/what-an-antitrust-case-against-google-might-look-like/.

CNBC.COM STAFF, »Uber's $90K Salary Could Disrupt the Taxi Business«, 28. Mai 2014, http://www.cnbc.com/id/101710406.

COCA, NITHIN, »The Rise and Fall of Couchsurfing«, NithinCoca.com, 27. März 2013, http://www.nithincoca.com/2013/03/27/the-rise-and-fall-of-cou chsurfing/.

COLEMAN, E. GABRIELLA, Coding Freedom: The Ethics and Aesthetics of Hacking, Princeton (NJ) 2012.

CORBET, JONATHAN, GREG KROAH-HARTMAN, und AMANDA MCPHERSON, »Who Writes Linux: Linux Kernel Development: How Fast It Is Going, Who Is Doing It, What They Are Doing, and Who Is Sponsoring It«, The Linux Foundation, 2015, http://www.linuxfoundation.org/publications/linux-foundation/who-writeslinux-2015.

CORTESE, AMY, »Loans That Avoid Banks? Maybe Not«, *The New York Times,* 3. Mai 2014, http://www.nytimes.com/2014/05/04/business/loans-that-avoid-banksmaybe-not.html.

COSCARELLI, JOE, »Airbnb Poster-Child Was Evicted for Airbnb-Ing a Converted Barn She Didn't Own«, *Daily Intelligencer,* abgerufen am 9. Mai 2015, http://nymag.com/daily/intelligencer/2014/10/airbnb-poster-child-shell-evicted-for-airbnbing.html.

»CRAIG«, »An Uber Impact: 20,000 Jobs Created on the Uber Platform Every Month«, *Uber,* 27. Mai 2014, http://blog.uber.com/uberimpact.

CRESCI, ELENA, »Uber Offers Free Rides after Backlash over Surge Pricing during Sydney Siege«, *The Guardian,* 15. Dezember 2014, http://www.theguardian.com/technology/2014/dec/15/uber-offers-free-rides-after-backlash-over-surge-pricing-during-sydney-siege.

CRUNCHBASE, »TaskRabbit«, *CrunchBase,* abgerufen am 19. Juni 2015, https://www.crunchbase.com/organization/taskrabbit.

CUSHING, ELLEN, »Uber Employees Warned a San Francisco Magazine Writer That Executives Might Snoop on Her«, abgerufen am 23. Mai 2015, http://www.modernluxury.com/san-francisco/story/uber-employees-warned-sanfrancisco-magazine-writer-executives-might-snoop-her.

DALE, DANIEL, »Council Votes to Overhaul Toronto Taxi Industry«, *The Toronto Star,* 19. Februar 2014, http://www.thestar.com/news/city_hall/2014/02/19/council_votes_to_overhaul_toronto_taxi_industry.html.

DAVIES, EVAN, »Digital Marketplaces«, *The Bottom Line, with Evan Davies,* British Broadcasting Corporation, Oktober 19, 2013, http://www.bbc.co.uk/programmes/b03ctfp4.

DAVIES, LIZZY, »Activists Vow to Buy Abandoned Cinema and Save Rome's Bohemian Soul«, *The Guardian,* abgerufen am 10. Mai 2015, http://www.theguardian.com/world/2014/sep/13/rome-student-occupation-activists-save-artistic-soultrastevere.

DEAMICIS, CARMEL, »On the Way to $220M in Funding, Instacart Quietly Changed Its Business Model«, 14. Januar 2015, https://gigaom.com/2015/01/14/on-the-wayto-220m-in-funding-instacart-quietly-changed-its-business-model/.

DIES., »Uber Starts Directly Leasing Cars in Program That Could Appeal to Short-Term Drivers«, *Re/code,* 29. Juli 2015, http://recode.net/2015/07/29/uber-offers-revised-car-leasing-program-that-could-be-more-appealingfor-drivers/.

DELLAROCAS, CHRYSANTHOS, und CHARLES A. WOOD, »The Sound of Silence in Online Feedback: Estimating Trading Risks in the Presence of Reporting Bias«, 54, Nr. 3 (2008), S. 460–476.

DEMPSEY, PAUL STEPHEN, »Taxi Industry Regulation, Deregulation, and Re-regulation: The Paradox of Market Failure«, *University of Denver College of Law, Transportation Law Journal* 24, Nr. 1 (1996), S. 73–120.

DICKSON, E. J., »Gross, Sexist French Uber Campaign Features ›Sexy Girl‹ Drivers«, *The Daily Dot*, 22. Oktober 2014, http://www.dailydot.com/business /uber-france-sexism/.

DEPILLIS, LYDIA, »At the Uber for Home Cleaning, Workers Pay a Price for Convenience«, 10. September 2014, http://www.washingtonpost.com/news/ storyline/wp/2014/09/10/at-the-uber-for-home-cleaning-workers-pay-a-pri cefor-convenience/.

D'ONFRO, JILLIAN, »Uber CEO Founded The Company Because He Wanted To Be A ›Baller In San Francisco‹«, *Business Insider*, abgerufen am 22. Mai 2015, http://www.businessinsider.com/why-travis-kalanick-founded-uber-2013-11.

DONOVAN, KEVIN, »Seeing Like a Slum: Towards Open, Deliberative Development«, Untersuchung des SSRN, Rochester NY: Social Science Research Network, 26. April 2012, http://papers.ssrn.com/abstract=2045556.

DUBINSKY, ZACH, MARK GOLLOM, und JOHN RIETI, »Cab Driving Riskier than Police Work«, *CBC*, 3. Mai 2012, http://www.cbc.ca/1.1258776.

DYER, ZACH, »Uber Says It Will Support Drivers Fined by Police in Costa Rica«, *Tico Times | Costa Rica Information | Travel | Real Estate | Hotel*, 22. August 2015.http://www.ticotimes.net/2015/08/22/uber-says-will-support-dri vers-finedpolice-costa-rica.

EDELMAN, BENJAMIN, und MICHAEL LUCA, *Digital Discrimination: The Case of Airbnb.com*, Harvard Business School Working Paper, 2014.

ELBERSE, ANITA, *Blockbusters: Hit-Making, Risk-Taking, and the Big Business of Entertainment*, New York 2013.

DIES., »Should You Invest in the Long Tail?«, *Harvard Business Review* 86, Nr. 7/8 (August 2008), S. 88–96.

DIES., und FELIX OBERHOLZER-GEE, »Superstars and Underdogs: An Examination of the Long Tail Phenomenon in Video Sales«, *Marketing Science Institute* 4 (2007), S. 49–72.

ELECTRONIC FRONTIER FOUNDATION, *Airbnb, Inc. v. Schneiderman*, 2013, https://www.eff.org/cases/airbnb-inc-v-eric-schneiderman.

DERS., »Section 230 Protections«, *Electronic Frontier Foundation*, abgerufen am 26. Juni 2015, https://www.eff.org/issues/bloggers/legal/liability/230.

ERBENTRAUT, JOSEPH, »Here's What The People Delivering Your Instacart Groceries Really Think«, *The Huffington Post*, 2. Februar 2015, http://www. huffingtonpost.com/2015/02/02/instacart-workers_n_6548 822.html.

ESSERS, LOEK, »Amsterdam Using Airbnb Listing Service to Identify Illegal Rentals«, 4. Februar 2013, http://www.itworld.com/article/2716001/it-mana gement/amsterdam-using-airbnb-listing-service-to-identify-illegal-rentals. html.

FARMER, F. RANDALL, und BRYCE GLASS, *Building Web Reputation Systems*, Sebastopol 2010.

FENSKE, SARAH, »After Our Uber Exposé, Their PR Team Tried to Dupe Us«, *L.A. Weekly*, 29. Oktober 2014, http://www.laweekly.com/news/after-our-uber-expos-theirpr-team-tried-to-dupe-us-5177453.

FERGUSON, JORDAN, »Recent Transportation Network Company Ordinances«, Best Best and Krieger LLP, 30. Oktober 2014, http://www.bbknowledge. com/california-public-utilities-commission-cpuc/recent-transportation-net workcompany-ordinances-in-austin-houston-and-washington-d-c-display-varietyof-regulatory-approaches/.

FERNHOLTZ, TIM, »Is Uber Costing New Yorkers $1.2 Billion Worth of Lost Time?«, *Quartz*, 10. Juli 2015, http://qz.com/449600/uber-is-slowing-down-new-yorkcity-but-slowing-down-uber-wont-fix-the-problem/.

FINK, ERICA, »Uber-Nasty? Staff Submits 5,560 Fake Ride Requests«, *CNNMoney*, 11. August 2014, http://money.cnn.com/2014/08/11/technology/uber-fa ke-riderequests-lyft/index.html.

FLAMM, MATTHEW, »Strange Bedfellows in Airbnb Dispute«, *Crain's New York Business*, abgerufen am 9. Mai 2015, http://www.crainsnewyork.com/arti cle/20131013/HOSPITALITY_TOURISM/310139970/strange-bedfellows-in airbnb-dispute.

FOURCADE, MARION, und KIERAN HEALY, »Moral Views of Market Society«, *Annual Review of Sociology* 33, Nr. 14 (August 2007), S.1–27.

FOWLER, GEOFFREY A., und EVELYN M. RUSLI, »Don't Talk to Strangers, Unless You Plan to Share Your Mac-and-Cheese«, 14. Januar 2013, http://w ww.wsj.com/articles/SB10001424127887323689604578222662518578442.

FRADKIN, ANDREY, »Search Frictions and the Dsign of Online Marketplaces«, Diskussionspapier, November 2014, http://andreyfradkin.com/assets/Fradk in_JMP_Sep2014.pdf.

FRENCH, JASON, SAM SCHECHNER und MATTHIAS VERBERGT, »How Airbnb Is Taking Over Paris«, *WSJ*, abgerufen am 7. Juli 2015, http://gra-phics.wsj.com/ how-airbnb-istaking-over-paris.

FRIEDMAN, THOMAS L., »And Now for a Bit of Good News …«, *The New York*

Times, 19. Juli 2014, http://www.nytimes.com/2014/07/20/opinion/sunday/thomas-lfriedman-and-now-for-a-bit-of-good-news.html.

FRIEDMAN, URI, »Airbnb CEO: Cities Are Becoming Villages«, *The Atlantic*, 29. Juni 2014, http://www.theatlantic.com/international/archive/2014/06/airbnb-ceocities-are-becoming-villages/373676/.

»FROM THE PEOPLE, FOR THE PEOPLE«, *The Economist*, 9. Mai 2015, http://www.economist.com/news/special-report/21650289-will-financial-democracywork-downturn-people-people.

GAMBETTA, DIEGO, und MICHAEL BACHARACH, »Trust in Signs«, in: *Trust in Society*, S. 148–184, o. J.

GANNES, LIZ, »Competition Brings Lyft, Sidecar and Uber Closer to Cloning Each Other«, *AllThingsD*, abgerufen am 22. Mai 2015, http://allthingsd.com/20131116/competition-brings-lyft-sidecar-and-uber-closer-to-cloning-each-other-andcabs/.

DIES., »Lyft Sells Zimride Carpool Service to Rental-Car Giant Enterprise«, *AllThingsD*, 12. Juli 2013, http://allthingsd.com/20130712/lyft-sells-zimride-carpoolservice-to-rental-car-giant-enterprise/.

DIES., »Zimride Turns Regular Cars Into Taxis With New Ride-Sharing App, Lyft«, 22. Mai 2012, http://allthingsd.com/20120522/zimride-turns-regular-carsinto-taxis-with-new-ride-sharing-app-lyft/.

GANS, JOSHUA, »Is Uber Really in a Fight to the Death?«, *Digitopoly*, 25. November 2014, http://www.digitopoly.org/2014/11/25/is-uber-really-in-a-fight-to-thedeath/.

GANSKY, LISA, *The Mesh: Why the Future of Business Is Sharing*, London 2010.

GARDNER, SUE, »Wikipedia at 10: A Web Pioneer Worth Defending«, *The Guardian*, abgerufen am 15. Mai 2015, http://www.theguardian.com/commentisfree/cifamerica/2011/jan/12/wikipedia-internet.

GEIST, MICHAEL, »Popular yet Controversial App-Based Car Service Has No Privacy Policy Specific to Canada«, *The Toronto Star*, 21. November 2014, http://www.thestar.com/business/2014/11/21/why_uber_has_a_canadian_privacy_problem.html.

GERON, TOMIO, »California Becomes First State To Regulate Ridesharing Services Lyft, Sidecar, UberX«, *Forbes*, 19. September 2013, http://www.forbes.com/sites/tomiogeron/2013/09/19/california-becomes-first-state-to-regulate-ridesharing-services-lyft-sidecar-uberx/.

DERS., »Startup Homejoy Works With Public Sector To Find Home Cleaners«, 3. September 2013, http://www.forbes.com/sites/tomiogeron/2013/09/03/startup-homejoy-works-with-cities-to-find-workers/.

GORENFLO, NEAL, »OuiShare Fest Finds Itself While Lost in Transition«, *Shareable*, 29. Mai 2015, http://www.shareable.net/blog/ouishare-fest-finds-itself-while-lostin-transition.

GRANT, PETER S., und CHRIS WOOD, *Blockbusters and Trade Wars: Popular Culture in a Globalized World*, Vancouver: Douglas and McIntyre Ltd., 2004.

GRIM, RYAN, »Change.org Changing: Site To Drop Progressive Litmus Test For Campaigns, Say Internal Documents«, *Huffington Post*, 22. Oktober 2012, http://today.yougov.com/huffingtonpostwidget/live/webpollsmall1.html?to pic=politics.

GRISWOLD, ALISON, »In Search of Uber's Unicorn«, *Slate*, 27. Oktober 2014, http://www.slate.com/articles/business/moneybox/2014/10/uber_driver_sal ary_the_ride_sharing_company_says_its_drivers_make_great.html.

GUENDELSBERGER, EMILY, »I Was an Undercover Uber Driver«, *Philadelphia Citypaper*, 7. Mai 2015, https://infogr.am/uber_numbers-1179.

GURSTEIN, MICHAEL, »Are the Open Data Warriors Fighting for Robin Hood or the Sheriff?«, *Gurstein's Community Informatics*, 3. Juli 2011, https://gur stein.wordpress.com/2011/07/03/are-the-open-data-warriors-fighting-for-robinhood-or-the-sheriff-some-reflections-on-okcon-2011-and-the-emer ging-datadivide/.

DERS., »Open Data: Empowering the Empowered or Effective Data Use for Everyone?«, *First Monday* 16, Nr. 2, 23. Januar 2011, http://firstmonday.org/ojs/index.php/fm/article/view/3316.

GUSTIN, SAM, »Lyft-Off: Car-Sharing Start-Up Raises $60 Million Led by Andreessen Horowitz«, Mai 2013, http://business.time.com/2013/05/23/lyft-off-carsharing-startup-raises-60-million-led-by-andreessen-horowitz/.

HALL, JONATHAN, und ALAN KRUEGER, »An Analysis of the Labor Market for Uber's Driver-Partners in the United States«, 22. Januar 2015, https://s3.amazonaws.com/uber-static/comms/PDF/Uber_Driver-Partners_Hall_Krue ger_2015.pdf.

HANDY, »Be a Professional with Handy!«, *Handy Website*, abgerufen am 19. Juni 2015, https://www.handy.com/apply.

HANDYBOOK, »Handybook Raises $30 Million in Series B Led by Revolution Growth«, 11. Juni 2014, http://www.prnewswire.com/news-releases/handybo ok-raises-30-million-in-series-b-led-by-revolution-growth-262693731.html.

HANDY CORPORATION, »About Us«, *Handy Website*, abgerufen am 10. Juli 2015, http://www.handy.com/about.

HANTMAN, DAVID, »Good News from Amsterdam«, 3. Juni 2013, http://pub licpolicy.airbnb.com/good-news-from-amsterdam/.

DERS., »More Good News in Amsterdam«, 13. Februar 2014, http://publicpo licy.airbnb.com/good-news-amsterdammeer-goed-nieuws-uit-amsterdam/.

DERS., *New York: The next Steps*, 2013, http://publicpolicy.airbnb.com/newyork-nextsteps/.

HAQUE, UMAIR, »The Servitude Bubble – Bad Words«, *Medium*, 8. Juni 2015, https://medium.com/bad-words/the-servitude-bubble-c9e998c437c6.

HARRIS, DERRICK, »Under the Covers of the NSA's Big Data Effort«, 7. Juni 2013, https://gigaom.com/2013/06/07/under-the-covers-of-the-nsas-big-da ta-effort/.

HARVEY, DAVID, *Rebellische Städte. Vom Recht auf Stadt zur urbanen Revolution*, Berlin 2013.

HAVERKORT, HELEEN, »Airbnb Is Allowed in Amsterdam«, 7. Juni 2013, http://www.nu.nl/economie/3494485/airbnb-mag-wel-in-amsterdam.html.

HENLEY, JON, »Electric ›Boris Cars‹ Are Coming to London – How Do They Work in Paris?«, *The Guardian*, abgerufen am 23. Mai 2015, http://www.the guardian.com/cities/2014/jul/09/electric-boris-car-source-london-how-work -paris-autolib.

HILL, KASHMIR, »›God View‹: Uber Allegedly Stalked Users For Party-Goers' Viewing Pleasure«, *Forbes*, 3. Oktober 2014, http://www.forbes.com/sites/ kashmirhill/2014/10/03/god-view-uber-allegedly-stalked-users-for-partygo ers-viewing-pleasure/.

DIES., »Meet the Lawyer Taking on Uber and the Rest of the on-Demand Economy«, *Fusion*, 16. April 2015, http://fusion.net/story/118401/meet-the-lawy er-takingon-uber-and-the-on-demand-economy/.

HINDMAN, MATTHEW, *The Myth of Digital Democracy*, Princeton 2008.

HIRSCH, TODD, »Taxi Trouble: Disruptive Technology Claims Another Victim«, *The Globe and Mail*, 21. November 2014, http://www.theglobeand mail.com/reporton-business/economy/economic-insight/taxi-trouble-dis ruptive-technologyclaims-another-unadapting-victim/article21675184/.

HORNIG, FRANK, »Disneyland des Kalten Krieges«, *Spiegel Online*, 8. August 2011, http://www.spiegel.de/spiegel/print/d-79805347.html.

HUET, ELLEN, »Apps Let Users Hire House Cleaners, Handymen without Talking«, *SFGate*, 11. Februar 2014, http://www.sfgate.com/technology/article/ Apps-letusers-hire-house-cleaners-handymen-5219729.php.

DIES., »Contractor or Employee? Silicon Valley's Branding Dilemma«, 18. November 2014, http://www.forbes.com/sites/ellenhuet/2014/11/18/contract or-oremployee-silicon-valleys-branding-dilemma/.

DIES., »Uber Now Taking Its Biggest UberX Commission Ever – 25 Percent«,

Forbes, 22. September 2014, http://www.forbes.com/sites/ellenhuet/2014/09/22/ubernow-taking-its-biggest-uberx-commission-ever-25-percent/.

DIES., »Uber's ›F‹ Rating At Better Business Bureau Isn't For Surge Pricing – Just For Unresponsiveness«, *Forbes*, 14. Oktober 2014, http://www.forbes.com/sites/ellenhuet/2014/10/14/ubers-f-rating-at-better-business-bureau-isnt-for-surgepricing-just-for-unresponsiveness/.

HUTT, KATHERINE, »The Truth About BBB and Uber: 10 Facts You Should Know«, *BBB Consumer News and Opinion Blog*, 13. Oktober 2014, http://www.bbb.org/blog/2014/10/the-truth-about-bbb-and-uber-10-facts-you-should-know/.

INTERNET ASSOCIATION, »The Internet Association Files Amicus Brief to Quash the NYAG Subpoena against Airbnb«, Pressemitteilung, 8. November 2013, http://internetassociation.org/11082013airbnbamicusbrief/.

ISAAC, MIKE, und NATASHA SINGER, »California Says Uber Driver Is Employee, Not a Contractor«, *The New York Times*, 17. Juni 2015, http://www.nytimes.com/2015/06/18/business/uber-contests-california-labor-ruling-that-saysdrivers-should-be-employees.html.

JACOBS, STEVEN, »Handybook Rebrands As Handy, Says It Grew 10x in Past 9 Months«, *Streetfight: Inside the Business of Hyperlocal*, 16. September 2014, http://streetfightmag.com/2014/09/16/handybook-rebrands-as-handy-says-itgrew-ten-times-in-past-nine-months/.

JOHNSON, STEVEN, *Future Perfect: The Case for Progress in a Networked Age*, New York 2012.

JORDAN, JEFF, »Unpacking the Grocery Stack«, undatiert, http://jeff.a16z.com/2014/06/16/unpacking-the-grocery-stack/.

KALANICK, TRAVIS, »A Leader for the Uber Campaign«, *Uber*, 19. August 2014, http://blog.uber.com/davidplouffe.

DERS., »Uber Policy White Paper 1.0«, *Uber*, 12. April 2013, http://blog.uber.com/2013/04/12/uber-policy-white-paper-1-0/.

DERS., und KARA SWISHER, »Uber CEO: We're in a Political Battle with an »Assh*le«, 28. Mai 2014, http://mashable.com/2014/05/28/travis-kalanick-cofounder-and-ceo-of-uber/.

KANE, KAT, »The Big Hidden Problem With Uber? Insincere 5-Star Ratings«, *Wired*, 19. März 2015, http://www.wired.com/2015/03/bogus-uber-reviews/.

KASSAM, ASHIFA, »Barcelona's Tourist Hordes Are Target for Radical New Mayor Ada Colau«, *The Guardian*, 13. Juni 2015, http://www.theguardian.com/world/2015/jun/13/ada-colau-barcelona-spain -mayor-targets-tourists.

DIES., »Naked Italians Spark Protests against Antics of Drunken Tourists in

Barcelona«, 12. August 2014, http://www.theguardian.com/world/2014/aug/21/naked-italians-protests-drunken-tourists-barcelona.

KEATING, ZOË, »What Should I Do about Youtube?«, abgerufen am 17. Mai 2015, http://zoekeating.tumblr.com/post/108898194009/what-should-i-do-about-youtube.

KELL, JOHN, »Avis to Buy Car-Sharing Service Zipcar«, 2. Januar 2013, http://www.wsj.com/articles/SB10001424127887324374004578217121433322386.

KIVA, »Kiva – Lift Above Poverty Organization (LAPO)«, Kiva, 17. April 2012, http://www.kiva.org/partners/20#LAPOupdate.

KOCH, ALISON, »Omidyar/Hewlett Press Release – GlobalGiving«, 2. August 2005, http://www.globalgiving.org/aboutus/media/omidyar_hewlett2.html.

KRUEGER, LIZ, »On Behalf of Regular New Yorkers, Sen. Krueger Responds to Airbnb's ›Three Principles‹«, abgerufen am 8. Mai 2015, http://www.nysenate.gov/pressrelease/behalf-regular-new-yorkers-sen-krueger-responds-airbnbs-threeprinciples.

KUCHLER, HANNAH, »Airbnb to Collect and Remit Taxes for Hosts in Paris«, Financial Times, 25. August 2015, http://www.ft.com/intl/cms/s/0/e2ab8028-4b4b-11e5-9b5d-89a026fda5c9.html?siteedition=uk#axzz3kEBZA0Wj.

LABAND, DAVID N., »An Economics Lesson at the Baggage Carousel«, Wall Street Journal, 9. Januar 2014, Meinungsteil, http://www.wsj.com/articles/SB10001424052702303848104579308820544892490.

LAPOWSKY, ISSIE, »Believe It: Co-Working Space Startup WeWork Is Now Worth $5B«, Wired, 16. Dezember 2014, http://www.wired.com/2014/12/weworkvaluation/.

LATHROP, DANIEL, und LAUREL RUMA (Hrsg.), Open Government: Collaboration, Transparency, and Participation in Practice, Cambridge (Mass.) 2010.

LAWLER, RYAN, »A Look Inside Lyft's Financial Forecast For 2015 And Beyond«, TechCrunch, 16. März 2015, http://social.techcrunch.com/2015/03/16/a-lookinside-lyfts-books/.

DERS., Mr. Kalanick Goes to Washington: How Uber Won in DC, Dec 42012, http://techcrunch.com/2012/12/04/mr-kalanick-goes-to-washington-how-uber-wonin-dc.

LEGAL INFORMATION INSTITUTE, »47 U.S. Code § 230 – Protection for Private Blocking and Screening of Offensive Material«, Cornell University Law School, abgerufen am 26. Juni 2015, https://www.law.cornell.edu/uscode/text/47/230.

LEISY, CRAIG, »Taxicab Deregulation and Reregulation in Seattle: Lessons Learned«, 2001, http://sfcda.org/CPUC/Seattle_DeReg.pdf.

LEONARD, ANDREW, »The Sharing Economy Gets Greedy«, 31. Juli 2013, http://www.salon.com/2013/07/31/the_sharing_economy_gets_greedy/.

LESSIG, LAWRENCE, *Remix: Making Art and Commerce Thrive in the Hybrid Economy,* New York, Penguin Press, 2008.

LEVY, ARI, und DAKIN CAMPBELL, »EBay-Style Loans Lure Summers to Mack in Wall Street Asset Craze«, *Bloomberg.com,* 27. August 2013, http://www.bloomberg.com/news/articles/2013-08-27/ebay-style-loans-lure-summers-to-mack-inwall-street-asset-craze.

LEWEB, *Douglas Atkin–Airbnb–LeWeb London 2013,* abgerufen am 28. August 2015, https://www.youtube.com/watch?v=cp2Hlp2TP-M.

LEWIS, PETER, »Couchsurfing: The Meltdown Continues«, *Our Mechanical Brain,* 20. März 2013, https://mechanicalbrain.wordpress.com/2013/03/20/couchsurfingthe-meltdown-continues/.

LIEBER, RON, »Airbnb Horror Story Points to Need for Precautions«, *The New York Times,* 14. August 2015, http://www.nytimes.com/2015/08/15/your-money/airbnb-horror-story-points-to-need-for-precautions.html.

LINKSVAYER, MIKE, »CC as a Hybrid Organization and a Tool for Hybrids – Creative Commons«, 8. Juni, 2009 https://creativecommons.org/weblog/entry/15046.

LOGIURATO, BRETT, »This Is The One Law Airbnb's Opponents Desperately Want To Change«, *Business Insider,* 22. April 2014, http://www.businessinsider.com/airbnb-illegal-law-case-2014-4.

LOPEZ, LINETTE, »Billionaire Hedge-Fund Manager Says Uber Told Him It Might Cut Driver Pay ›Because We Can‹«, *Business Insider,* 18. Mai 2015, http://www.businessinsider.com/uber-cfo-because-we-can-2015-5.

LU, VANESSA, »Do Companies like Uber, Handy Fuel Underground Economy?«, *Toronto Star,* 23. Februar 2015, http://www.thestar.com/business/economy/2015/02/23/do-companies-like-uber-handy-fuel-undergroundeconomy.html.

MACQUEEN, GRAEME, *The 2001 Anthrax Deception: The Case for a Domestic Conspiracy,* Atlanta (GA) 2014.

MANJOO, FARHAD, »Grocery Deliveries in Sharing Economy«, *The New York Times,* 21. Mai 2014, http://www.nytimes.com/2014/05/22/technology/personaltech/online-grocery-start-up-takes-page-from-sharing-services.html.

MARON, MIKEL, »We Need to Stop Google's Exploitation of Open Communities«, *Brain Off,* abgerufen am 20. Mai 2015, http://brainoff.com/weblog/2011/04/11/1635.

MAROSEVIC, ZELJKA, »Is the Mid-List, ›publishing's Experimental Laboratory‹, Disappearing?«, *Melville House Books*, abgerufen am 17. Mai 2015, http://www.mhpbooks.com/is-the-mid-list-publishings-experimental-laboratory-disappearing/.

MARRITZ, ILYA, *Two True Stories from the Airbnb Wars*, abgerufen am 9. Mai 2015, http://www.wnyc.org/story/two-true-stories-airbnb-wars/?utm_source=sharedUrl&utm_medium=metatag&utm_campaign=sharedUrl.

MARWICK, ALICE E., *Status Update: Celebrity, Publicity, & Branding in the Social Media Age*, New Haven 2013.

MCFARLAND, MATT, »Uber's Remarkable Growth Could End the Era of Poorly Paid Cab Drivers«, *The Washington Post*, 27. Mai 2014, http://www.washingtonpost.com/blogs/innovations/wp/2014/05/27/ubers-remarkable-growth-could-end-theera-of-poorly-paid-cab-drivers/.

MCMILLAN, JONATHAN, »Peer-To-Peer Lending Is Dead«, *The End of Banking*, 18. April 2015, http://www.endofbanking.org/jonathan-mcmillan-visits-lendit/.

MEELEN, TOON, und KOEN FRENKEN, »Stop Saying Uber Is Part Of The Sharing Economy«, *Co.Exist*, 24. Januar 2015, http://www.fastcoexist.com/3040863/stop-saying-uber-is-part-of-the-sharing-economy.

MESH, AARON, »City Commissioner Nick Fish Berates Airbnb Lobbyist«, 22. Dezember 2014, http://www.wweek.com/portland/blog-32614-video_city_commissioner_nick_fish_berates_airbnb_lobbyist.html.

MONTGOMERY, KEVIN, »Handy Sued for Being a Hellscape of Labor Code Violations«, 12. November 2014, http://valleywag.gawker.com/handy-sued-for-being-ahellscape-of-labor-code-violatio-1657889316.

MOROZOV, EVGENY, *Smarte neue Welt. Digitale Technik und die Freiheit des Menschen*, München 2013.

NAUGHTON, JOHN, »Meet Tech's New Concierge Economy, Where Serfs Deliver Stuff to Rich Folk«, *The Guardian*, 28. Dezember 2014, http://www.theguardian.com/commentisfree/2014/dec/28/uber-amazon-tech-concierge-economy.

NEWS, DUTCH, »Amsterdammers Break Airbnb Rules: Long Lets with Too Many People«, 30. August 2014, http://www.dutchnews.nl/news/archives/2014/08/amsterdammers_break_airbnb_rul/.

DERS., »Amsterdammers Can Rent Their Homes to Tourists via Airbnb after All«, 17. Januar 2014, http://www.dutchnews.nl/news/archives/2014/01/amsterdammers_can_rent_their_h/.

NEZIK, ANN-KATHRIN, »Tourism Troubles: Berlin Cracks Down on Vacation Rentals«, *Spiegel Online*, 10. April 2015, internat. Ausgabe, http://www.spie-

gel.de/international/business/berlin-cracks-down-on-estimated-18000-va-
cation-rentals-a-1026881.htmal.

NJUS, ELLIOT, »Portland Legalizes Airbnb-Style Short-Term Rentals«, 30. Juli
2014, http://www.oregonlive.com/front-porch/index.ssf/2014/07/portland_
legalizes_airbnb-styl.html.

NORRIS, CLIVE, »The Sociological Implications of Smart Surveillance Systems«, *Criminologia*, 11. November 2011, http://criminologia.de/2011/12/vor
trag-vonclive-norris-the-sociological-implications-of-smart-surveillance-
system/.

DERS., NIGEL FIELDING, CHARLES KEMP, und JANE FIELDING, »Black and
Blue: An Analysis of the Influence of Race on Being Stopped by the Police«,
The British Journal of Sociology 43, Nr. 2 (1. Juni 1992), S. 207–224.
doi:10.2307/ 591465.

NOSKO, CHRIS, und STEVEN TADELIS, »The Limits of Reputation in Platform
Markets: An Empirical Analysis and Field Experiment«, Diskussionspapier
des National Bureau of Economic Research, Januar 2015, http://www.nber.
org/papers/w20830.

O'KEEFE, BRIAN, und MARTY JONES, »How Uber Plays the Tax Shell Game«,
Fortune, 22. Oktober 2015, http://fortune.com/2015/10/22/uber-tax-shell/.

O'NEILL, MAURA, und KAT TOWNSEND, »Food Security Open Data Challen-
ge | USAID Impact«, *USAid Blog*, abgerufen am 20. Mai 2015, http://blog.us
aid.gov/2012/05/food-security-open-data-challenge/.

OPEN KNOWLEDGE FOUNDATION, »What Is Open?«, Open Knowledge
Foundation, abgerufen am 18. Mai 2015, https://okfn.org/opendata/.

O'REILLY, TIM, »Networks and the Nature of the Firm«, *Medium*, 14. August
2015, https://medium.com/thewtf-economy/networks-and-the-nature-of-the
-firm-28790b6afdcc.

OSTROM, ELINOR, *Governing the Commons: The Evolution of Institutions for
Collective Action*, The Cambridge Series on the Political Economy of Institutions, Cambridge 1990.

OWYANG, JEREMIAH, »The Collaborative Sharing Economy Has Created 17
Billion-Dollar Companies (and 10 Unicorns)«, *Web Strategist*, abgerufen am
21. Juni 2015, http://www.web-strategist.com/blog/2015/06/04/the-collabora
tive-sharingeconomy-has-created-17-billion-dollar-companies-and-10-uni
corns/.

PASQUALE, FRANK, *The Black Box Society: The Secret Algorithms That Control
Money and Information*, Cambridge (Mass.) 2015.

PECK, ADAM, »Uber's New Delivery Service Only Caters To D.C's White

Neighborhoods«, *ThinkProgress*, 19. August 2014, http://thinkprogress.org/economy/2014/08/19/3473323/uber-is-making-life-a-little-bit-easier-forwas hington-dcs-white-people/.

PELTIER, DAN, »Airbnb Faces Big Fines in Portland If Hosts Don't Get City Permits«, 23. Februar 2015, http://skift.com/2015/02/23/airbnb-faces-big-fin es-inportland-if-hosts-dont-get-city-permits/.

PETERSON, ANDREA, »The Missing Data Point from Uber's Driver Analysis: How Far They Drive«, *The Washington Post*, 22. Januar 2015, http://www.wa shingtonpost.com/blogs/the-switch/wp/2015/01/22/the-missing-data-point-from-ubersdriver-analysis-how-far-they-drive/.

PETERSON, LATOYA, »Uber Does Not Care about Racism, It Cares about Money«, *Fusion*, 23. Juli 2015, http://fusion.net/story/170983/uber-racial-politics/.

POWELL, BETSY, »City Councillor Asks Federal Taxman to Investigate after Email States Riders Aren't Charged HST. Uber Canada Says Its Drivers Are Responsible for Collecting and Remitting the Tax«, *The Toronto Star*, 21. Juli 2015, http://www.thestar.com/news/city_hall/2015/07/21/uber-says-drivers-are-expected-tocollect-hst.html.

PUTNAM, ROBERT, *Bowling Alone*, New York u. a. 2000.

PYKE, ALAN, »California Truckers Will Get $2.2 Million In Back Pay For Being Misclassified«, *ThinkProgress*, 3. April 2014, http://thinkprogress.org/econo my/2014/04/03/3422713/california-truckers-misclassification-labor/.

RAMAN, BHUVANESWARI, »The Rhetoric of Transparency and Its Reality: Transparent Territories, Opaque Power and Empowerment«, *The Journal of Community Informatics* 8, Nr. 2 (4. April 2012), http://ci-journal.net/ind ex.php/ciej/article/view/866.

RANKIN, JENNIFER, »Publish and Be Branded: The New Threat to Literature's Laboratory«, *The Guardian*, abgerufen am 17. Mai 2015, http://www.theguar dian.com/books/2014/jan/13/publish-brand-literature-hilary-mantel-jk-rowling.

RAO, LEENA, »Instacart Is Asking Its Customers to Do Something New«, *Fortune*, 26. Juni 2015, http://fortune.com/2015/06/26/instacart-grocery-stores/.

RAPHEL, ADRIENNE, »TaskRabbit Redux«, 22. Juli 2014, http://www.newyork er.com/business/currency/taskrabbit-redux.

RAPKIN, MICKEY, »Uber Cab Confessions«, *GQ*, 27. Februar 2014, http://www.gq.com/news-politics/newsmakers/201403/uber-cab-confessions.

RAYMOND, ERIC S., »The Cathedral and the Bazaar« 3, Nr. 3 (2. März 1998), http://www.firstmonday.org/ojs/index.php/fm/article/view/578/499.

READER, RUTH, »Handybook Rebrands as Handy to Help Build Consumer

Trust«, 16. September 2014, http://venturebeat.com/2014/09/16/handybook-rebrandsas-handy-to-help-build-consumer-trust/.

REDMOND, TIM, »Does Airbnb Have an ADA Problem?«, *48 Hills*, 7. August 2014, http://www.48hills.org/2014/08/07/airbnb-ada-problem/#permanently moved.

REYNOLDS, GLENN H., *An Army of Davids: How Markets and Technology Empower Ordinary People to Beat Big Media, Big Government, and Other Goliaths*, Nashville (Tenn.) 2006.

RIEHLE, DIRK, PHILIPP RIEMER, CARSTEN KOLASSA, und MICHAEL SCHMIDT, »Paid vs. Volunteer Work in Open Source«, In: *Proceedings of the 47th Hawaii International Conference on System Science*, S. 3286–3295, 2014, http://dirkriehle.com/2013/08/22/paid-vs-volunteer-work-in-open-source/.

ROBINSON, COLIN, »The Loneliness of the Long-Distance Reader«, *The New York Times*, 4. Januar 2014, http://www.nytimes.com/2014/01/05/opinion/sunday/theloneliness-of-the-long-distance-reader.html.

ROBINSON, PATRICK, »Airbnb and the Berlin Housing Market«, 11. Dezember 2014, http://publicpolicy.airbnb.com/airbnb-berlin-housing-market/.

DERS., »Moving Forward in Barcelona«, 21. Oktober 2014, http://publicpolicy.airbnb.com/moving-forward-barcelona.

DERS., »Update from Barcelona: Airbnb Policy Blog«, 15. März 2015, http://publicpolicy.airbnb.com/update-barcelona/.

ROGERS, THOMAS, »Berlin Is the ›Post-Tourist‹ Capital of Europe«, *New York Magazine*, 17. März 2015, http://nymag.com/next/2015/03/berlin-is-the-post-tourist-capital-of-europe.html#

ROOSE, KEVIN, »Does Silicon Valley Have a Contract-Worker Problem?«, *New York Magazine*, 18. September 2014, http://nymag.com/daily/intelligencer/2014/09/silicon-valleys-contract-worker-problem.html.

ROSENBERG, JONATHAN, »The Future Is Open«, 2012, https://www.thinkwithgoogle.com/articles/the-future-is-open.html.

DERS., »The Meaning of Open«, 21. Dezember 2009, http://googleblog.blogspot.ca/2009/12/meaning-of-open.html.

ROSEN, JODY, »The Knowledge, London's Legendary Taxi-Driver Test, Puts Up a Fight in the Age of GPS«, *The New York Times*, 10. November 2014, http:// www.nytimes.com/2014/11/10/t-magazine/london-taxi-test-knowledge. html.

RYSSDAL, KAI, »Uber's Data Makes a Creepy Point about the Company«, *Marketplace*, 18. November 2014, http://www.marketplace.org/topics/business/final-note/ubers-data-makes-creepy-point-about-company.

SADLAK, KRISTINA, »Taxicab Deregulation«, Connecticut General Assembly Office of Legislative Research, 19. April 2004, http://www.cga.ct.gov/2004/rpt /2004-R-0380.htm.

SADOWSKI, JATHAN, »Hey, Ride-Sharing Services. Stop Greenwashing!«, 29. Juli 2013, http://www.slate.com/blogs/future_tense/2013/07/29/lyft_and_zip car_climate_change_environmental_greenwashing.html.

SAID, CAROLYN, »Airbnb Profits Prompted S. F. Eviction, Ex-Tenant Says«, *San Francisco Chronicle*, abgerufen am 9. Mai 2015, http://www.sfchronicle. com/bayarea/article/Airbnb-profits-prompted-S-F-eviction-ex-tenant-5164 242.php.

DIES., »As Uber, Lyft, Sidecar Grow, so Do Concerns of Disabled«, *SF Gate*, 25. Februar 2014, http://www.sfgate.com/news/article/As-Uber-Lyft-Sidecar-grow-sodo-concerns-of-5240889.php.

DIES., »TaskRabbit Makes Some Workers Hopping Mad«, 18. Juli 2014, http: //www.sfgate.com/technology/article/TaskRabbit-makes-some-workers-hoppingmad-5629239.php.

SALGANICK, MATTHEW J., PETER SHERIDAN DODDS und DUNCAN J. WATTS, »Experimental Study of Inequality and Unpredictability in an Artificial Cultural Market« 311 (10. Februar 2006), S. 854–856.

SALMON, FELIX, »How Well uberX Pays, Part 2«, *Medium*, 8. Juni 2014, https: //medium.com/@felixsalmon/how-well-uberx-pays-part-2-cbc948eaeeaf.

DERS., »The Economics of ›Everyone's Private Driver‹«, *Medium*, 31. Mai 2014, https://medium.com/@felixsalmon/the-economics-of-everyones-pri vate-driver-464bfd730b38.

DERS., »Why Cab Drivers Should Love Uber«, *Reuters Blogs*, 12. Dezember 2013, http://blogs.reuters.com/felix-salmon/2013/12/11/why-cab-drivers-sh ouldlove-uber/.

SANDERS, SAM, »Rental Rules In California Raise Questions About Who's Using Airbnb«, *NPR.org*, 17. Mai 2015, http://www.npr.org/2015/05/17/4075 29301/does-airbnb-help-folks-by-or-help-businesses-get-sly.

SATZ, DEBRA, *Von Waren und Werten. Die Macht der Märkte und warum manche Dinge nicht zum Verkauf stehen sollten*, Hamburg 2013.

SAUCHELLI, DANA, und BRUCE GOLDING, »Hookers Turning Airbnb Apartments into Brothels«, *New York Post*, 14. April 2014, http://nypost.com/2014/ 04/14/hookersusing-airbnb-to-use-apartments-for-sex-sessions/.

SCASSA, TERESA, und LISA M. CAMPBELL, »Data Protection, Privacy and Spatial Data«, in: *Spatial Data Quality*, 211–219, CRC Press, 2009, http:// www.crcnetbase.com/doi/abs/10.1201/b10305-24.

SCHOFIELD, HUGH, »Short-Let Apartments Spark Paris Row as Airbnb Thrives«, *BBC News*, 26. Dezember 2014, http://www.bbc.com/news/world-euro pe-30580295.

SCHOR, JULIET, »Debating the Sharing Economy«, Oktober 2014, http://www.greattransition.org/publication/debating-the-sharing-economy.

SCOLA, NANCY, »The Black Car Company That People Love to Hate«, Features, 11. November 2013, http://nextcity.org/features/view/the-black-car-com panythat-people-love-to-hate.

DIES., »The Very Big Thing That Uber, Lyft and Sidecar Didn't Get From California – Next City«, 6. August 2013, http://nextcity.org/daily/entry/the-very-big-thing-that-uber-lyft-and-sidecar-didnt-get-from-california.

SCOTT, JAMES C., *Seeing Like a State: How Certain Schemes to Improve the Human Condition Have Failed*, Yale University Press, 1998.

SHAHEEN, SUSAN, »Transportation Network Companies and Ridesourcing«, Präsentation, University of California Berkeley, Transportation Sustainability Research Center, 4. November 2014, http://www.cpuc.ca.gov/NR/rdonlyres/5C961222-B9C8-4E53-A54D-FC2A89C0A30C/0/RidesourcingCPUCSha heen_Final_v2.pdf.

SHIEBER, JONATHAN, »Handy Hits $1 Million A Week In Bookings As Cleaning Economy Consolidates«, 14. Oktober 2014, http://techcrunch.com/2014/10/14/handy-hits-1-million-a-week-in-bookings-as-cleaning-econo my-consolidates/.

SHIRKY, CLAY, *Cognitive Surplus: Creativity and Generosity in a Connected Age,* New York 2010.

SHONTELL, ALYSON, »My Nightmare Experience As A TaskRabbit Drone«, 7. Dezember 2011, http://www.businessinsider.com/confessions-of-a-task-rab bit-2011-12.

SILVER, JAMES, »The Sharing Economy: A Whole New Way of Living«, *The Guardian,* 4. August 2013, http://www.theguardian.com/technology/2013/aug/04/internet-technology-fon-taskrabbit-blablacar.

SINCLAIR, HUGH, *Confessions of a Microfinance Heretic: How Microlending Lost Its Way and Betrayed the Poor,* San Francisco 2012.

SKINNER, CURTIS, »California Prosecutors Say Uber's Background Checks Missed Convicts«, *Reuters,* 20. August 2015, http://www.reuters.com/article/2015/08/20/us-usa-uber-california-idUSKCN0QP05920150820.

SLEE, TOM, »Uber Drivers Earning $90K/year? More Evidence Needed«, *Whimsley,* 2. Juni 2014, http://tomslee.net/2014/06/uber-drivers-earning-90k year-moreevidence-needed.html.

SMITH, ADAM, *Der Wohlstand der Nationen. Eine Untersuchung seiner Natur und seiner Ursachen,* München [11]2005.

SMITH, BEN, »Uber Executive Suggests Digging Up Dirt On Journalists«, *Buzz-Feed,* 17. November 2014, http://www.buzzfeed.com/bensmith/uber-executiv esuggests-digging-up-dirt-on-journalists.

SMITH-SPARK, LAURA, und JETHRO MULLEN, »France Tells Paris Police to Crack down on Uber–CNN.com«, *CNN,* 26. Juni 2015, http://www.cnn.com/ 2015/06/26/europe/france-paris-uberpop-protests/index.html.

SOPER, TAYLOR, »Uber Now Charging Drivers $520 per Year to Lease Company iPhone«, *GeekWire,* 25. Juli 2014, http://www.geekwire.com/2014/uber-nowcharging-drivers-520-per-year-lease-smartphone/.

SPENCE, A. MICHAEL, »Job Market Signaling« 87 (1973), S. 355–374.

STORY, LOUISE, und ANNIE LOWREY, »The Fed, Lawrence Summers, and Money«, *The New York Times,* 10. August 2013, http://www.nytimes.com/ 2013/08/11/business/economy/the-fed-lawrence-summers-and-money. html.

STRAHILEVITZ, LIOR, »Less Regulation, More Reputation«, in: Masum, Hassan und Mark Tovery (Hrsg.), *The Reputation Society: How Online Opinions Are Reshaping the Offline World,* MIT Press, 2011.

STROCHLIC, NINA, »Uber: Disability Laws Don't Apply to Us«, *The Daily Beast,* 21. Mai 2015, http://www.thedailybeast.com/articles/2015/05/21/uber-disability-lawsdon-t-apply-to-us.html.

STROM, STEPHANIE, »Confusion on Where Money Lent via Kiva Goes«, *The New York Times,* 9. November 2009, Wirtschaftsteil, http://www.nytimes. com/2009/11/09/business/global/09kiva.html.

DIES., und VIKAS BAJAJ, »Rich I.P.O. Brings Controversy to Microlender, SKS Microfinance«, *The New York Times,* 29. Juli 2010, http://www.nytimes.com/ 2010/07/30/business/30micro.html.

SWISHER, KARA, »Man and Uber Man«, *Vanity Fair,* Dezember 2014, http:// www.vanityfair.com/news/2014/12/uber-travis-kalanick-controversy.

TAM, DONNA, »New York AG's Office: Airbnb Lying about User-Data Subpoena«, *CNET,* abgerufen am 9. Mai 2015, http://www.cnet.com/news/new-york-ags-officeairbnb-lying-about-user-data-subpoena/.

TAM, PUI-WING, und MICHAEL J. DE LA MERCED, »Uber Fund-Raising Points to $50 Billion Valuation«, *The New York Times,* 9. Mai 2015, http:// www.nytimes.com/2015/05/09/technology/uber-fund-raising-points-to-50-billionvaluation.html.

TANZ, JASON, »How Airbnb and Lyft Finally Got Americans to Trust Each

Other«, *Wired Magazine*, 23. April 2014, http://www.wired.com/2014/04/trust-in-theshare-economy/.

TAPSCOTT, DON, und ANTHONY D. WILLIAMS, *Wikinomics. Die Revolution im Netz*, München 2007.

TASKRABBIT, »TaskRabbit Announces Novel Integration with Amazon Home Services«, *TaskRabbit Blog*, abgerufen am 19. Juni 2015, http://blog.taskrabb it.com/2015/03/30/taskrabbit-announces-novel-integration-with-amazon-home-services/.

TAYLOR, ASTRA, *The People's Platform: Taking Back Power and Culture in the Digital Age*, New York 2015.

THE ECONOMIST, »There's an App for That«, 3. Januar 2015, http://www.eco nomist.com/news/briefing/21637355-freelance-workers-available-moments-noticewill-reshape-nature-companies-and?fsrc=scn/tw_ec/there_s_an_app_for_that.

THE LINUX FOUNDATION, »About Us«, *Linux Foundation Web Site*, abgerufen am 23. August 2015, http://www.linuxfoundation.org/about/about-linux.

THE OFFICE OF NEW YORK STATE ATTORNEY GENERAL ERIC T. SCHNEIDERMAN, »Airbnb in the City«, 16. Oktober 2014, http://www.ag.ny.gov/pdfs/Airbnb%20report.pdf.

TIKU, NITASHA, »Airbnb's New Office Has a Replica of the Dr. Strangelove War Room«, *Valleywag*, 3. Dezember 2013, http://valleywag.gawker.com/airbnbs-office-hasa-replica-of-the-dr-strangelove-wa-1475788543.

DIES., »Uber and Its Shady Partners Are Pushing Drivers into Subprime Loans«, *Valleywag*, abgerufen am 31. Mai 2015, http://valleywag.gawker.com/uber-and-itsshady-partners-are-pushing-drivers-into-su-1649936785.

TITMUSS, RICHARD M., und ANN OAKLEY, *The Gift Relationship: From Human Blood to Social Policy*, Originalausgabe mit neuen Kapiteln, New York 1997.

TODISCO, MICHAEL, »Share and Share Alike? Considering Racial Discrimination in the Nascent Room-Sharing Economy«, *Stanford Law Review Online* 67 (14. März 2015), S.121.

TOYAMA, KENTARO, *Ten Myths of ICT for International Development*, abgerufen am 17. Mai 2015, https://www.youtube.com/watch?v=E_mTwm5m8DM&feature=youtu.be.

TRAFFORD, DAVE, »Is John Tory Facing an Uber Battle at City Hall?«, *Global News*, 19. November 2014, http://globalnews.ca/news/1681159/is-john-tory-facing-anuber-battle-at-city-hall/.

TRAUTMAN, TED, »Will Uber Serve Customers With Disabilities?«, 30. Juni

2014, http://nextcity.org/daily/entry/wheelchair-users-ride-share-uber-lyft.

UBER, *Dynamic Pricing 101*, abgerufen am 12. Juni 2015, https://www.youtube.com/watch?v=76q7PDnxWuE.

UNDERHILL, JUSTINE, »Postmates: Rise of the Anti-Amazon«, *Yahoo Finance*, abgerufen am 21. Juni 2015, http://finance.yahoo.com/news/postmates-ceo-bastianlehmann-182010837.html.

UNIVERSITY OF CHICAGO PRESS JOURNALS, »Sharing Isn't Always Caring: Why Don't Consumers Take Care of Their Zipcars?«, abgerufen am 22. Mai 2015, http://press.uchicago.edu/pressReleases/2012/Juli/JCR_1207_Zipcars.html.

UNWTO, »Annual Report 2013«, World Tourism Organization UNWTO, 2014.

USER »SILENTSTORM2008«, »My Reply to Uber's ›Low Acceptance Rate‹ Email«, *Reddit/r/uberdrivers*, 20. November 2014, http://www.reddit.com/r/uberdrivers/comments/2mykji/my_reply_to_ubers_low_acceptance_rate_email/.

VAN DAALEN, ROBIN, »Airbnb to Collect Tourist Taxes in Amsterdam«, 18. Dezember 2014, http://blogs.wsj.com/digits/2014/12/18/airbnb-to-collect-tourist-taxes-inamsterdam/.

VARIAN, HAL R., JOSEPH FARRELL und CARL SHAPIRO, *The Economics of Information Technology: An Introduction*, Cambridge 2004.

VOLUNTEER CANADA, »About Us«, *Volunteer Canada*, abgerufen am 8. Juni 2015, http://volunteer.ca/about.

VOYTEK, BRADLEY, »Mapping the San Franciscome | Uber Blog«, *Uber Data Blog*, 9. Januar 2012, http:/blog.uber.com/2012/01/09/uberdata-san-francisco mics/.

WARZEL, CHARLIE, »Sexist French Uber Promotion Pairs Riders With ›Hot Chick‹ Drivers«, *BuzzFeed*, 21. Oktober 2014, http://www.buzzfeed.com/charliewarzel/french-uber-bird-hunting-promotion-pairs-lyon-riders-with-a.

WATTERS, AUDREY, »The MOOC Revolution That Wasn't«, *The Kernel*, 23. August 2015, http://kernelmag.dailydot.com/issue-sections/headline-story/14046/moocrevolution-uber-for-education/.

WEISE, KAREN, »This Is How Uber Takes Over a City«, *Bloomberg Business*, 23. Juni 2015, http://www.bloomberg.com/news/features/2015-06-23/this-is-how-uber-takes-over-a-city.

WEISS, GEOFF, »The Median Income of an Uber Driver in NYC Is Nearly $100,000«, *Entrepreneur*, 28. Mai 2014, http://www.entrepreneur.com/article/234289.

WIECZNER, JEN, »Why the Disabled Are Suing Uber and Lyft«, *Fortune*, 22. Mai 2015, http://fortune.com/2015/05/22/uber-lyft-disabled/.

WILHELM, ALEX, »Analyzing Postmates' Growth«, *TechCrunch*, 4. März 2015, http://social.techcrunch.com/2015/03/04/analyzing-postmates-growth/.

WILONSKY, ROBERT, »On the Same Day Dallas Task Force Begins Debating Car-for-Hire Rules, Cab Industry Sues Chicago over Uber, Lyft«, *City Hall Blog*, 6. Februar 2014, http://cityhallblog.dallasnews.com/2014/02/on-the-same-day-dallastask-force-begins-debating-car-for-hire-rules-cab-industry-sues-chicagoover-uber-lyft.html/.

WOHLSEN, MARCUS, »Google Pours Millions Into New Tech Gold Rush: Housecleaning«, 5. Dezember 2013, http://www.wired.com/2013/12/google-homejoy-funding/.

ZERVAS, GEORGIOS, DAVIDE PROSERPIO und JOHN BYERS, »A First Look at Online Reputation on Airbnb, Where Every Stay Is Above Average«, Untersuchung des SSRN, Rochester (NY)]: Social Science Research Network, Januar 28, 2015, http://papers.ssrn.com/abstract=2554500.

ZIPCAR, »Green Benefits«, undatiert, http://www.zipcar.com/universities/how/greenbenefits.

ANMERKUNGEN

KAPITEL 1

1. Tanz, »How Airbnb and Lyft Finally Got Americans to Trust Each Other«.
2. In einem komplett anderen Zusammenhang folge ich damit dem Beispiel von MacQueen, *The 2001 Anthrax Deception.*
3. Barbrook und Cameron, »The Californian Ideology«.

KAPITEL 2

1. Botsman, Transkript von »The Currency of the New Economy Is Trust«.
2. Fowler und Rusli, »Don't Talk to Strangers, Unless You Plan to Share Your Mac-and-Cheese«.
3. Tanz, »How Airbnb and Lyft Finally Got Americans to Trust Each Other«.
4. Botsman, »The Sharing Economy Lacks a Shared Definition«.
5. Owyang, »The Collaborative Sharing Economy Has Created 17 Billion-Dollar Companies (and 10 Unicorns)«.
6. »From the People, for the People«.
7. Lapowsky, »Believe It«.
8. Schor, »Debating the Sharing Economy«.
9. Johnson, *Future Perfect: The Case for Progress in a Networked Age.*
10. Tam und Merced, »Uber Fund-Raising Points to $50 Billion Valuation«.
11. LeWeb, *Douglas Atkin–Airbnb–LeWeb London 2013.*
12. Leonard, »The Sharing Economy Gets Greedy«.
13. Bulajewski, »The Cult of Sharing«.
14. Cortese, »Loans That Avoid Banks? Maybe Not«.
15. Clark, »A Transition at Peers to Create Greater Impact«.

KAPITEL 3

1. Botsman und Rogers, *What's Mine Is Yours: The Rise of Collaborative Consumption.*
2. Chesky, »Shared City«.

3. Chesky, »Who We Are, What We Stand For«.
4. Baker, »Barclays: Airbnb Usage To Surpass Hotel Cos., But Not For Business Travel«.
5. Robinson, »Update from Barcelona: Airbnb Policy Blog«.
6. Bradshaw, »Lunch with the FT: Brian Chesky«.
7. Airbnb, »Airbnb Economic Impact«.
8. Airbnb, »One Way Forward«.
9. Said, »Airbnb Profits Prompted S.F. Eviction, Ex-Tenant Says«.
10. Marritz, *Two True Stories from the Airbnb Wars*.
11. Airbnb, »Sandy's Impact«.
12. Coscarelli, »Airbnb Poster-Child Was Evicted for Airbnb-Ing a Converted Barn She Didn't Own«.
13. Hantman, New York: The next Steps.
14. Electronic Frontier Foundation, *Airbnb, Inc. v. Schneiderman*; Internet Association, »The Internet Association Files Amicus Brief to Quash the NYAG Subpoena against Airbnb«.
15. Chesky, »Who We Are, What We Stand for«.
16. Tam, »New York AG's Office«.
17. Flamm, »Strange Bedfellows in Airbnb Dispute«.
18. Krueger, »On Behalf of Regular New Yorkers, Sen. Krueger Responds to Airbnb's ›Three Principles‹«.
19. Tiku, »Airbnb's New Office Has a Replica of the Dr. Strangelove War Room«.
20. »Airbnb in the City«.
21. Airbnb, »Airbnb's Economic Impact on New York City«.
22. Bingham, »The Sharing Economy: Q&A With Airbnb's Chip Conley«.
23. UNWTO, »Annual Report 2013«.
24. Kassam, »Naked Italians Spark Protests against Antics of Drunken Tourists in Barcelona«.
25. Essers, »Amsterdam Using Airbnb Listing Service to Identify Illegal Rentals«.
26. Haverkort, »Airbnb Is Allowed in Amsterdam«.
27. Hantman, »Good News from Amsterdam«.
28. News, »Amsterdammers Can Rent Their Homes to Tourists via Airbnb after All«.
29. Hantman, »More Good News in Amsterdam«.
30. News, »Amsterdammers Can Rent Their Homes to Tourists via Airbnb after All«.
31. Van Daalen, »Airbnb to Collect Tourist Taxes in Amsterdam«.

32. News, »Amsterdammers Break Airbnb Rules: Long Lets with Too Many People«.
33. Robinson, »Moving Forward in Barcelona«.
34. Robinson, »Update from Barcelona: Airbnb Policy Blog«.
35. Kuchler, »Airbnb to Collect and Remit Taxes for Hosts in Paris«; French, Schechner und Verbergt, »How Airbnb Is Taking Over Paris«.
36. Schofield, »Short-Let Apartments Spark Paris Row as Airbnb Thrives«.
37. French, Schechner und Verbergt, »How Airbnb Is Taking Over Paris«.
38. Die Zahlen basieren auf Daten von der Website von Airbnb, die vom Autor gesammelt und analysiert wurden.
39. Robinson, »Airbnb and the Berlin Housing Market«.
40. Braun, »Help! The Post-Tourism Tourists Are Here …«; Rogers, »Berlin Is the ‚Post-Tourist‘ Capital of Europe«.
41. Braun, »Help! The Post-Tourism Tourists Are Here …«.
42. Nezik, »Tourism Troubles«.
43. Njus, »Portland Legalizes Airbnb-Style Short-Term Rentals«.
44. Peltier, »Airbnb Faces Big Fines in Portland If Hosts Don't Get City Permits«.
45. Mesh, »City Commissioner Nick Fish Berates Airbnb Lobbyist«.
46. Davies, »Activists Vow to Buy Abandoned Cinema and Save Rome's Bohemian Soul«.

KAPITEL 4

1. Shaheen, »Transportation Network Companies and Ridesourcing«.
2. Gansky, *The Mesh: Why the Future of Business Is Sharing.*
3. Bardhi und Eckhardt, »Access-Based Consumption: The Case of Car Sharing«.
4. University of Chicago Press Journals, »Sharing Isn't Always Caring«.
5. Kell, »Avis to Buy Car-Sharing Service Zipcar«.
6. Zipcar, »Green Benefits«.
7. Sadowski, »Hey, Ride-Sharing Services. Stop Greenwashing!«
8. Schor, »Debating the Sharing Economy«.
9. Gannes, »Zimride Turns Regular Cars Into Taxis With New Ride-Sharing App, Lyft«.
10. Gustin, »Lyft-Off: Car-Sharing Start-Up Raises $60 Million Led by Andreessen Horowitz«.
11. Ebenda.
12. Gannes, »Zimride Turns Regular Cars Into Taxis With New Ride-Sharing App, Lyft«.

13. Gannes, »Lyft Sells Zimride Carpool Service to Rental-Car Giant Enterprise«.
14. Gannes, »Competition Brings Lyft, Sidecar and Uber Closer to Cloning Each Other«.
15. Lawler, »A Look Inside Lyft's Financial Forecast For 2015 And Beyond«.
16. D'Onfro, »Uber CEO Founded The Company Because He Wanted To Be A ›Baller In San Francisco‹«.
17. Meelen und Frenken, »Stop Saying Uber Is Part Of The Sharing Economy«.
18. Scola, »The Black Car Company That People Love to Hate«.
19. Kalanick, »Uber Policy White Paper 1.0«.
20. Hall und Krueger, »An Analysis of the Labor Market for Uber's Driver-Partners in the United States«.
21. Geron, »California Becomes First State To Regulate Ridesharing Services Lyft, Sidecar, UberX«.
22. Ferguson, »Recent Transportation Network Company Ordinances«.
23. California Public Utilities Commission, »Transportation Network Companies«.
24. Hirsch, »Taxi Trouble«.
25. Watters, »The MOOC Revolution That Wasn't«.
26. Trafford, »Is John Tory Facing an Uber Battle at City Hall?«
27. Henley, »Electric ›Boris Cars‹ Are Coming to London – How Do They Work in Paris?«
28. Biddle, »Here Are the Internal Documents That Prove Uber Is a Money Loser«.
29. Kalanick und Swisher, »Uber CEO: We're in a Political Battle with an ›Assh*le‹«.
30. Kalanick, »A Leader for the Uber Campaign«.
31. Dempsey, »Taxi Industry Regulation, Deregulation, and Reregulation«.
32. Rosen, »The Knowledge, London's Legendary Taxi-Driver Test, Puts Up a Fight in the Age of GPS«.
33. Leisy, »Taxicab Deregulation and Reregulation in Seattle: Lessons Learned«.
34. Sadlak, »Taxicab Deregulation«.
35. Dubinsky, Gollom und Rieti, »Cab Driving Riskier than Police Work«.
36. Dale, »Council Votes to Overhaul Toronto Taxi Industry«.
37. Gans, »Is Uber Really in a Fight to the Death?«
38. Swisher, »Man and Uber Man«.
39. »Craig«, »An Uber Impact«.
40. McFarland, »Uber's Remarkable Growth Could End the Era of Poorly Paid Cab Drivers«.

41. CNBC.com staff, »Uber's $90K Salary Could Disrupt the Taxi Business«.

42. Weiss, »The Median Income of an Uber Driver in NYC Is Nearly $100,000«.

43. Bowles, »Tech Titans on Income Inequality and Their ›Stingy, Stingy‹ Industry«.

44. Salmon, »Why Cab Drivers Should Love Uber«; Salmon, »The Economics of ›Everyone's Private Driver‹«.

45. Salmon, »How Well uberX Pays, Part 2«.

46. Slee, »Uber Drivers Earning $90K/year? More Evidence Needed«.

47. Hall und Krueger, »An Analysis of the Labor Market for Uber's Driver-Partners in the United States«.

48. Bhuiyan, »What Uber Drivers Really Make (According To Their Pay Stubs)«; Griswold, »In Search of Uber's Unicorn«.

49. Soper, »Uber Now Charging Drivers $520 per Year to Lease Company iPhone«.

50. Huet, »Uber Now Taking Its Biggest UberX Commission Ever – 25 Percent«.

51. Lopez, »Billionaire Hedge-Fund Manager Says Uber Told Him It Might Cut Driver Pay ›Because We Can‹«.

52. »Andrew«, »Three Septembers of uberX in New York City«.

53. »Andrew«, »What Does a Typical New York uberX Partner Earn in a Week?«

54. Hall und Krueger, »An Analysis of the Labor Market for Uber's Driver-Partners in the United States«. Der Bericht wurde häufig als »Paper« im Sinne einer wissenschaftlichen Untersuchung bezeichnet, aber in Anbetracht der Tatsache, dass Uber dafür bezahlt hat und es keine unabhängige Begutachtung gab, ist der Begriff »Bericht« wohl eher zutreffend.

55. Zum Beispiel Ellen Huet in *Forbes*, Jacob Davidson in *Time*, Andrea Peterson in der *Washington Post*.

56. Peterson, »The Missing Data Point from Uber's Driver Analysis«.

57. Baker, »Ubernomics«.

58. Guendelsberger, »I Was an Undercover Uber Driver«.

59. Booth, »Uber Whistleblower Exposes Breach in Driver-Approval Process«.

60. Biddle, »Uber Driver«.

61. Skinner, »California Prosecutors Say Uber's Background Checks Missed Convicts«.

62. Said, »As Uber, Lyft, Sidecar Grow, so Do Concerns of Disabled«.

63. Wieczner, »Why the Disabled Are Suing Uber and Lyft«.

64. Trautman, »Will Uber Serve Customers With Disabilities?«

65. Strochlic, »Uber«.

66. Redmond, »Does Airbnb Have an ADA Problem?«

67. Peterson, »Uber Does Not Care about Racism, It Cares about Money«.

68. Wilonsky, »On the Same Day Dallas Task Force Begins Debating Car-for-Hire Rules, Cab Industry Sues Chicago over Uber, Lyft«; Peck, »Uber's New Delivery Service Only Caters To D.C.'s White Neighborhoods«.

69. Hall und Krueger, »An Analysis of the Labor Market for Uber's Driver-Partners in the United States«.

70. Edelman und Luca, *Digital Discrimination: The Case of Airbnb.com.*

71. Todisco, »Share and Share Alike?«

72. Norris u. a.., »Black and Blue«.

73. Norris, »The Sociological Implications of Smart Surveillance Systems«.

74. Tiku, »Uber and Its Shady Partners Are Pushing Drivers into Subprime Loans«.

75. DeAmicis, »Uber Starts Directly Leasing Cars in Program That Could Appeal to Short-Term Drivers«.

76. User »silentstorm2008«, »My Reply to Uber's ›Low Acceptance Rate‹ Email«.

77. Huet, Ellen, »Uber Deactivated A Driver For Tweeting A Negative Story About Uber«, *Forbes*, 16. Oktober 2014, http://www.forbes.com/sites/ellen huet/2014/10/16/uber-driver-deactivated-over-tweet

78. Smith, »Uber Executive Suggests Digging Up Dirt On Journalists«.

79. Hill, »›God View‹«.

80. Voytek, »Mapping the San Franciscome | Uber Blog«.

81. Bhuiyan und Warzel, »God View«.

82. Cushing, »Uber Employees Warned a San Francisco Magazine Writer That Executives Might Snoop on Her«.

83. Rapkin, »Uber Cab Confessions«.

84. Ryssdal, »Uber's Data Makes a Creepy Point about the Company«.

85. Dickson, »Gross, Sexist French Uber Campaign Features ›Sexy Girl‹ Drivers«.

86. Warzel, »Sexist French Uber Promotion Pairs Riders With ›Hot Chick‹ Drivers«.

87. Biddle, »Uber Calls Woman's 20-Mile Nightmare Abduction an ›Inefficient Route‹«.

88. Bruce, »Uber Miami Accused of Coaching Drivers to Circumvent Airport Laws«.

89. Fink, »Uber-Nasty?«

90. Fenske, »After Our Uber Exposé, Their PR Team Tried to Dupe Us«.

91. Bhuiyan, »Uber Sought To Hire Opposition Researcher To ›Weaponize Facts‹«.

92. Geist, »Popular yet Controversial App-Based Car Service Has No Privacy Policy Specific to Canada«.

93. Http://www.gruenderszene.de/allgemein/uberpop-landgericht-frankfurt-2015.

94. Http://www.heise.de/newsticker/meldung/Wieder-Schlappe-vor-Gericht-Uber-bleibt-in-Berlin-verboten-2610404.html.

95. Http://www.faz.net/aktuell/wirtschaft/netzwirtschaft/fahrdienst-uber-zieht-sich-aus-frankfurt-und-hamburg-zurueck-13885377.html.

96. Powell, »City Councillor Asks Federal Taxman to Investigate after Email States Riders Aren't Charged HST. Uber Canada Says Its Drivers Are Responsible for Collecting and Remitting the Tax«.

97. O'Keefe und Jones, »How Uber Plays the Tax Shell Game«, *Fortune*, 22. Oktober 2015, http://fortune.com/2015/10/22/uber-tax-shell/

KAPITEL 5

1. Crunchbase, »TaskRabbit«.

2. Silver, »The Sharing Economy: A Whole New Way of Living«.

3. Carhart, »The Ten Ninety Nihilists«.

4. Shontell, »My Nightmare Experience As A TaskRabbit Drone«.

5. Raphel, »TaskRabbit Redux«.

6. Said, »TaskRabbit Makes Some Workers Hopping Mad«.

7. TaskRabbit, »TaskRabbit Announces Novel Integration with Amazon Home Services«.

8. Wohlsen, »Google Pours Millions Into New Tech Gold Rush: Housecleaning«.

9. Jordan, »Unpacking the Grocery Stack«.

10. DePillis, »At the Uber for Home Cleaning, Workers Pay a Price for Convenience«.

11. Geron, »Startup Homejoy Works With Public Sector To Find Home Cleaners«.

12. Roose, »Does Silicon Valley Have a Contract-Worker Problem?«

13. Shieber, »Handy Hits $1 Million A Week In Bookings As Cleaning Economy Consolidates«.

14. Handy Corporation, »About Us«.

15. Reader, »Handybook Rebrands as Handy to Help Build Consumer Trust«.

16. Handybook, »Handybook Raises $30 Million in Series B Led by Revolution Growth«.
17. Jacobs, »Handybook Rebrands As Handy, Says It Grew 10x in Past 9 Months«.
18. Handy, »Be a Professional with Handy!«
19. »There's an App for That«.
20. Huet, »Apps Let Users Hire House Cleaners, Handymen without Talking«.
21. Manjoo, »Grocery Deliveries in Sharing Economy«.
22. DeAmicis, »On the Way to $220M in Funding, Instacart Quietly Changed Its Business Model«.
23. Rao, »Instacart Is Asking Its Customers to Do Something New«.
24. Erbentraut, »Here's What The People Delivering Your Instacart Groceries Really Think«.
25. Manjoo, »Grocery Deliveries in Sharing Economy«.
26. Wilhelm, »Analyzing Postmates' Growth«.
27. Underhill, »Postmates«.
28. Naughton, »Meet Tech's New Concierge Economy, Where Serfs Deliver Stuff to Rich Folk«.
29. Haque, »The Servitude Bubble – Bad Words«.

KAPITEL 6
1. Clampet, »Airbnb CEO Responds to Illegal Rentals Story«.
2. Friedman, »And Now for a Bit of Good News …«
3. Brooks, »The Evolution of Trust«.
4. Strahilevitz, »Less Regulation, More Reputation«.
5. Botsman, »Welcome to the New Reputation Economy«.
6. Clampet, »Airbnb CEO Responds to Illegal Rentals Story«.
7. Lawler, Mr. Kalanick Goes to Washington: How Uber Won in D.C.
8. Lieber, »Airbnb Horror Story Points to Need for Precautions«.
9. Gambetta und Bacharach, »Trust in Signs«.
10. Spence, »Job Market Signaling«.
11. Marwick, Status Update: Celebrity, Publicity, & Branding in the Social Media Age.
12. Farmer und Glass, Building Web Reputation Systems, S. 61.
13. Salganick, Dodds und Watts, »Experimental Study of Inequality and Unpredictability in an Artificial Cultural Market«.
14. Zervas, Proserpio und Byers, »A First Look at Online Reputation on Airbnb, Where Every Stay Is Above Average«.

15. Kane, »The Big Hidden Problem With Uber?«
16. Bercovici, »Uber's Ratings Terrorize Drivers And Trick Riders. Why Not Fix Them?«
17. Dellarocas und Wood, »The Sound of Silence in Online Feedback: Estimating Trading Risks in the Presence of Reporting Bias«.
18. Hutt, »The Truth About BBB and Uber«; Huet, »Uber's ›F‹ Rating At Better Business Bureau Isn't For Surge Pricing – Just For Unresponsiveness«.
19. Tanz, »How Airbnb and Lyft Finally Got Americans to Trust Each Other«.
20. Sauchelli und Golding, »Hookers Turning Airbnb Apartments into Brothels«.
21. CBC News, »Airbnb Renters Who Trashed Calgary House Used Fake Credit Cards to Fuel Party«.
22. McKenzie, »Airbnb Host Left Violated after Busting Fanny Pack-Clad Male Prostitutes in Her Apartment«.
23. Chesters und Smith, »The Neglected Art of Hitch-Hiking: Risk, Trust and Sustainability«.
24. Fradkin, »Search Frictions and the Dsign of Online Marketplaces«.
25. Airbnb, »Building Trust with a New Review System«.
26. Nosko und Tadelis, »The Limits of Reputation in Platform Markets: An Empirical Analysis and Field Experiment«.

KAPITEL 7

1. Varian, Farrell und Shapiro, *The Economics of Information Technology: An Introduction.*
2. Raymond, »The Cathedral and the Bazaar«.
3. Benkler, *The Wealth of Networks: How Social Production Transforms Markets and Freedom.*
4. Benkler, »Coase's Penguin, or Linux and the Nature of the Firm«.
5. The Linux Foundation, »About Us«.
6. Corbet, Kroah-Hartman und McPherson, »Who Writes Linux: Linux Kernel Development: How Fast It Is Going, Who Is Doing It, What They Are Doing, and Who Is Sponsoring It«.
7. Asay, »For 50 Percent of Developers, Open Source Is a 9-to-5 Job«; Riehle u. a., »Paid vs. Volunteer Work in Open Source«.
8. Asay, »The Effects of Commercialization on Open-Source Communities«; Berdou, »Managing the Bazaar: Commercialization and Peripheral Participation in Mature, Community-Led Free/Open Source Software Projects«.
9. Rosenberg, »The Meaning of Open«.

10. Pasquale, *The Black Box Society*.
11. Rosenberg, »The Future Is Open«.
12. Tapscott und Williams, *Wikinomics*.
13. Viele Gruppen bezeichnen sich selbst als »Hacker«. Eine kluge Untersuchung ist Coleman, *Coding Freedom: The Ethics and Aesthetics of Hacking*.
14. Harris, »Under the Covers of the NSA's Big Data Effort«.
15. Burkhardt und Waring, »An NSA Big Graph Experiment«.
16. Gardner, »Wikipedia at 10«.
17. Anderson, *The Long Tail. Der lange Schwanz. Nischenprodukte statt Massenmarkt.*
18. Ebenda, S. 1.
19. Ebenda, S. 47.
20. Ebenda, S. 18.
21. Chesky, »Shared City«.
22. Elberse, *Blockbusters: Hit-Making, Risk-Taking, and the Big Business of Entertainment.* Siehe auch ihre früheren Veröffentlichungen zu dem Thema wie Elberse und Oberholzer-Gee, »Superstars and Underdogs: An Examination of the Long Tail Phenomenon in Video Sales«; Elberse, »Should You Invest in the Long Tail?«
23. Elberse, Blockbusters: *Hit-Making, Risk-Taking, and the Big Business of Entertainment*, S. 71.
24. Ebenda, S. 166.
25. Ebenda, S. 159.
26. Lessig, Remix, S. 29.
27. Ebenda, S. 132.
28. Ebenda, S. 108.
29. Ebenda, S. xvi.
30. Taylor, *The People's Platform*.
31. Ebenda, S. 47.
32. Ebenda, S. 141f.
33. Keating, »What Should I Do about Youtube?«
34. Rankin, »Publish and Be Branded«. Siehe auch Robinson, »The Loneliness of the Long-Distance Reader«, und Marosevic, »Is the Mid-List, ›publishing's Experimental Laboratory‹ Disappearing?«
35. Clemons, »What An Antitrust Case Against Google Might Look Like«.
36. Reynolds, *An Army of Davids*.
37. Hindman, *The Myth of Digital Democracy*.
38. Ebenda, S. 100.

39. Open Knowledge Foundation, »What Is Open?«.

40. Lathrop und Ruma, *Open Government*.

41. Open Knowledge Foundation, »What Is Open?«.

42. Raman, »The Rhetoric of Transparency and Its Reality«.

43. Benjamin u. a., »Bhoomi: ›E-Governance‹, Or, An Anti-Politics Machine Necessary to Globalize Bangalore?«

44. Gurstein, »Open Data«.

45. Gurstein, »Are the Open Data Warriors Fighting for Robin Hood or the Sheriff?«

46. Toyama, *Ten Myths of ICT for International Development*.

47. Scott, *Seeing Like a State: How Certain Schemes to Improve the Human Condition Have Failed*.

48. Donovan, »Seeing Like a Slum«.

49. Maron, »We Need to Stop Google's Exploitation of Open Communities«.

50. Scassa und Campbell, »Data Protection, Privacy and Spatial Data«.

51. Bates, »›This Is What Modern Deregulation Looks Like‹: Co-Optation and Contestation in the Shaping of the UK's Open Government Data Initiative«.

52. O'Neill und Townsend, »Food Security Open Data Challenge | USAID Impact«.

53. Grant und Wood, *Blockbusters and Trade Wars: Popular Culture in a Globalized World*.

54. Davies, »Digital Marketplaces«.

KAPITEL 8

1. Siehe Lessig, *Remix*, und Linksvayer, »CC as a Hybrid Organization and a Tool for Hybrid – Creative Commons«.

2. Johnson, *Future Perfect: The Case for Progress in a Networked Age*.

3. Smith, *Der Wohlstand der Nationen*, S. 17, S. 112.

4. Einen erhellenden Überblick über all diese Sichtweisen geben Fourcade und Healy, »Moral Views of Market Society«.

5. Putnam, Bowling Alone.

6. Friedman, »Airbnb CEO«.

7. Shirky, *Cognitive Surplus*.

8. Volunteer Canada, »About Us«.

9. Satz, *Von Waren und Werten.*, S. 114f., zitiert Titmuss und Oakley, *The Gift Relationship*.

10. Uber, *Dynamic Pricing 101*; Laband, »An Economics Lesson at the Baggage Carousel«.

11. »Alex,« »Happy New Year!«
12. Satz, *Von Waren und Werten.*
13. Cresci, »Uber Offers Free Rides after Backlash over Surge Pricing during Sydney Siege«.
14. Berman, »Why Uber Will Limit Its Surge Pricing during the Snow Emergency«.
15. Harvey, *Rebellische Städte.*
16. Die allgemeine Bedeutung konstrastiert mit einer engeren fachsprachlichen Bedeutung von konkurrierenden Gütern (mein Gebrauch beeinträchtigt deinen Gebrauch), die aber nicht ausschließbar sind (man kann Einzelnen die Nutzung von Gemeingütern nicht verwehren). Diese fachsprachliche Bedeutung kontrastiert mit Waren (konkurrierend, ausschließlich und oft in Privatbesitz); mit öffentlichen Gütern (nicht konkurrierende, nicht ausschließbar), und Klub-Gütern (nicht konkurrierende, aber ausschließbar).
17. Harvey, *Rebellische Städte*, S. 133
18. Eine Gemeinschaft kann eine kommerzielle Organisation beauftragen, ein Gemeingut zu verwalten, aber die Vereinbarungen zwischen Mitgliedern der Gemeinschaft bleiben von Markttransaktionen unberührt.
19. Harvey, *Rebellische Städte*, S. 163.
20. Ebenda, S. 164.
21. Ostrom, *Governing the Commons: The Evolution of Institutions for Collective Action.*
22. Harvey, *Rebellische Städte*, S. 136.
23. Ebenda, S. 137.
24. Ebenda, S. 139.
25. Ebenda, S. 139.
26. Baker, »Not-for-Profit Couchsurfing Becomes a Company (with a Conscience)«.
27. Coca, »The Rise and Fall of Couchsurfing«.
28. Lewis, »Couchsurfing«.
29. Bollier, »Lessons from the Corporatization of Couchsurfing«.
30. Shirky, *Cognitive Surplus.*
31. Bruck, »Millions for Millions«.
32. Sinclair, *Confessions of a Microfinance Heretic.*
33. Kiva, »Kiva – Lift Above Poverty Organization (LAPO)«.
34. Strom, »Confusion on Where Money Lent via Kiva Goes«.
35. Strom und Bajaj, »Rich I.P.O. Brings Controversy to Microlender, SKS Microfinance«.

36. Ebenda.
37. Associated Press, »SKS Under Spotlight in Suicides«.
38. Sinclair, *Confessions of a Microfinance Heretic*, S. 227.
39. Ebenda, S. 236.
40. Koch, »Omidyar/Hewlett Press Release – GlobalGiving«.
41. Harvey, *Rebellische Städte*, S. 145.
42. Ebenda, S. 187.
43. Ebenda, S. 188.
44. Ebenda, S. 190.
45. Hornig, »Disneyland des Kalten Krieges«.
46. Harvey, *Rebellische Städte*, S. 188.
47. Ebenda, S. 194.
48. Grim, »Change.org Changing: Site To Drop Progressive Litmus Test For Campaigns, Say Internal Documents«.
49. Beyerstein, »Change.org Quietly Changing Course«; Grim, »Change.org Changing: Site To Drop Progressive Litmus Test For Campaigns, Say Internal Documents«.
50. Botsman, »Collaborative Finance«.
51. »From the People, for the People«.
52. Cortese, »Loans That Avoid Banks?«
53. Ebenda.
54. Banjo, »Wall Street Is Hogging the Peer-to-Peer Lending Market«.
55. Banjo, »Citigroup Has Finally Thrown Its Lot in with Online Lending«.
56. McMillan, »Peer-To-Peer Lending Is Dead«.
57. Cortese, »Loans That Avoid Banks?«
58. McMillan, »Peer-To-Peer Lending Is Dead«.

KAPITEL 9
1. Fernholtz, »Is Uber Costing New Yorkers $1.2 Billion Worth of Lost Time?«
2. Bisby, »›Airbnb for Dogs‹«.
3. O'Reilly, »Networks and the Nature of the Firm«.
4. Legal Information Institute, »47 U.S. Code § 230 – Protection for Private Blocking and Screening of Offensive Material«.
5. Electronic Frontier Foundation, »Section 230 Protections«.
6. Scola, »The Very Big Thing That Uber, Lyft and Sidecar Didn't Get From California – Next City«.
7. LoGiurato, »This Is The One Law Airbnb's Opponents Desperately Want To Change«.

8. Weise, »This Is How Uber Takes Over a City«.
9. Sanders, »Rental Rules In California Raise Questions About Who's Using Airbnb«.
10. Story und Lowrey, »The Fed, Lawrence Summers, and Money«.
11. Levy und Campbell, »EBay-Style Loans Lure Summers to Mack in Wall Street Asset Craze«.
12. Pasquale, *The Black Box Society*.
13. Smith-Spark und Mullen, »France Tells Paris Police to Crack down on Uber–CNN.com«.
14. Dyer, »Uber Says It Will Support Drivers Fined by Police in Costa Rica«.
15. Kassam, »Barcelona's Tourist Hordes Are Target for Radical New Mayor Ada Colau«.
16. Lu, »Do Companies like Uber, Handy Fuel Underground Economy?«
17. Montgomery, »Handy Sued for Being a Hellscape of Labor Code Violations«.
18. Huet, »Contractor or Employee? Silicon Valley's Branding Dilemma«.
19. Chu, »Fedex's $228 Million Settlement Could Dent Uber, Lyft, Postmates, Homejoy, Caviar and Other San Francisco Companies Using Low-Cost Independent Contractors for Labor«.
20. Pyke, »California Truckers Will Get $2.2 Million In Back Pay For Being Misclassified«.
21. Hill, »Meet the Lawyer Taking on Uber and the Rest of the on-Demand Economy«.
22. Isaac und Singer, »California Says Uber Driver Is Employee, Not a Contractor«.
23. Gorenflo, »OuiShare Fest Finds Itself While Lost in Transition«.
24. Morozov, *Smarte neue Welt*.

© der deutschen Ausgabe: Verlag Antje Kunstmann, München 2016
© der Originalausgabe: Tom Slee 2015
Die Originalausgabe erschien unter dem Titel »What's Yours is Mine –
Against the Sharing Economy« bei OR Books, New York City und London 2015
Umschlaggestaltung: Heidi Sorg und Christof Leistl, unter Verwendung
einer Grafik von gettyimages
Typografie und Satz: www.frese-werkstatt.de
Druck und Bindung: Pustet, Regensburg
ISBN 978-3-95164-104-1